Tim Cooke **Die größten militärischen Erfolge**

von der Antike bis zur Moderne

Tim Cooke **Die größten militärischen Erfolge** von der Antike bis zur Moderne

Bassermann

ISBN 978-3-8094-3116-9

© der deutschen Erstausgabe 2013 by Bassermann Verlag,
einem Unternehmen der Verlagsgruppe Random House GmbH,
81673 München

Die englische Originalausgabe erschien unter dem Titel
Atlas of History's Greatest Military Victories
Text Copyright © 2013 Quantum Publishing Ltd

Kartografie: Red Lion Mapping
Projektkoordination dieser Ausgabe: Dr. Iris Hahner
Umschlaggestaltung: Atelier Versen, Bad Aibling
Übersetzung: Dr. Ulrike Kretschmer, München
Gesamtproducing: Dr. Alex Klubertanz, Garmisch-Partenkirchen
Herstellung: Sonja Storz

Printed and bound in Hong Kong by Hung Hing Printing Centre

817 2635 4453 6271

Inhalt

Einführung

Kriegerische Auseinandersetzungen sind seit frühesten Zeiten eine Konstante in der Menschheitsgeschichte. In diesem Buch werden 50 der bedeutendsten militärischen Siege – und Niederlagen – dargestellt: warum und wie die Schlachten ausgetragen wurden, und warum sie den Lauf der Geschichte veränderten.

Seit der *Homo sapiens* erstmals auf der Bildfläche erschien und begann, sich die Erde untertan zu machen, sind Kriege Teil der Geschichte. In prähistorischer Zeit kam es wahrscheinlich eher zu örtlich begrenzten Bandenkriegen, doch mit der Entstehung zivilisierter Gesellschaften wurden auch die Kriege immer organisierter und verheerender, während zunächst Nationalstaaten und später ganze Weltreiche um Macht und Einfluss kämpften. Wie man in jeder historischen Studie nachlesen kann, waren Krieg sowie gesellschaftliche und geschichtliche Veränderungen immer schon eng miteinander verknüpft.

Das Verdikt des Krieges, so scheint es, stellt seit Anbeginn der Zeit einen Schlüsselfaktor für den Verlauf geschichtlicher Entwicklungen dar. In der Antike bewahrte der Sieg der Griechen in den Perserkriegen das westliche Europa vor der persischen Diktatur, und Karl Martells Sieg über das arabische Heer in der Schlacht von Tours und Poitiers hielt die islamische Expansion in Europa auf, zumindest bis zum Erscheinen der osmanischen Türken viele Jahrhunderte später. Generell kann man sagen, dass für alle großen Reiche der Weltgeschichte Aufstieg und Niedergang mit militärischen Siegen oder Niederlagen einhergingen. Der Krieg war wohl schon immer der ultimative Schiedsrichter beim Schicksal der Menschen.

Außerdem geben Kriege, wie Thomas Hardy in *The Dynasts* schrieb, einen »verdammt guten Geschichtsstoff« ab. Im gleichen Buch schrieb er, Frieden sei ein schlechtes Lektürethema. Der geniale preußische General und Militärtheoretiker Carl von Clausewitz bezeichnete Krieg als »leidenschaftliches Drama« und – etwas zynischer – als »Fortsetzung der Politik mit anderen Mitteln«. Historisch gesehen erzeugen nur wenige andere Themen aufgrund ihrer Unberechenbarkeit so viel Spannung. Trotz seiner Grausamkeit übt

Krieg seit Urzeiten eine ganz eigene Faszination aus.

Mithilfe detaillierter Analysen von 50 der bedeutendsten militärischen Siege und Niederlagen der Weltgeschichte nähert sich dieses Buch dem Phänomen Krieg von der Zeit der alten Griechen bis heute. Es zeigt, was man aus vergangenen Schlachten und Feldzügen lernen kann. Als Napoleon seine Armee im Frühjahr 1800 über die Alpen nach Italien führte, profitierte er von seinem Wissen über die Punischen Kriege. Die Habsburger hielten eine solche Überquerung der Alpen für unmöglich, doch Napoleon wusste es dank Hannibal und seiner Kriegselefanten besser – die Österreicher hätten die Lektionen der Geschichte besser nicht ignorieren sollen. Doch davor waren auch Napoleon selbst und Hitler nicht gefeit: Sie lernten nichts aus dem Russlandfeldzug des schwedischen Königs Karls XII. von 1709 und machten ihrerseits den gleichen verheerenden Fehler, in Russland einzufallen.

Dennoch ist es irreführend, wenn nicht gar gefährlich, Krieg als isoliertes Phänomen zu betrachten. Von Clausewitz zufolge ist es unmöglich, die Bedeutung einer Schlacht – und schon gar nicht eines ganzes Krieges – zu begreifen, ohne sich mit den politischen Umständen hinter einer solchen Auseinandersetzung zu beschäftigen. Und – so zahlreiche Militärhistoriker – selbst das reicht nicht. Gleichermaßen wichtig sind die Beziehungen zwischen den jeweiligen Regierungen und ihren Armeen, die gerade vorherrschenden Militärtheorien mitsamt ihrer Ursprünge, die verwendeten Waffen, der generelle Stand der technischen Entwicklung und die zu der jeweiligen Zeit zur Verfügung stehenden Kampfmethoden. Nicht zu vergessen das Terrain, das Klima und das Wetter.

Eine ebenfalls nicht geringe Rolle spielt die Persönlichkeit der Beteiligten. Oft haben sich die größten Siege anlässlich einer scheinbaren Nichtigkeit in Niederlagen verwandelt – der berühmte Tropfen, wie schon Napoleon schrieb, der das Fass zum Überlaufen bringt. Und immer gab es Unberechenbares. Um noch einmal Napoleon zu zitieren: Erfolgreiche Kriegsherren besitzen eine Eigenschaft, die wichtiger ist als alle anderen – sie haben Glück.

ANTIKE

Die Kriege in der Antike fanden überwiegend im
Nahen Osten sowie im Mittelmeerraum statt, wo
verschiedene Großmächte zu verschiedenen Zeiten
um die Vorherrschaft kämpften. Unter Alexander
dem Großen dominierten die Griechen eine Zeit
lang die Region, doch schließlich trugen die Römer
den Sieg davon.

Die Schlacht bei Marathon

Der Sieg der Athener über die persischen Angreifer bei Marathon 490 v. Chr. beendete eine der wichtigsten Schlachten der Antike. Er bewahrte die griechischen Stadtstaaten vor der Eroberung durch Fremde und gilt als Schlüsselmoment im Aufstieg der westlichen Zivilisation.

Als im September des Jahres 490 v. Chr. eine Armada von 600 Schiffen eine gut ausgerüstete Streitmacht von rund 20 000 Fuß- und berittenen Soldaten nördlich von Athen auf griechischem Boden absetzte, war alles andere als ein persischer Sieg undenkbar. Auf jeden Fall für die Truppen von Darius I., obwohl zwei frühere Invasionsversuche desaströs verlaufen waren. Doch seit Darius seinen Truppen erneut den Befehl erteilt hatte, das griechische Festland anzugreifen – als Vergeltung für die Unterstützung, die die Griechen den aufständischen ionischen Stadtstaaten in Kleinasien hatten zuteil werden lassen –, kamen sie äußerst zügig voran.

Rasch hatten die Perser Euböa eingenommen, eine große Insel vor der attischen Küste. Sie wussten, dass es Athen, ihrem nächsten Ziel, an Verbündeten mangelte. Die Spartaner waren mit einem wichtigen religiösen Fest beschäftigt und konnten den Athenern nicht schnell genug zu Hilfe kommen. Die Polis Plataiai schickte zwar 1000 Krieger, aber eine kriegsentscheidende Verstärkung war das natürlich nicht. Selbst mit diesen Kriegern war die athenische Streitmacht nur rund 10 000 Mann stark. Die Perser durften deshalb auf einen klaren Sieg hoffen, dem weitere folgen sollten. Während sie die athenischen Hopliten niedermetzelten, sollte ihre Flotte Athen selbst angreifen. Und ohne Armee war die Stadt schutzlos.

Die griechischen Generäle waren sich zunächst uneins über das beste Vorgehen. Einige rieten zum Warten, in der Hoffnung, Sparta würde doch noch Verstärkung schicken …

Uneinige griechische Generäle

Die beiden Armeen stießen auf der Ebene von Marathon, rund 42 Kilometer nördlich

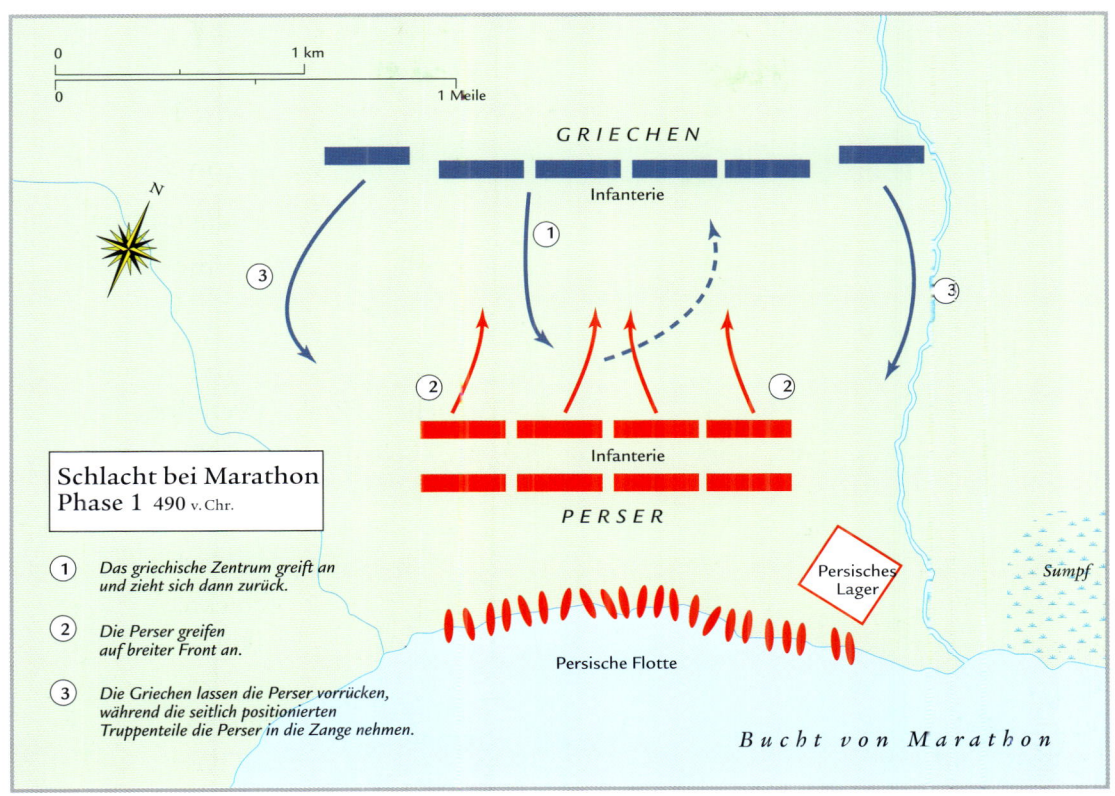

Phase 1 der Schlacht bei Marathon zeigt die Positionen, die die Infanterie beider Seiten bezog, und die anfänglichen Manöver.

von Athen, aufeinander. Herodot zufolge – er verfasste einige Jahre nach der Schlacht seinen berühmten Bericht davon – waren sich die griechischen Generäle zunächst uneins über das beste Vorgehen. Einige rieten zum Warten, in der Hoffnung, Sparta würde doch noch Verstärkung schicken und die Überzahl der Perser ausgleichen. Andere waren für den sofor-

tigen Angriff. Und so wartete man in den jeweiligen Lagern neun Tage darauf, dass der andere den ersten Schritt tat; vor der Abstimmung über das weitere Vorgehen debattierten die zehn athenischen Generäle, einer aus jedem Stamm der Stadt. Die Abstimmung ging unentschieden aus: Fünf stimmten für Warten, die anderen fünf, unter der Führung von Athens brillantestem Militärstrategen Miltiades, für den Erstschlag. Miltiades, so Herodot, bat den athenischen Würdenträger und Polemarch

(Kriegsherr) Kallimachos um eine Entscheidung und erhielt von ihm die ausschlaggebende Stimme. Dazu dürften Miltiades' bewegende Worte nicht wenig beigetragen haben: »Bei dir, Kallimachos«, so berichtet Herodot, »liegt es nun, Athen in die Sklaverei zu führen oder es zu befreien und sich damit bei allen zukünftigen Generationen einen Namen zu machen, größer als die Namen derer, die Athen in eine Demokratie verwandelten. Seit die Athener ein Volk sind, waren sie noch nie in so großer Gefahr.« Kallimachos konnte gar nicht anders stimmen.

Miltiades übernahm das Oberkommando und hatte einen entscheidenden Vorteil: Er hatte schon einmal für die Perser gekämpft und kannte sich mit ihren Taktiken gut aus. So wusste er z. B., dass sie sich gern auf die Reiterei verließen, um den Sieg perfekt zu machen. Als er erfuhr, dass

Phase 2 der Schlacht bei Marathon zeigt die Taktik der Griechen; die Perser ziehen sich zu ihren Schiffen zurück.

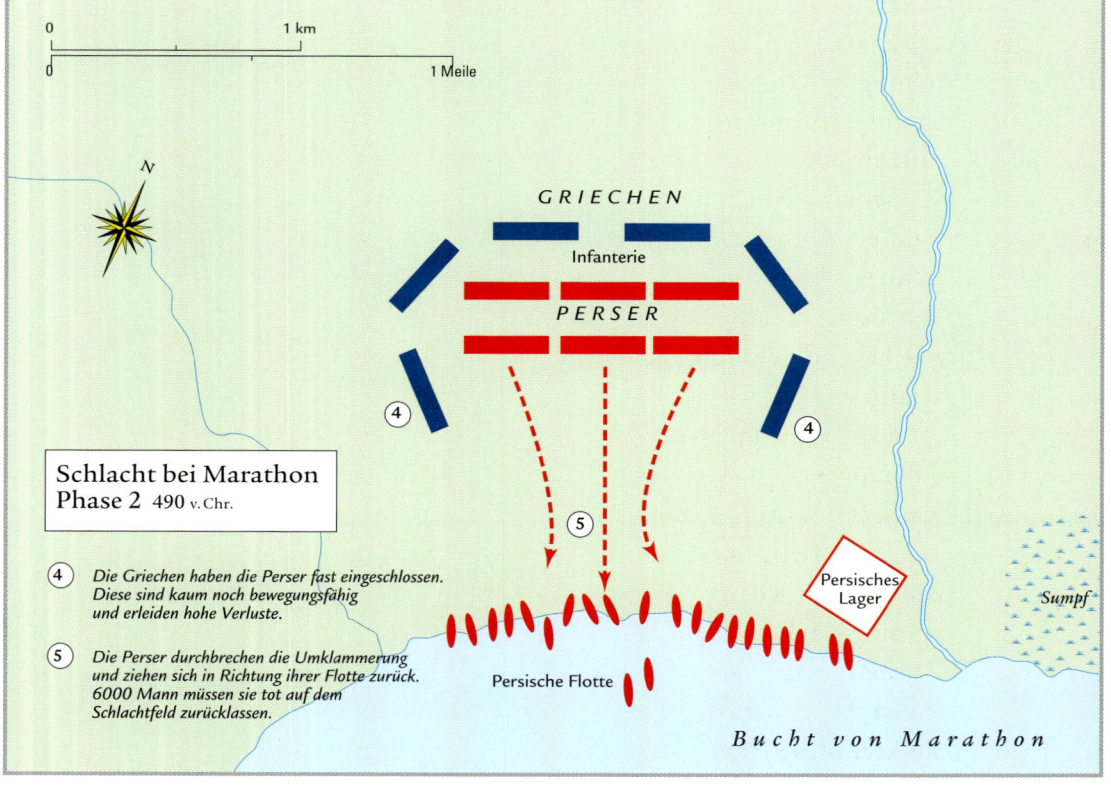

keine Kavallerie anwesend war, bereitete er seine Männer auf den Angriff vor.

Die Perser überlisten

Miltiades plante die Schlacht sorgfältig. Obwohl die Perser deutlich in der Überzahl waren, ordnete er an, dass sich die Athener in einer Reihe aufstellten, die ebenso lang war wie die des Gegners, wobei er jedoch die Flanken zuungunsten der Mitte verstärkte. So rückten die Athener rasch über die Ebene in Richtung des persischen Lagers vor. Miltiades wollte so schnell so nah wie möglich an die Perser herankommen, bevor diese Zeit hatten, ihre Bogenschützen in Stellung zu bringen.

Im nachfolgenden Handgemenge musste das Zentrum der Athener zurückweichen. Die Perser setzten nach – und tappten brav in die Falle, die Miltiades ihnen gestellt hatte. Als die Perser vorrückten, wurden sie auf beiden Seiten von den athenischen Flügeln eingeschlossen; im Militärjargon wird dies als Zangenangriff oder doppelte Umfassung bezeichnet. In den persischen Reihen machte sich Panik breit, und immer mehr Perser flohen zu ihren Schiffen. Die Athener verfolgten sie bis zur Küste.

In einem Gewaltmarsch kehrten die Griechen nach Athen zurück, gerade rechtzeitig, um den Persern erneut einen Strich durch die Rechnung zu machen. Als die persische Flotte vor der Stadt aufkreuzte, von der die Perser angenommen hatten, sie stünde einem Angriff ungeschützt gegenüber, fanden sie sie absolut wehrhaft vor. Es blieb ihnen nichts anderes übrig, als nach Asien zurückzusegeln. Damit war der Mythos der militärischen Unbesiegbarkeit der Perser zerstört; viele Historiker halten den griechischen Sieg bei Marathon für einen Schlüsselmoment in der Geschichte der westlichen Zivilisation. Nach der Schlacht überbrachte Phillippides Athen die Nachricht des Siegs in einem einzigen langen Lauf – der heute noch bei jedem Marathon nachempfunden wird.

DATEN & FAKTEN

Schlacht bei Marathon

Wann? September 490 v. Chr.

Wo? Marathon, Griechenland

Historischer Kontext: Perserkriege (492–449 v. Chr.)

Beteiligte Parteien: Die Poleis Athen und Plataiai, Persien

Befehlshaber und Heerführer: Miltiades der Jüngere, Kallimachos (Athener); Darius, Artaphernes (Perser)

Ausgang: Deutlicher Sieg der Griechen

Folge: Der Sieg der Griechen zerstörte den Mythos der persischen Unbesiegbarkeit.

Die Seeschlacht von Salamis

Als Xerxes, Darius' ältester Sohn und persischer Thronfolger, Griechenland 480 v. Chr. angriff, spielte seine Flotte die Hauptrolle bei der Invasion. Dass diese Flotte noch im gleichen Jahr in der Seeschlacht von Salamis geschlagen wurde, sicherte das Überleben der griechischen Stadtstaaten nachhaltig.

Da er entschlossen war zu siegen, wo sein Vater eine Niederlage erlitten hatte, plante Xerxes seinen Einfall in Griechenland äußerst sorgfältig. Während seine Armee südlich nach Thrakien und Nordgriechenland vorrückte, wurde sie von einer riesigen Flotte unterstützt, die Xerxes und seine Truppen die Küste entlang begleitete. Die Idee war ganz einfach: Sollten sich die Griechen gegen die persischen Landstreitkräfte zur Wehr setzen, konnte die Flotte im Rücken der Griechen einfach frische Truppen absetzen. Außerdem wurden auf den Schiffen die Vorräte transportiert, die Xerxes und seine Armee für einen schnellen Vormarsch brauchten.

Die Strategie der Griechen fußte auf einer einzigen Prämisse: Sie wollten nur dort kämpfen, wo die Perser keinen Vorteil

Die Strategie der Griechen fußte auf einer einzigen Prämisse: Sie wollten nur dort kämpfen, wo die Perser keinen Vorteil aus ihrer zahlenmäßigen Überlegenheit ziehen konnten.

aus ihrer zahlenmäßigen Überlegenheit ziehen konnten. Diese Lehre hatten sie aus der Schlacht bei den Thermopylen gezogen, einer Meerenge, die das Tor zum südlichen Griechenland bildete. Obwohl es Leonidas, dem Herrscher von Sparta, und seinen Kriegern nicht an Mut mangelte – sie kämpften bis zum letzten Mann –, konnten die Perser den Sieg davontragen. Der Weg nach Athen war geebnet.

Hektisch evakuierte man die Stadt, die Armee positionierte sich am Isthmus von Korinth, um den Peloponnes zu verteidigen. Die Flotte – in erster Linie athenische, peloponnesische, isthmische, euböische und äginetische Schiffe – steuerte Häfen auf der Insel Salamis an. Doch während die persische Armada 1200 Schiffe umfasste, war die griechische Flotte gerade einmal 380 Schiffe stark.

Da Persien ein Landstaat war, bestanden die Mannschaften der Schiffe aus Phöniziern, Ägyptern und Ioniern aus Kleinasien. Letzteren vertraute Xerxes nicht völlig, weshalb er sie in der folgenden Schlacht besonders im Auge behielt. Zeitgenössischen Berichten zufolge beobachtete er das Schlachtgeschehen von einem goldenen Thron aus, der die Insel und die Meerenge davor überblickte.

Der Entschluss, in der Meerenge zu kämpfen, war ein Geniestreich des athenischen Befehlshabers Themistokles.

Die Perser täuschen

Was die Schlacht von Salamis betraf, waren sich die griechischen Befehlshaber erneut uneinig. Einige wollten zum Isthmus von Korinth segeln, um die Truppen an Land zu unterstützen. Doch der gewiefte athenische Feldherr Themistokles plädierte dafür, an Ort und Stelle zu bleiben. Er glaubte, dass die griechische Flotte trotz ihrer Unterzahl die Perser im begrenzten Raum zwischen den Inseln schlagen konnte.

Ursprünglich wollte Xerxes ein solches Aufeinandertreffen vermeiden, doch nun

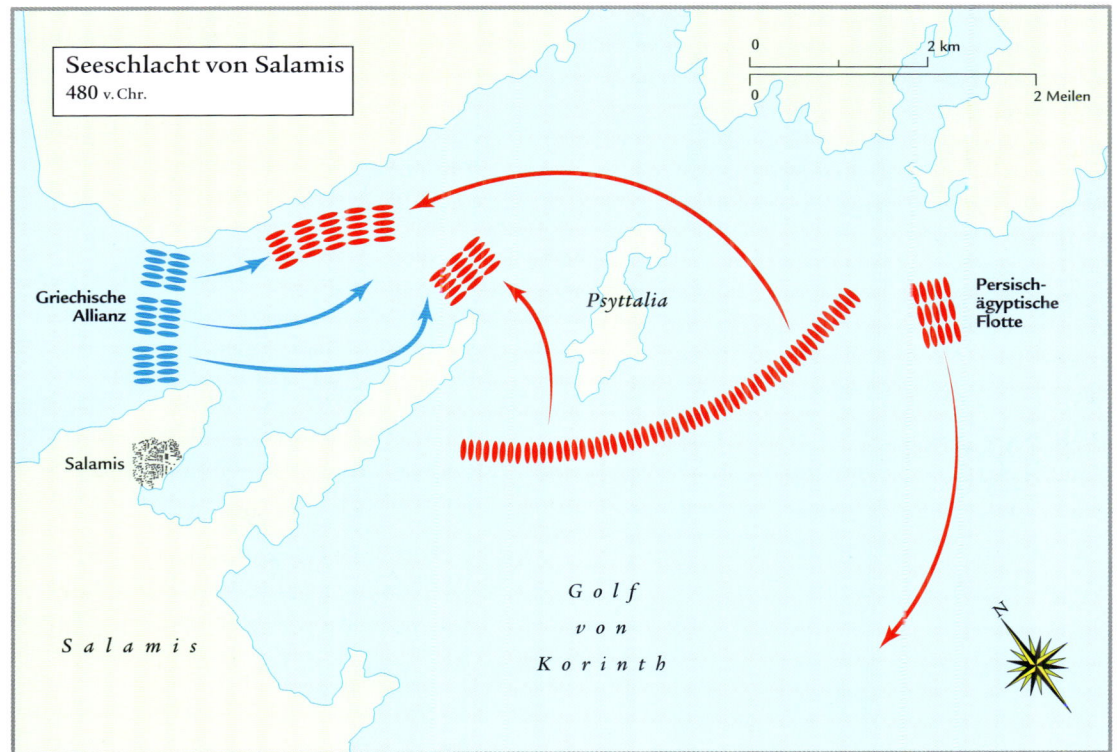

Seeschlacht von Salamis
480 v. Chr.

0   2 km

0   2 Meilen

Griechische
Allianz

Psyttalia

Persisch-
ägyptische
Flotte

Salamis

Salamis

*Golf
von
Korinth*

Auf dem Relief bewachen achämenidische Soldaten den »Palast der 100 Säulen« in Persepolis, einer der Hauptstädte des antiken Perserreichs.

bewegte er seine Truppen in Richtung des Isthmus, in der Hoffnung, die peloponnesischen Krieger würden Themistokles im Stich lassen und zur Verteidigung ihrer Heimat eilen. Da überbrachte auch schon ein griechischer Spion die Nachricht, die Athener wollten die Seiten wechseln – eine Desinformation von Themistokles, die den Anschein erwecken sollte, unter den Griechen sei es zum Streit gekommen.

So entschloss sich Xerxes, die scheinbare Uneinigkeit auszunutzen. Den Ägyptern befahl er, Salamis zu umsegeln, um den Golf von Megara nach Westen hin zu blockieren; die östliche Division der Flotte sollte das Gleiche im Osten tun. Der Hauptteil der persischen Flotte lag in einer langen Kette vor der attischen Küste. Dieser rückte im Morgengrauen vor.

Sieg der Athener

Abgesehen von Themistokles waren alle Griechen von diesem persischen Vorstoß überrascht. Und so konnte Xerxes' Flotte angreifen, bevor es den Griechen gelang, alle ihre Schiffe mobil zu machen. Dennoch sammelten sie sich rasch, und schon bald kam es zwischen den Inseln zu Gefechten. Dies hatte Themistokles von Anfang an beabsichtigt. Die Verzögerungen beim Auslaufen gereichten den Griechen sogar zum Vorteil, da die Perser glaubten, der Feind wolle sich zurückziehen, was Unruhe in die sonst so disziplinierten Reihen brachte.

Den ersten Sieg errangen die Athener im Westflügel der griechischen Flotte. Sie kämpften gegen die Phönizier und waren diesen seefahrttechnisch weit überlegen. Der phönizische Admiral Ariabignes kam schon früh in der Schlacht ums Leben und ließ die Phönizier führerlos zurück. Daraufhin wandten sich die Athener nach Osten, um die Ionier, die ohnehin schon mit den peloponnesischen und äginetischen Kriegern rangen, an der Flanke und im Rücken anzugreifen.

Die Perser versuchten, sich zurückzuziehen – ausgesprochen ungeordnet, da die Schiffe miteinander kollidierten. Zeitgenössischen Berichten zufolge sanken 200 persische Schiffe, während die Griechen nur den Verlust von 40 Schiffen zu beklagen hatten. Obwohl die Perser immer noch in der Überzahl waren, befahl Xerxes seiner Flotte, nach Norden zu segeln, um den Hellespont zu sichern.

Der Sieg der Griechen erwies sich als Wendepunkt in den Perserkriegen. Noch zukunftsweisender war vielleicht, dass Athen nun zu einer bedeutenden Seemacht aufstieg.

DATEN & FAKTEN

Seeschlacht von Salamis

Wann? 480 v. Chr.

Wo? Salamis

Historischer Kontext: Perserkriege (492–449 v. Chr.)

Beteiligte Parteien: Verschiedene Poleis Griechenlands, Persien

Befehlshaber und Heerführer: Themistokles, Eurybiades (Griechen); Xerxes I. von Persien, Artemisia I., Ariabignes (Perser)

Ausgang: Deutlicher Sieg der Griechen

Folge: Der Wendepunkt in den Perserkriegen markiert den Aufstieg Athens zur Seemacht.

Schlacht bei den Thermopylen

Die Schlacht bei den Thermopylen gilt als einer der bemerkenswertesten kriegerischen Konflikte aller Zeiten. Gesiegt haben sie zwar nicht, doch durch ihre Tapferkeit, mit der sie den Persern bis zum letzten Mann Widerstand leisteten, sicherten sich Leonidas und die Spartaner militärische Unsterblichkeit.

Das Grab des großen persischen Anführers Xerxes liegt neben dem von Darius dem Großen in Naqsh-i Rustam im heutigen Iran.

Es war Themistokles, der erfahrenste Kriegsherr Athens, der die Thermopylen – einen engen Pass zwischen Felsen auf der einen und dem Meer auf der anderen Seite – als geeignetsten Ort für das erste Gefecht der Griechen gegen die eindringenden Perser vorschlug. Und so ließ Leonidas, einer der beiden Könige von Sparta, im August 480 v. Chr. dort einen Verteidigungsposten errichten. An der engsten Stelle des Passes bauten die Phoker eine Mauer, hinter der Leonidas die meisten seiner Männer positionierte. Zudem bewachten 1000 Phoker einen Bergpfad, der sich hinter der Mauer und um sie herum erstreckte.

Xerxes wartete mit seinem Angriff vier Tage lang, während derer er erfolglos versuchte, die Spartaner zur Kapitulation zu bewegen. Dann rückten seine Männer gegen den Pass vor. Die Spartaner positio-

In der Schlacht bei den Thermopylen rückten die Perser gegen die von Phokern errichtete Mauer vor.

nierten sich als Verteidigungsphalanx vor der Mauer und wehrten eine Angriffswelle der Perser nach der anderen ab – sogar Xerxes' Eliteeinheit der »Unsterblichen«.

Von einem Überläufer verraten

Am Abend des zweiten Tages der Schlacht machte der abtrünnige Ephialtes von Trachis Xerxes auf den von Phokern bewachten Bergpfad aufmerksam. Prompt kommandierte der persische König einen großen Teil seiner Armee zu diesem Pfad ab, um die Spartaner zu umgehen. Den überraschten Phokern gelang es nicht, den Bergpfad zu halten.

Die meisten Griechen waren für einen Rückzug, doch dieses Wort kannten die Spartaner nicht. Und so hielten sie neben den Thespiern und den Thebanern tapfer aus, während sich der Rest der Griechen davonmachte. Dies ist rückblickend nicht nur als Mut, sondern auch als kluge taktische Entscheidung zu bewerten: Hätten auch die Spartaner den Rückzug angetreten, wäre der Rest der griechischen Armee von der persischen Reiterei unaufhaltsam niedergemetzelt worden.

Xerxes befahl seinen Truppen, erneut anzugreifen. Dieses Mal kamen die Spartaner ihnen bis zur breitesten Stelle des Passes entgegen, um dem Gegner die

Das Wort »Rückzug« kannten die Spartaner nicht. Und so hielten sie neben den Thespiern und den Thebanern tapfer aus, während sich der Rest der Griechen davonmachte.

größtmöglichen Verluste beizubringen. Im darauffolgenden Kampf wurde Leonidas getötet. Die Überlebenden zogen sich hinter die Mauer zum letzten Gefecht zurück. Die Thebaner kapitulierten schließlich, die Spartaner und Thespier hingegen kämpften bis zum letzten Mann.

Die Schlacht bei den Thermopylen endete in einer Niederlage für die Griechen. Dennoch gewannen sie dadurch wertvolle Zeit, um ihre Truppen zu reorganisieren und weitere Kräfte zu mobilisieren. Die Schätzungen hinsichtlich der Zahl der Toten variieren: Einigen Quellen zufolge sollen 20 000 Perser ums Leben gekommen sein, was sicherlich übertrieben ist. Auf griechischer Seite waren rund 2000 Tote zu beklagen.

DATEN & FAKTEN

Schlacht bei den Thermopylen

Wann? August 480 v. Chr.

Wo? Thermopylen, Griechenland

Historischer Kontext: Perserkriege (492–449 v. Chr.)

Beteiligte Parteien: Verschiedene Poleis Griechenlands, Persien

Befehlshaber und Heerführer: Themistokles, Leonidas I., Demophilus (Griechen); Xerxes I. von Persien, Mardonius, Hydarnes (Perser)

Ausgang: Sieg der Perser

Folgen: Trotz des persischen Siegs verhalf die Tapferkeit von Leonidas und den Spartanern zu militärgeschichtlicher Unsterblichkeit und verschaffte den Griechen einen notwendigen Zeitgewinn.

Diese Statue von Leonidas erinnert bei den Thermopylen an die Tapferkeit und das Durchhaltevermögen der Spartaner.

Die Schlacht von Gaugamela

Der Sieg Alexanders des Großen über Darius III. von Persien beendete mehr als zwei Jahrhunderte achämenidischer Herrschaft und führte zur Gründung eines neuen, mächtigen griechischen Reichs.

Als Alexander der Große das Perserreich angriff, begann er einen der größten Feldzüge der Militärgeschichte. 334 v. Chr. besiegte er Darius' Generäle am Granikos am Hellespont; im Jahr darauf gab es im syrischen Issos die berühmte Keilerei, die Alexander ebenfalls für sich entscheiden konnte – sein erster Sieg über Darius selbst. Die Schlacht von Gaugamela, die das Schicksal des Achämenidenreichs besiegeln sollte, fand drei Jahre später – am 1. Oktober 331 v. Chr. – statt.

Die Zwischenzeit nutzte Alexander, um seine Macht in den Ländern, die er bereits erobert hatte, zu konsolidieren und um die Mittelmeerküste in seinem Rücken zu sichern. Darius' Friedensangebote lehnte er ab; stattdessen wandte er sich wieder nach Osten, wo er Darius vom Thron zu stürzen und den Feldzug zu einem glorreichen Ende zu führen hoffte. In Mesopotamien überquerte er ungehindert Euphrat und Tigris, während Darius alle Streitkräfte Persiens mobil machte. Beide wussten, dass die nächste Schlacht die letzte sein würde.

Büste Alexanders des Großen; er schlug die Perser in der Schlacht von Gaugamela im Jahr 331 v. Chr.

Vorbereitungen auf den Kampf

Auf Darius fiel die Wahl des Schlachtfelds.
Da er Alexanders Vorrücken ins fruchtbare
Herzstück Mesopotamiens aufhalten
wollte, zog er seine Truppen auf einer
Ebene in der Nähe des Dorfes Gaugamela
zusammen; er ließ den Boden für seine
Streitwagen ebnen und Pfähle als Hinder-
nis für die Reiterei einschlagen. Seine
Infanterie war um die 200 000 Mann stark
(die Quellen widersprechen sich), darunter

auch griechische Söldnerhopliten, zudem
hatte er 40 000 Reiter, 200 Wagen und
Stammesangehörige aus allen Teilen der
von ihm eroberten Gebiete. Alexanders
Armee umfasste 40 000 Infanteristen und
7000 Reiter aus Makedonien, Thrakien und
anderen Teilen Griechenlands. Angesichts
der Truppenstärke war der persische König
von seinem Sieg überzeugt.

Zunächst rückte Alexander bis auf sechs
Kilometer an das persische Lager heran, wo
er seine Truppen übernachten ließ. Nachdem er die Gegend ausgekundschaftet
hatte, beriet er sich mit seinen Generälen.

Phase 1 der Schlacht von Gaugamela zeigt die Züge der Makedonier
und der Perser.

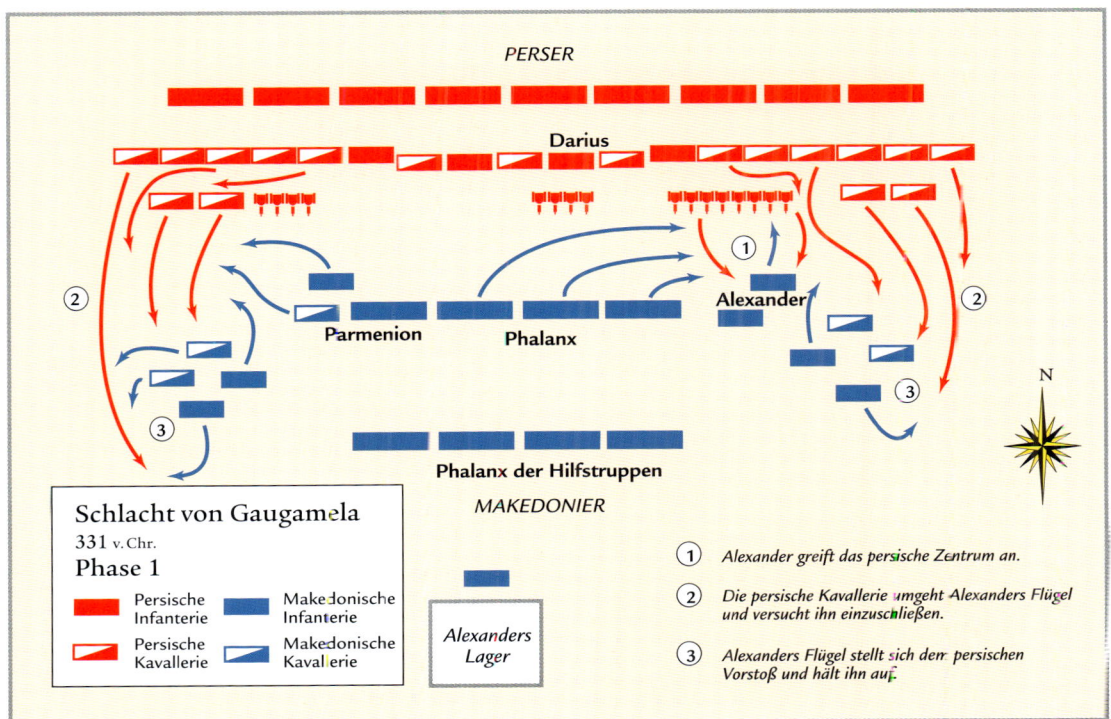

PERSER

Darius

Alexander

Parmenion   Phalanx

① Alexander greift das persische Zentrum an.

② Die persische Kavallerie umgeht Alexanders Flügel
und versucht ihn einzuschließen.

③ Alexanders Flügel stellt sich dem persischen
Vorstoß und hält ihn auf.

Phalanx der Hilfstruppen

MAKEDONIER

Schlacht von Gaugamela
331 v. Chr.
Phase 1

Persische Infanterie
Makedonische Infanterie
Persische Kavallerie
Makedonische Kavallerie

Alexanders Lager

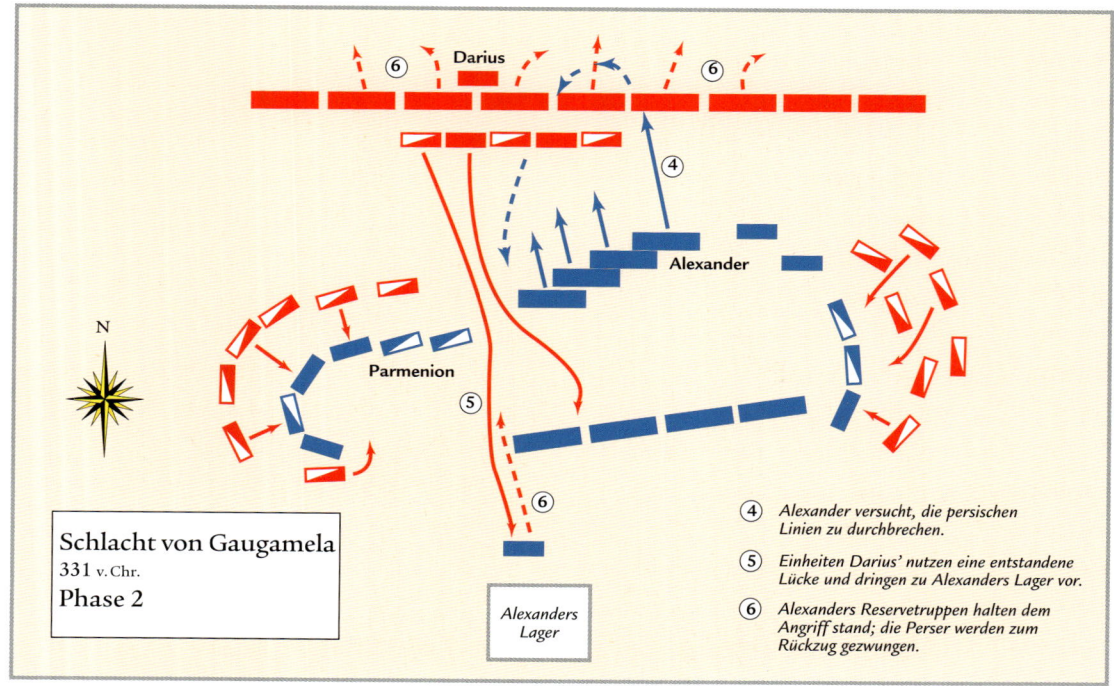

Schlacht von Gaugamela
331 v. Chr.
Phase 2

④ Alexander versucht, die persischen Linien zu durchbrechen.

⑤ Einheiten Darius' nutzen eine entstandene Lücke und dringen zu Alexanders Lager vor.

⑥ Alexanders Reservetruppen halten dem Angriff stand; die Perser werden zum Rückzug gezwungen.

Phase 2 der Schlacht von Gaugamela zeigt die Taktiken der beiden Armeen und den Rückzug der Perser.

Einen nächtlichen Angriff lehnte er ab, den würde Darius wahrscheinlich erwarten. Stattdessen rückte er am Morgen weiter vor, wobei die Hopliten zwei mittlere Reihen bildeten. Alexander selbst führte die Reiterei im rechten Flügel an, sein Stellvertreter Parmenion die im linken. Beide wurden von leichter Infanterie begleitet. Darius ließ den Großteil seiner Infanterie in einer einzigen langen Linie quer über die Ebene antreten, davor positionierte er die Reiter und die Streitwagen. Alle griechischen Formationen konnten unabhängig voneinander agieren – wenn nötig, sogar allein.

Alexander greift an

Alexander befahl seiner Kavallerie, schräg zum äußersten rechten Rand der Ebene vorzurücken. So musste Bessos, der den persischen linken Flügel befehligte, die eigene Reihe erweitern, um nicht auf dem Flügel umgangen zu werden und um den Vorteil der größeren Truppenstärke nicht aufzugeben. Das wiederum hatte zur Folge, dass die persische Mitte nach links ziehen musste, um Kontakt mit dem linken Flügel zu halten. Um das zu vermeiden, entschloss sich Bessos zum sofortigen Angriff, bei dem ihm Alexander jedoch zuvorkam. Im erbitterten Nahkampf besiegte er die skythischen und baktrischen Reiter vor sich. In der Zwischenzeit befahl Darius seinen Streitwagen vorzurücken, doch trotz ihres furchterregenden Rufs schienen sie wenig Eindruck auf die griechischen Kämpfer zu machen. Nun griff Alexander die Flanke der persischen Mitte an, da sich zwischen dieser und dem inzwischen ungeordneten linken Flügel der Perser eine Lücke aufgetan hatte. Sie konnte dem heftigen Angriff nicht lange standhalten: Darius floh, und auch Bessos trat überstürzt den Rückzug an.

Doch noch war die Schlacht nicht vorüber. Alexander musste die fliehenden Perser ziehen lassen und zur Rettung Parmenions eilen, dessen rechter Flügel zurückgedrängt worden und damit vom Rest der griechischen Truppen abgeschnitten war. Diese Lücke wiederum nutzte die persische Reiterei: Sie brach durch und griff Parmenion nun von hinten an. Zu Parmenions Glück zogen es viele Perser vor, das griechische Lager zu plündern, statt auf dem Schlachtfeld zu bleiben. Alexander kehrte um und wehrte den Angriff der Perser ab. Schließlich flohen auch sie.

Daraufhin stürzte sich Parmenion auf das persische Lager, plünderte es und brachte Darius' Tross in seine Gewalt.

Die Niederlage war ein Desaster für Darius. Obwohl es ihm gelang, sich nach Ekbatana in Sicherheit zu bringen, konnte er Alexander nicht aufhalten. Dieser nahm Babylon, Susa und schließlich auch Persepolis ein, eine der persischen Hauptstädte. Damit war das Schicksal des Achämenidenreichs besiegelt – ebenso wie das von Darius. Kein Jahr später war er tot, ermordet von Bessos und anderen Verrätern.

DATEN & FAKTEN
Schlacht von Gaugamela

Wann? 1. Oktober 331 v. Chr.

Wo? Auf einer Ebene bei Gaugamela

Historischer Kontext: Alexanderzug (334–324 v. Chr.)

Beteiligte Parteien: Makedonien und griechische Verbündete, Persien

Befehlshaber und Heerführer: Alexander der Große, Parmenion, Hephästion, Krateros, Ptolemäus, Antigonos, Seleukos, Perdikkas, Kleitos, Nearchos (Makedonier und griechische Verbündete); Darius III., Bessos, Mazäus, Orontes II. (Perser)

Ausgang: Griechisch-makedonischer Sieg

Folgen: Die Niederlage der Perser zog den Untergang des Achämenidenreichs und Darius' Tod nach sich.

Die Schlacht von Cannae

Hannibal errang einen geradezu legendären Sieg, als er im Zweiten Punischen Krieg die römischen Legionen bei Cannae vernichtend schlug. Leider konnte er aus diesem Sieg jedoch keinen weiteren Nutzen ziehen.

Als 218 v. Chr. der Zweite Punische Krieg ausbrach, kämpften Rom und Karthago erneut um die Vorherrschaft im Mittelmeerraum. Dieses Mal wählten die Karthager jedoch eine andere Strategie. Ihr größter General, Hannibal Barkas, wollte von Spanien aus, wo die Kämpfe begonnen hatten, durch Südfrankreich über die Alpen nach Italien vordringen und den Krieg damit ins Heimatland des Feindes verlagern. Er wollte die Römer auf ihrem eigenen Grund und Boden schlagen. Der erste Geniestreich gelang Hannibal mit der Überquerung der Alpen; diese hatten die Römer für unmöglich gehalten, zumal sie im tiefsten Winter stattfand. Anschließend siegte Hannibal sowohl an der Trebbia als

Die Ruinen von Karthago, der großen karthagischen Stadt, die schließlich trotz Hannibals großer Siege am Trasimenischen See und bei Cannae von den Römern zerstört wurde.

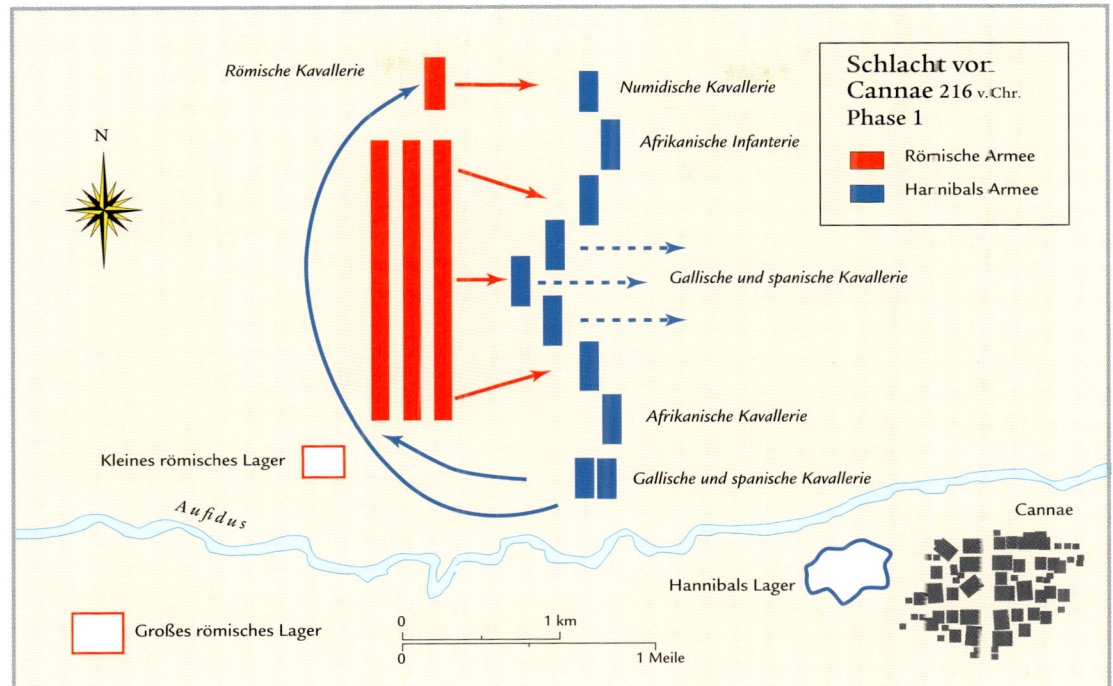

Phase 1 der Schlacht von Cannae zeigt das Vorrücken der karthagischen und der römischen Armee.

auch am Trasimenischen See, wo er erfolgreich eine ganze römische Armee vernichtete. Die Antwort der Römer bestand darin, Fabius Maximus zum Diktator zu ernennen. Dieser wollte weitere offene Zusammenstöße mit dem Feind vermeiden und setzte stattdessen auf einen Zermürbungskrieg und das Aufreiben durch kleinere Geplänkel. Das gefiel dem römischen Senat allerdings gar nicht – dort wollte man einen schnellen Sieg.

Am Ende seiner Amtszeit wurde Fabius Maximus von neuen Konsuln ersetzt: Gaius Terentius Varro, ein lärmender »neuer Mann«, der durch Geld an die Macht

gelangt war, und Lucius Aemilius Paullus, ein besonnener Patrizier. Sie sollten eine neue Armee ausheben, um Hannibal ein für allemal zu vernichten – die größte Streitkraft, die die Römische Republik je in die Schlacht geschickt hatte.

Vom Geplänkel zur Schlacht

Mit ihrer riesigen Armee von fast 87 000 Mann rückten die beiden Konsuln nach Cannae vor, einem wichtigen römischen Versorgungslager am Fluss Aufidus

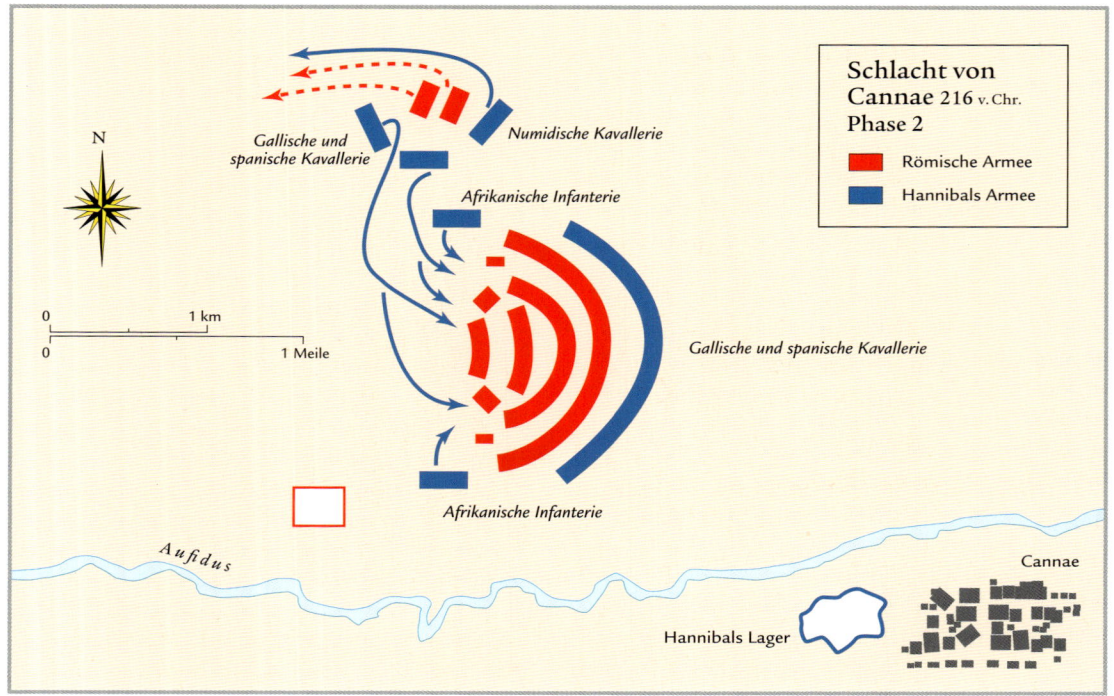

Phase 2 der Schlacht von Cannae zeigt das Vorrücken der römischen und der karthagischen Armee.

im südöstlichen Italien, das die Karthager im Frühjahr eingenommen hatten. Am 31. Juli 216 v. Chr. traf die jeweilige Vorhut der beiden Armeen am Ufer des Flusses auf die andere und begann mit einem Geplänkel. Die eigentliche Schlacht begann zwei Tage später. Die römische Militärpraxis sah vor, dass sich bei zwei anwesenden Konsuln die beiden Männer in der Befehlsgewalt abwechselten, jeder also an bestimmten Tagen das Oberkommando hatte.

Leider war es nicht der vorsichtigere Paullus, sondern Varro – überzeugt von einem leichten Sieg –, der zu Beginn der

Schlacht das Kommando hatte. Sein Plan war einfach und brutal: Seine zahlenmäßig überlegenen Truppen sollten durch die karthagischen Reihen brechen und Hannibals Männer in die Niederlage knüppeln. Wie später berichtet wurde, war Paullus mit diesem Vorgehen zwar nicht einverstanden, musste sich aber fügen.

So nahmen die Römer und Karthager ihre jeweiligen Schlachtpositionen ein. Nach alter Tradition positionierte Varro die Reiterei an den Flanken der Infanterie, die sich Reihe für Reihe im Zentrum der römischen Schlachtenordnung aufbaute. Hannibal tat genau das Gegenteil: Sein Zentrum verteidigte die leichte Infanterie, die schlachtenerprobte schwere Infanterie schloss sich der Kavallerie an den Flanken an. Beim Vorrücken bog sich die karthagische Phalanx zu einer Halbmondform – auch dies ein sorgfältig geplanter Konventionsbruch. Zuerst stießen die Reiter aufeinander. Hasdrubal, der auf der karthagischen Rechten das numidische Kontingent befehligte, trieb den Großteil der römischen Reiterei zurück und zerstreute unterwegs wo immer möglich die Infanterie. Dann kehrte er um und griff die Kavallerie auf dem anderen Flügel an. Diese floh.

Die Falle schnappt zu

Nun war es an Hannibal anzugreifen. Er hatte sich mit der leichten Infanterie im Zentrum der karthagischen Phalanx positioniert und befahl dieser, sich langsam zurückfallen zu lassen, während die schwere Infanterie links und rechts ihre Position beibehielt. Die Römer rückten vor – und tappten direkt in die Falle der Karthager.

Hannibal befahl der Infanterie an den Flügeln, die Flanken des Feindes anzugreifen. Sie schloss sich wie die Zangen eines

riesigen Nussknackers um die Römer. Gleichzeitig griff die karthagische Kavallerie die Römer im Rücken an, die bald vollständig eingeschlossen waren. Sie wurden so dicht zusammengedrängt, dass die meisten noch nicht einmal ihre Waffen heben, geschweige denn kämpfen konnten.

Die Niederlage war verheerend – der dafür verantwortliche Varro entkam, Paullus starb an der Seite seiner Männer. Nur 14 000 Römern gelang es, sich aus der Umklammerung herauszukämpfen und nach Canusium zu fliehen, der nächstgelegenen Stadt in römischen Händen. 3500 bis 4500 Römer wurden gefangen genommen, der Rest blieb auf dem Schlachtfeld.

DATEN & FAKTEN

Schlacht von Cannae

Wann? 2. August 216 v. Chr.

Wo? Cannae, Italien

Historischer Kontext: Zweiter Punischer Krieg (218–201 v. Chr.)

Beteiligte Parteien: Republik Karthago, Römische Republik

Befehlshaber und Heerführer: Hannibal und Hasdrubal Barkas, Maharbal, Mago (Karthago); Gaius Terentius Varro, Lucius Aemilius Paullus (Rom)

Ausgang: Deutlicher Sieg der Karthager

Die Seeschlacht von Actium

Als Octavian und Marcus Antonius bei der Seeschlacht 31 v. Chr. aufeinander-trafen, sicherte sich Octavian durch seinen Sieg die Herrschaft über das Römische Reich. Er nahm den Namen Augustus an und wurde Roms erster Kaiser.

Offiziell begann der Krieg zwischen Octavian und Marcus Antonius ein Jahr vor der Seeschlacht von Actium. Nach der Ermordung Julius Cäsars und nachdem Brutus' Aufstand niedergeschlagen worden war, hatten die beiden einflussreichsten Männer des Triumvirats die römische Welt zwischen sich aufgeteilt. Schon seit Jahren hatte es böses Blut zwischen ihnen gege-ben.

Das Triumvirat hatte unter sich verein-bart, dass Octavian, Cäsars Großneffe und Erbe, über Rom und den Westen herrschen sollte, während Marcus Antonius Ägypten und den Osten bekam. Lepidus, der Dritte im Bunde, war überflüssig geworden und bekam die Provinz Afrika. Eigentlich war die Aufteilung klar, doch mit der Zeit kam es zu immer größeren Spannungen zwischen Octavian und Marcus Antonius. Als Versöhnungsversuch

verheiratete man Octavia, Octavians Schwester, 40 v. Chr. mit Marcus Antonius, doch drei Jahre später verließ er sie und kehrte zu seiner Geliebten Kleopatra, der Königin von Ägypten, zurück.

Die Römer fühlten sich von Marcus Antonius im Stich gelassen. Sie hatten Kleopatra nie gemocht und glaubten nun, der verliebte Marcus Antonius wolle sie in Rom zur Herrscherin einsetzen. Diesen öffentlichen Unmut machte sich Octavian zunutze; er traf kaum auf Wider-stand, als er Marcus Antonius den Krieg erklärte. Die letzte Konfrontation zwischen den beiden Titanen der römi-schen Welt stand kurz bevor.

Als der Krieg dann tatsächlich ausbrach, hielt sich Marcus Antonius mit Kleopatra

> *Die Römer fühlten sich von Marcus Antonius im Stich gelassen. Sie hatten Kleopatra nie gemocht und glaubten nun, der verliebte Marcus Antonius wolle sie in Rom zur Herrscherin einsetzen.*

Die Karte illustriert die Manöver der beiden Flotten in der See-schlacht von Actium, die in Marcus Antonius' Rückzug gipfelte.

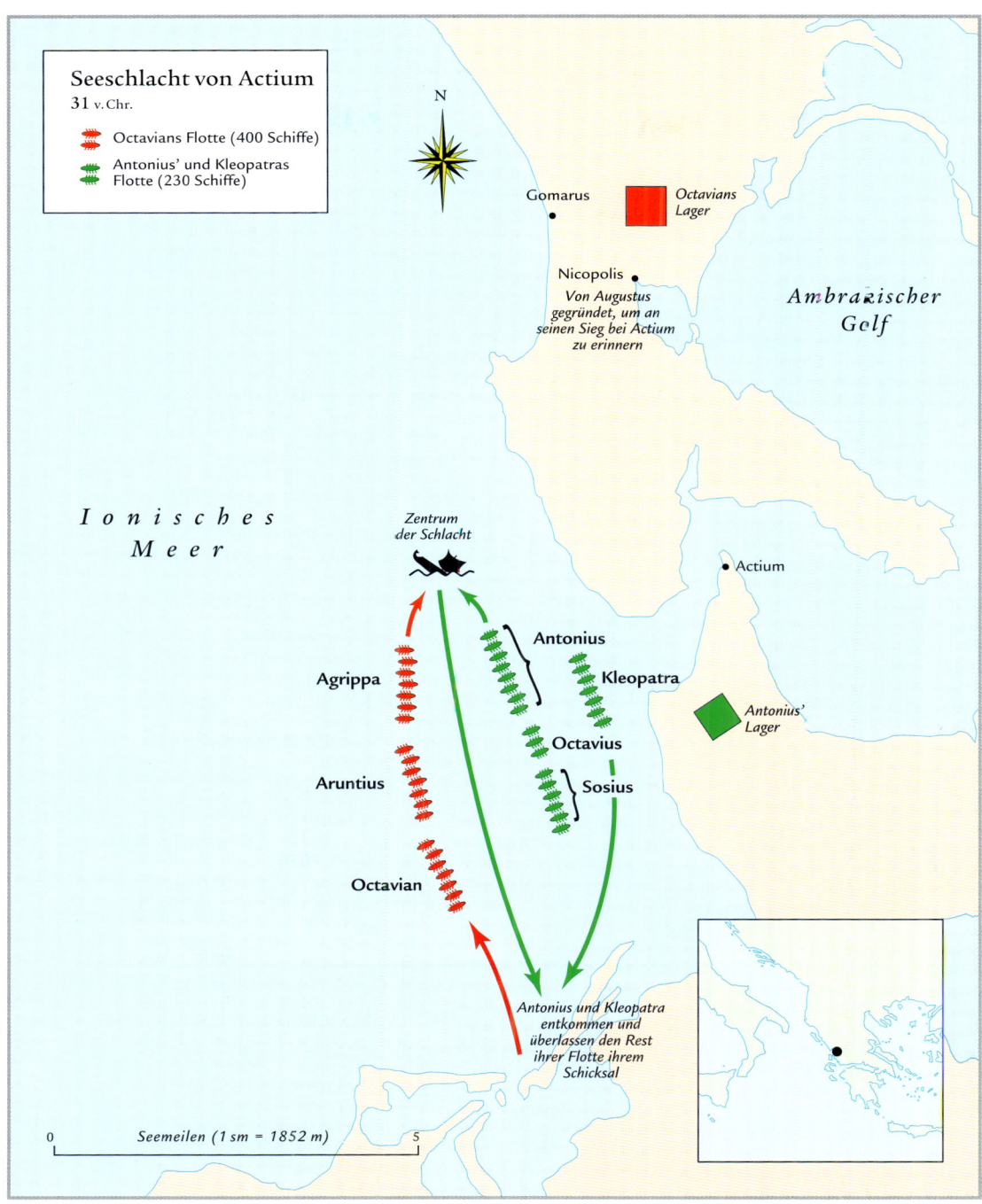

Seeschlacht von Actium
31 v.Chr.

Octavians Flotte (400 Schiffe)

Antonius' und Kleopatras
Flotte (230 Schiffe)

N

Gomarus

Octavians
Lager

Nicopolis

Von Augustus
gegründet, um an
seinen Sieg bei Actium
zu erinnern

Ambraxischer
Golf

Actium

I o n i s c h e s
M e e r

Zentrum
der Schlacht

Antonius

Kleopatra

Agrippa

Antonius'
Lager

Octavius

Aruntius

Sosius

Octavian

Antonius und Kleopatra
entkommen und
überlassen den Rest
ihrer Flotte ihrem
Schicksal

0   Seemeilen (1 sm = 1852 m)   5

gerade in Griechenland auf. Er richtete sein Hauptquartier in Patras ein und eine Ausgangsbasis bei Actium an der Mündung des Ambrakischen Golfs an der

Das wahrscheinlich einzige Relief, das Kleopatra und ihren sowie Julius Cäsars Sohn Cäsarion zeigt, befindet sich im Tempel von Dendera in Ägypten.

epirischen Küste. In Rom befürchtete man, er würde Italien angreifen, doch Marcus Antonius wusste, dass ein solcher Schachzug politisch unklug war. Stattdessen wartete er ab, womit er Octavian zwingen wollte, die Adria zu überqueren und als Erster anzugreifen.

Möglicherweise wäre Marcus Antonius eine Schlacht an Land lieber gewesen; seine riesige Armee umfasste rund 100 000 Fußsoldaten und 12 000 Reiter. Auf jeden Fall fand die erhoffte Konfrontation früher als geplant statt. Kurz nach Mittsommer überquerte Octavian mit 400 Schiffen, 80 000 Infanteristen und 12 000 Reitern die Adria und ließ rund 16 Kilometer nördlich von Antonius' Stellung bei Actium ein eigenes befestigtes Lager errichten.

Zwei Monate voller Manöver und Geplänkel folgten, die Antonius' Stellung bedrohlich schwächten. Octavian schien nicht geneigt, dem Feind direkt zu begegnen, und Antonius war es unmöglich, die Römer aus ihren Stellungen um sein Lager herum herauszulocken. Die »richtige« Schlacht fand auf See statt, wo Marcus Vipsanius Agrippa die Ionischen Inseln eroberte und Antonius und Kleopatra von ihren Versorgungslagern auf dem Peloponnes abschnitt.

Inzwischen wurden Antonius' Truppen immer unzufriedener; sie waren vom endlosen Warten frustriert, außerdem breiteten sich Krankheiten in ihren Reihen aus. Antonius hatte zwei Möglichkeiten: über Land durch Makedonien zu fliehen oder zu versuchen, Agrippas Seeblockade zu durchbrechen und nach Ägypten zurückzusegeln. Kleopatra wollte auf dem schnellsten Weg in ihre Heimat zurückkehren und drängte Marcus Antonius zur Schlacht.

Action bei Actium

Antonius zog seine Flotte vor der engen Meeresstraße, die zum Ambrakischen Golf führt, zusammen. Er selbst befehligte den rechten Flügel, Agrippa direkt gegenüber.

DATEN & FAKTEN

Seeschlacht von Actium

Wann? 31 v. Chr.

Wo? Actium, Griechenland

Beteiligte Parteien: Rom, Ägypten

Befehlshaber und Heerführer: Gaius Sosius, Marcus Octavius (Antonius und Verbündete); Marcus Vipsanius Agrippa (Octavian und Verbündete)

Ausgang: Deutlicher Sieg für Octavian

Folgen: Octavians Sieg bescherte ihm die Herrschaft über die römische Welt; er wurde Roms erster Kaiser.

Bevor die Schlacht am 2. September schließlich begann, stattete Antonius den Befehlshabern der einzelnen Schiffe einen Besuch ab, um letzte Instruktionen zu erteilen. Sie sollten sich in Ufernähe halten und die Schlacht defensiv kämpfen. Sie sollten die Römer auf sich zukommen lassen. Kleopatra wurde hinter der Front in Sicherheit gebracht. Zwei Befehlshaber – Gaius Sosius und Marcus Octavius, die für den linken Flügel und die Mitte verantwortlich waren – missachteten Antonius' Instruktionen und ließen sich vom Feind aufs Meer hinauslocken. Damit hatten die römischen Schiffe Gelegenheit, ihre ausgezeichnete Manövrierfähigkeit zu nutzen. Sie schlossen Antonius' Galeeren ein, schossen brennende Pfeile auf sie ab und wichen aus, wenn der Feind versuchte, sie zu rammen und zu entern.

Schlachtentscheidend war letztlich die Flucht Kleopatras, die mit ihren Schiffen zum Peloponnes zurücksegelte. Antonius legte sein Kommando nieder und folgte ihr. Die Flotte, die er im Stich gelassen hatte, kämpfte bis in den späten Nachmittag hinein weiter und ergab sich dann Agrippa. Seine Armee wollte zuerst nicht an Antonius' Flucht glauben und weigerte sich sieben Tage lang zu kapitulieren. Danach allerdings war Octavians Sieg unumstößlich.

Schlacht im Teutoburger Wald

Im Jahr 9 n. Chr. änderte der germanische Kriegsfürst Arminius den Lauf der Geschichte, als er einen legendären Sieg über drei römische Legionen errang. Noch nie hatten die Römer eine solch »barbarische« Niederlage einstecken müssen.

Manchmal gelingt es einem einzigen Menschen, den Lauf der Geschichte zu ändern. Arminius war ein solcher Mensch, auch bekannt als Hermann, wie Martin Luther ihn Jahrhunderte später nannte. Der Cheruskerprinz war als kleiner Junge als Geisel nach Rom gebracht und dort römisch erzogen worden, bis er schließlich das römische Bürgerrecht erhielt und in die römische Armee eintrat. Seine germanischen Wurzeln sollte er, wie sich später zeigte, dennoch nie vergessen. Äußerlich schien er vollständig romanisiert, im Herzen aber blieb er Germane.

Die Römer in Germanien

Die Römer waren seit der Zeit Julius Cäsars in Germanien präsent; dieser hatte zwei kurze, aber heftige Feldzüge gegen zwei feindliche germanische Stämme jenseits

Die Römer waren seit der Zeit Julius Cäsars in Germanien präsent; dieser hatte zwei kurze, aber heftige Feldzüge gegen zwei feindliche germanische Stämme jenseits des Rheins geführt.

des Rheins geführt. Danach verließen die Römer Germanien bis 38 v. Chr., als dem Historiker Cassius Dio zufolge Marcus Agrippa als »zweiter zum Krieg bereiter Römer den Rhein überquerte«.

Es war Kaiser Augustus, der einen kompromisslosen Eroberungsfeldzug anzettelte – mit dem Ziel, ganz Germanien in das Römische Reich einzugliedern. Das Oberkommando erteilte er seinem jungen Stiefsohn Nero Claudius Drusus. Drusus gelang es, nach Osten bis zur Elbe vorzudringen, bevor er an den Komplikationen eines Sturzes vom Pferd starb. Seine Nachfolge als Oberbefehlshaber in Germanien trat sein Bruder Tiberius an. Dieser war genauso erfolgreich wie sein Vorgänger: Im Jahr 5 n. Chr. drang er noch weiter nach Osten vor und führte die römischen Legionen über die Elbe.

Allem Anschein nach – so nahmen es Augustus und mit ihm die meisten Römer wahr – war der Großteil Germaniens nun erfolgreich befriedet. Ein folgenschwerer Irrtum. Nachdem Tiberius abkommandiert worden war, um sich andernorts um einen Aufstand zu kümmern, ernannte der Kaiser Publius Quinctilius Varus zu Tiberius' Nachfolger. Seine Instruktionen für den neuen Oberbefehlshaber waren klar: Er sollte die Romanisierung in der vermeintlich sicheren Provinz vorantreiben.

Varus macht einen Fehler

Alles hätte sich zum Guten wenden können, hätte Varus nicht einen fatalen Fehler begangen. Hinter vorgehaltener Hand hatte man ihn vor Arminius gewarnt; dennoch setzte Varus sein volles Vertrauen in den cheruskischen Anführer. Dieser allerdings plante schon seit geraumer Zeit, gegen die Römer vorzugehen, und im Herbst des Jahres 9 n. Chr. war es so weit. Arminius wusste, dass Varus seine Truppen aus dem

Die Manöver der römischen Armee und der germanischen Stämme in der Schlacht im Teutoburger Wald.

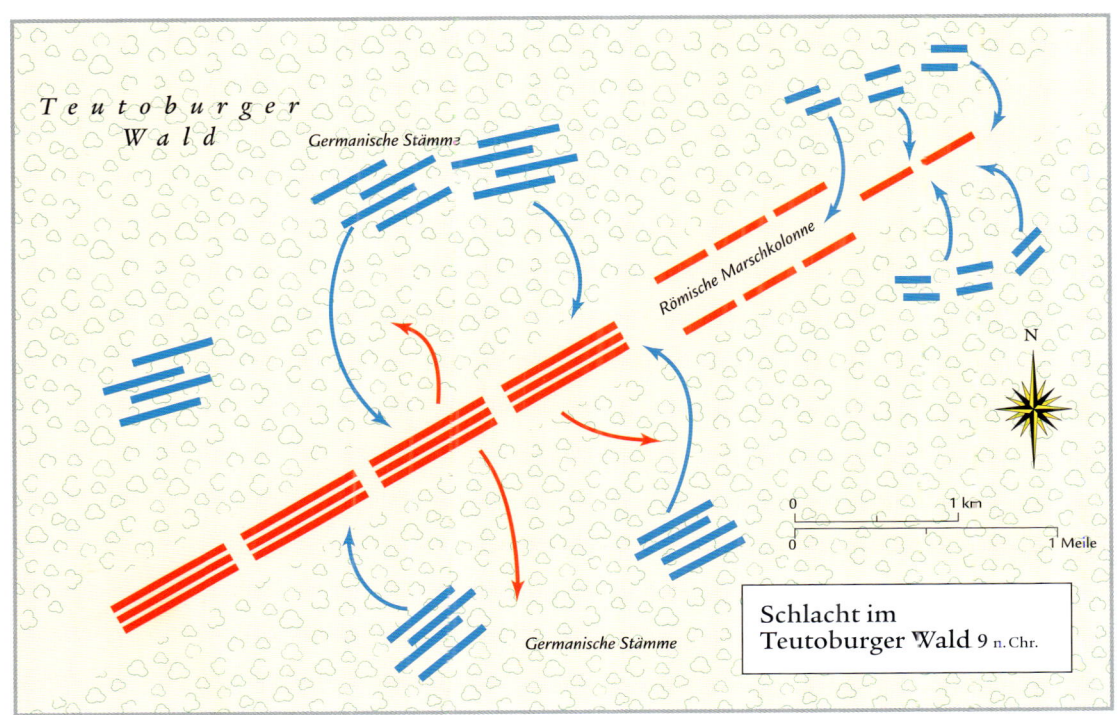

Teutoburger Wald

Germanische Stämme

Römische Marschkolonne

N

Germanische Stämme

0   1 km
0   1 Meile

Schlacht im
Teutoburger Wald 9 n. Chr.

Büste des römischen Kaisers Augustus, dessen junger Stiefsohn Nero Claudius Drusus Germanien erobern sollte.

wollten den Römern unterwegs auflauern; Letztere glaubten sich immer noch auf dem Territorium von befreundeten, zumindest befriedeten Stämmen.

Der Plan ging perfekt auf. Varus und seine Truppen taten genau das, was Arminius erwartet hatte; mit Arminius und seinen cheruskischen Hilfstruppen rückte er nach Nordwesten vor. Am Ende des ersten Tagesmarschs überredete Arminius Varus, mit seinen Männern die Gegend auskundschaften zu dürfen. Der ahnungslose Varus stimmte dem Vorschlag zu und ließ das Lager für die Nacht errichten.

Arminius schlägt zu

Als die Römer weitermarschierten, lief plötzlich alles schief. Das Terrain wurde zunehmend schwieriger. Dann schlug auch noch das Wetter um. Angesichts des peitschenden Windes und der Regengüsse kamen die Soldaten nur noch im Schneckentempo voran.

Auf diesen Moment hatte Arminius gewartet. In der Abenddämmerung griff er an. Die Attacke überraschte die Römer und brachte ihnen schwere Verluste bei; danach verschwanden Arminius und seine Verbündeten in der Nacht. Varus beriet sich indes mit seinen Männern: Ein Rückzug kam nicht infrage, der Weg hinter ihnen war blockiert. So entschloss sich Varus, alles Überflüssige zu verbrennen und schnellst-

Sommerlager bei Minden an der Weser ins Winterquartier verlegen wollte. Sein Plan war es, einen der germanischen Stämme zum Aufstand zu bewegen. Diesen Aufstand würde Varus vor dem Abzug der Truppen sicherlich noch niederschlagen wollen. Arminius und seine Verbündeten

möglich zum nächsten Fluss aufzubrechen. Dort konnten sich die Legionen verteidigen, während sie auf Fähren warteten, die sie in Sicherheit brachten.

Der Plan war nicht schlecht, doch als die Legionen den Kalkrieser Berg erklommen, war ihr Schicksal besiegelt. Erstmals schlug Arminius mit voller Wucht zu. Der Pass war so schmal, dass sich die Legionäre nicht formieren konnten. Sie konnten sich nur weiter vorwärtskämpfen und sich so gut wie möglich gegen die germanischen Truppen stemmen.

Die Schlacht näherte sich ihrem Ende: Der verletzte Varus wollte sich lieber selbst töten, statt zu kapitulieren. Viele seiner Männer folgten seinem Beispiel, und die, die es nicht taten, erwartete ein grausameres Schicksal. Arminius ließ sie dem germanischen Donnergott Donar opfern.

Die Schlacht im Teutoburger Wald wurde im 19. Jahrhundert zu einer Art Gründungsmythos der Deutschen Nation. Man vergaß dabei nur zu gern zwei Fakten: Zum einen, dass die Niederlage der Römer zwar traumatisch war, mitnichten aber die Existenz des Reiches bedrohte oder auch nur das weitere Engagement der Römer in Germanien beendete. Drei verlorene Legionen waren ein herber Verlust, doch bei Cannae hatte Hannibal 16 Legionen aufgerieben. Und zum zweiten sind die Motive Arminius' weniger im Streben nach Freiheit zu suchen, als in einem Machtwillen, den er mit blankem Verrat duchsetzte.

DATEN & FAKTEN

Schlacht im Teutoburger Wald

Wann? 9 n. Chr.

Wo? Teutoburger Wald, Germanien

Beteiligte Parteien: Germanische Stämme, Römisches Reich

Befehlshaber und Heerführer: Arminius (germanische Stämme); Publius Quinctilius Varus (Rom)

Ausgang: Deutlicher Sieg für die Germanen

Folge: Die Varusschlacht, wie die Schlacht im Teutoburger Wald auch genannt wird, stellte die größte Niederlage dar, die ein barbarischer Anführer Rom je beigebracht hatte. Sie veränderte der Lauf der Geschichte.

Mittelalter

Im mittelalterlichen, feudalistisch geprägten
Europa bestand eine typische Armee aus
schwer bewaffneten Rittern, die oft zu Pferd,
manchmal aber auch zu Fuß kämpften, sowie
aus Bogenschützen und Fußsoldaten.

Die Schlacht von Tours

Als die muslimischen Araber von Spanien aus nach Südfrankreich vordrangen, schien nichts sie aufhalten zu können. Doch bei Tours erlitten sie eine entscheidende Niederlage, und der Westen Europas blieb christlich.

Die muslimische Expansion stellte für die christlichen Herrscher im Europa des frühen Mittelalters die größte Bedrohung dar. Sie begann um 700, als die Streitkräfte der Umayyaden nach der Eroberung der Iberischen Halbinsel die Pyrenäen überquerten und nach Südfrankreich vordrangen. Unter der Führung Al-Samh ibn Maliks überrannten sie die Mittelmeerküste von den Pyrenäen bis ins Rhône-Tal und errichteten in Narbonne eine Hauptstadt. Bis 721 trafen sie kaum auf Widerstand, doch dann unterlagen sie Eudo von Aquitanien, der die Belagerung von Toulouse beendete und die Araber aus seinem Reich vertrieb.

Doch schon zehn Jahre später kehrten die Umayyaden zurück, nun unter der Führung von Abd er Rahman, dem Emir von Al-Andalus (Andalusien). Sie besiegten Eudo an der Garonne; Letzterer floh nach Norden und bat die Franken um Hilfe.

Auftritt Karl Martells

Karl Martell war Hausmeier am Hof von Austrasien, einem der beiden Königreiche,

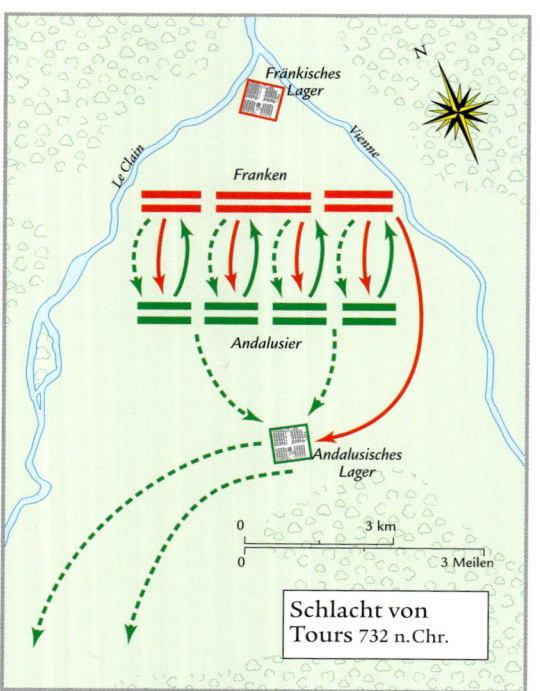

Die Manöver der Franken und Andalusier in der Schlacht von Tours und Poitiers.

in die das merowingische Gallien aufgeteilt war; und genau diesen bat der glücklose Eudo um Hilfe. Zum Hausmeier hatte es der illegitime Sohn von Pippin dem Mittleren und einer fränkischen Adligen namens Alpaide nach dem Tod seines Vaters gebracht – ein »Posten«, der dem eines Königs gleichkam. Er versprach, Eudo zu helfen, vorausgesetzt, dieser erkannte die fränkische Lehenshoheit an. Eudo blieb keine andere Wahl, und so hob Karl Martell eine Armee aus, um die muslimischen Eindringlinge aufzuhalten.

Karl rückte nach Süden vor, um Abd er Rahman abzufangen, und wählte den Ort für die bevorstehende Schlacht sorgfältig aus. Seine Armee bestand größtenteils aus altgedienten fränkischen Infanteristen und war zwischen 15 000 und 75 000 Mann stark. In jedem Fall war sie der muslimischen Armee, die leichte und schwere Kavallerie umfasste, weit unterlegen. Das Schlachtfeld lag auf einer bewaldeten Ebene bei Moussais, auf halber Strecke zwischen Poitiers und Tours. Poitiers hatten die Araber eingenommen und niedergebrannt; nun rückten sie auf Tours vor – einigen zeitgenössischen Quellen zufolge zur Abtei von Saint-Martin, in der angeblich ein riesiger Schatz versteckt war.

Die Soldaten Karl Martells waren vermutlich so gekleidet und ausgerüstet wie der Soldat auf diesem frühen Stich.

Die Franken stehen ihren Mann

Die Ebene hatte ihren Namen kaum verdient, war sie doch eher hügelig als eben. Doch dies kam Karl Martell gerade recht: So musste die Kavallerie der Umayyaden

hügelaufwärts angreifen, was von Anfang an einen entscheidenden Nachteil bedeutete. Darüber hinaus war Abd er Rahman auf das Erscheinen der Franken in der Ebene nicht vorbereitet. Eine ganze Woche verging, während der er überlegte, was zu tun sei. Auch diese Verzögerung gereichte Karl zum Vorteil, da er so Gelegenheit hatte, Verstärkung anzufordern.

> **Sein Sieg in der Schlacht von Tours brachte Karl den Beinamen »Martell« – Hammer – ein, weil er sich unbarmherzig einen Weg durch die feindlichen Truppen hämmerte.**

Am 10. Oktober 732 entschloss sich Abd er Rahman doch zur Schlacht. Er befahl der Kavallerie der Berber und Araber, die Franken anzugreifen, und erwartete den üblichen Sieg. Doch er hatte sich geirrt: Als die muslimischen Reiter angriffen, bildeten die Franken prompt ein phalanxähnliches Quadrat und wehrten eine Attacke nach der anderen ab.

Einem arabischen Chronisten erschienen die »Männer aus dem Norden wie ein Meer, das nicht geteilt werden kann. Dicht an dicht standen die Männer beieinander, bildeten ein Bollwerk aus Eis und hieben mit ihren Schwertern unerbittlich auf den Feind ein«.

Einigen Umayyaden gelang es schließlich doch, die Reihen zu durchbrechen und Karl Martell direkt anzugreifen, der jedoch von seinen Leibwächtern beschützt wurde. Daraufhin spielte er seine Trumpfkarte aus: Plänkler, die das Lager der Umayyaden angreifen sollten. Die Kavallerie sah ihre Beute bedroht und eilte zum Lager, um diese zu retten. Abd er Rahman versuchte, den Rückzug aufzuhalten, wurde dabei jedoch von den Franken getötet.

Karl Martell siegte in der Schlacht von Tours über die muslimischen Eindringlinge und beendete die Bedrohung merowingischer Ländereien.

Da er annahm, die Anführer der Umayyaden würden ihre Streitkräfte sammeln und am nächsten Tag noch einmal angreifen, befahl Karl seinen Truppen, wieder ein Quadrat zu bilden. Der erneute Angriff kam nie. In dieser Nacht brach zwischen den überlebenden muslimischen Heerführern ein Streit aus; das Einzige, worauf sie sich einigen konnten, war der fortgesetzte Rückzug. Sie atmeten erst wieder auf, als sie in ihren spanischen Festungen in Sicherheit waren.

Sein Sieg in der Schlacht von Tours brachte Karl den Beinamen »Martell« – Hammer – ein, weil er sich unbarmherzig einen Weg durch die feindlichen Truppen hämmerte. Er bedeutete allerdings noch nicht das Ende seines Feldzugs, da die Umayyaden die eroberten fränkischen Gebiete halten konnten. 736 und 739 schlug Karl sie bei Avignon und Nîmes sowie vor Arles und selbst vor Narbonne. Zwar blieben Arles und Narbonne in muslimischer Hand, doch beendete der Triumph Karl Martells ein für allemal die Bedrohung, die von den Muslimen auf die merowingischen Ländereien ausging.

DATEN & FAKTEN

Schlacht von Tours

Wann? 10. Oktober 732

Wo? Auf einer Ebene bei Moussais zwischen Poitiers und Tours

Beteiligte Parteien: Merowingische Franken, Umayyaden-Kalifat

Befehlshaber und Heerführer: Karl Martell (merowingische Franken); Abd er Rahman (Umayyaden-Kalifat)

Ausgang: Deutlicher Sieg für die Franken

Folge: Karls Sieg beendete die muslimische Bedrohung im westlichen Europa.

Die Schlacht bei Hastings

Den Wendepunkt in dieser Schlacht brachte eine Finte der Normannen, die mit einem vorgetäuschten Rückzug die Angelsachsen von ihrem Höhenrücken herunterlockten. Damit sicherte sich Wilhelm der Eroberer die Herrschaft über England.

Hastings war nicht die einzige Schlacht, die im Jahr 1066 in England stattfand, allerdings die bedeutendste. Sie markierte den entscheidenden Augenblick im bitteren Streit zwischen dem normannischen Herzog Wilhelm dem Eroberer und dem als Harold Godwinson geborenen Earl of Wessex, dem späteren angelsächsischen König Harald II. In diesem Streit ging es um die Rechtmäßigkeit von Haralds Anspruch auf den englischen Thron, war der vorherige König – Eduard der Bekenner – doch kinderlos gestorben.

Wilhelm stützte seinen Anspruch auf seine Heirat mit Mathilde, der Tochter Balduins V., des Grafen von Flandern, und auf seine direkte Abstammung von Alfred dem Großen. Außerdem soll Eduard ihn bereits 1051 zum Thronfolger bestimmt haben. Als der alte König im Januar 1066 schließlich starb, wurde jedoch Harold, Eduards Schwager und der mächtigste der angelsächsischen Earls, zum König ausgerufen. Wutentbrannt begann Wilhelm mit der Planung einer Invasion. Bis zu einem gewissen Grade war diese Wut gerechtfertigt, schenkt man den Chronisten der damaligen Zeit Glauben. Wilhelm zufolge hatte Harold ihm nach seinem Schiffbruch an der normannischen Küsten zwei Jahre zuvor nicht nur Gefolgschaft geschworen, sondern ihm zudem versprochen, ihn in seinem Anspruch auf den Thron zu unterstützen. Er hatte falsch geschworen – und der Eidbrecher musste gestürzt werden. Diese Argumente überzeugten sogar Papst Alexander II., der Wilhelm zu Hilfe eilte, zumindest finanziell.

> *Als der alte König starb, wurde Harold, der mächtigste der angelsächsischen Earls, zum König ausgerufen. Wutentbrannt begann Wilhelm mit der Planung einer Invasion.*

Von zwei Seiten angegriffen

Harald war sich bewusst, dass eine norman-
nische Invasion folgen würde, doch war sie
nicht die einzige Bedrohung, mit der er
sich auseinandersetzen musste. Auch die
Wikinger waren auf dem Vormarsch. Im
September landete der norwegische König
Harald III. Hardråde mit einer Armee an
der Mündung des Humber im Nordosten
Englands. Er war auf Tostigs Seite, Haralds
Bruder, der ebenfalls Anspruch auf den

Auf Befehl von Papst Alexander II. musste Wilhelm der Eroberer
Battle Abbey erbauen – zur Strafe für den Tod der vielen Angelsachsen. Zudem soll Harald hier verwundet und getötet worden sein.

englischen Thron erhob. Und so eilte
Harald nach Norden, um sich um die
einfallenden Wikinger und seinen Bruder
zu kümmern.

Die Geschwindigkeit, mit der Harald
vorankam, überraschte den norwegischen
König und Tostig, die bereits die angelsächsischen Earls im Norden besiegt hatten,

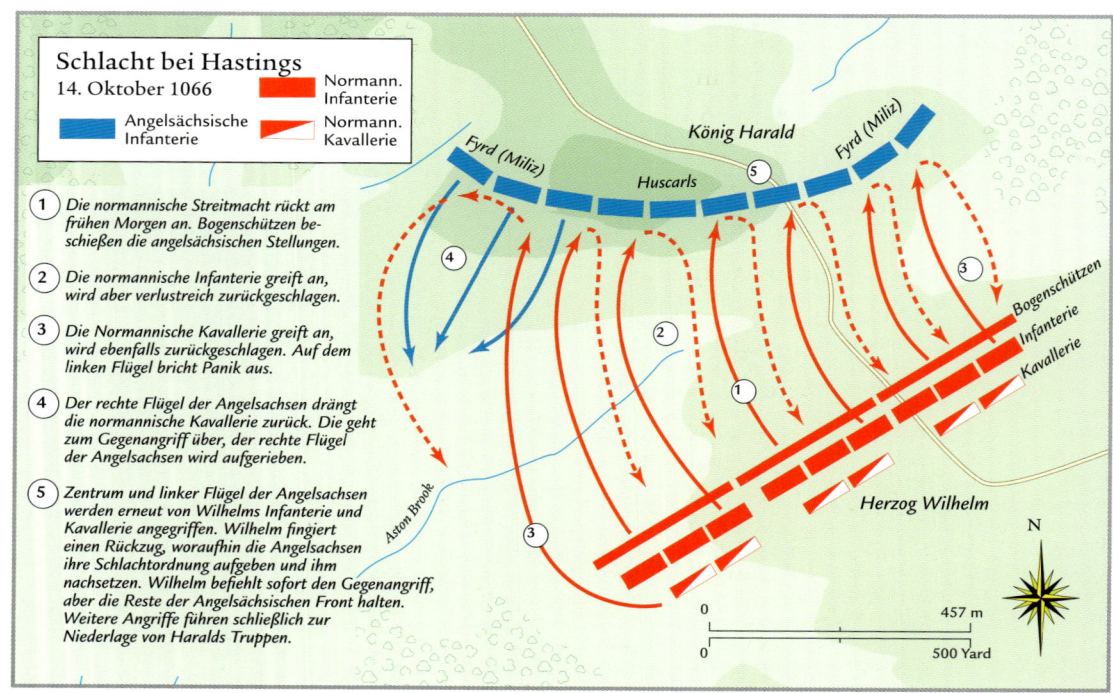

Schlacht bei Hastings
14. Oktober 1066

▬ Angelsächsische Infanterie	▬ Normann. Infanterie
	▬ Normann. Kavallerie

1 Die normannische Streitmacht rückt am frühen Morgen an. Bogenschützen beschießen die angelsächsischen Stellungen.

2 Die normannische Infanterie greift an, wird aber verlustreich zurückgeschlagen.

3 Die Normannische Kavallerie greift an, wird ebenfalls zurückgeschlagen. Auf dem linken Flügel bricht Panik aus.

4 Der rechte Flügel der Angelsachsen drängt die normannische Kavallerie zurück. Die geht zum Gegenangriff über, der rechte Flügel der Angelsachsen wird aufgerieben.

5 Zentrum und linker Flügel der Angelsachsen werden erneut von Wilhelms Infanterie und Kavallerie angegriffen. Wilhelm fingiert einen Rückzug, woraufhin die Angelsachsen ihre Schlachtordnung aufgeben und ihm nachsetzen. Wilhelm befiehlt sofort den Gegenangriff, aber die Reste der Angelsächsischen Front halten. Weitere Angriffe führen schließlich zur Niederlage von Haralds Truppen.

Fyrd (Miliz)   Huscarls   König Harald   Fyrd (Miliz)

Aston Brook

Bogenschützen
Infanterie
Kavallerie

Herzog Wilhelm

N

0   457 m
0   500 Yard

Die Bewegungen der angelsächsischen und normannischen Truppen in der Schlacht bei Hastings, die Wilhelm der Eroberer gewann.

völlig. Am 25. September schlug Harald die Eindringlinge bei der Stamford Bridge in Yorkshire. Dann folgte ein Gewaltmarsch seiner Truppen zurück nach Süden, wo Wilhelm am 28. September an der Küste von Sussex in oder bei der Pevensey Bay landete. Einigen Historikern zufolge hat dieser Marsch, der noch nicht einmal 14 Tage dauerte, Haralds Truppen so erschöpft, dass sie Wilhelm nicht mehr viel entgegenzusetzen hatten.

Angelsachsen gegen Normannen

Unterdessen hatte Wilhelm an der Südküste eine provisorische Festung errichten lassen und schickte Stoßtrupps aus, um die Umgebung auszukundschaften. Am Abend des 13. Oktober berichteten sie ihm von Haralds bevorstehender Ankunft.

Die Schlacht begann am nächsten Tag bei Senlac Hill, zehn Kilometer landeinwärts von Hastings. Dieses Mal war es Harald, der vom plötzlichen Angriff der Normannen überrascht wurde. Eiligst bildeten seine Truppen einen Schildwall auf der Kuppe des Bergs. Am höchsten Punkt verschanzte Harald sich mit seinen

Huscarls, den Kriegern seiner persönlichen Leibgarde; unter ihm stand das angelsächsische Heer, das in seinem Namen kämpfte.

Im Tal darunter stellte Wilhelm sein Heer in drei Reihen auf: zuvorderst die Bogenschützen, dahinter die schwere Infanterie und zuletzt die normannischen Ritter. Gegen 9 Uhr morgens gingen Bogenschützen und Infanterie zum Angriff über – und mussten schwere Verluste hinnehmen. Auch die Ritter wurden zurückgeschlagen. Als sich das Gerücht verbreitete, Wilhelm sei ums Leben gekommen, zogen sich die Bretonen auf der linken Seite zurück. Und als diese von einem Teil der Angelsachsen vom Hügel herab verfolgt wurden, sah es einen Mo-

ment lang nach einem triumphalen Sieg für Harald aus. Wilhelm handelte rasch: Er hielt die Bretonen auf und verhinderte damit den Rückzug. Und bevor sich die todesmutigen Angelsachsen ihrerseits zurückziehen konnten, wurden sie von den normannischen Rittern niedergemetzelt. Anschließend spielte Wilhelm seine Trumpfkarte aus: Er befahl seinen Rittern, einen erneuten Rückzug vorzutäuschen, um noch mehr Angelsachsen vom Hügel herunterzulocken.

Die List hatte Erfolg. Als die normannischen Ritter und die Infanterie noch einmal angriffen, brach der angelsächsiche Schildwall zusammen, und es kam zu einem blutigen Handgemenge.

Als die Dämmerung hereinbrach, wurde Harald im Gesicht von einem Pfeil getroffen und anschließend von den normannischen Rittern getötet. Da Gyrth und Leowine, Haralds andere Brüder, bereits gefallen waren, standen die Angelsachsen nun ohne Heerführer da. Einige von ihnen kämpften bis zum bitteren Ende, der Rest der Truppen floh in den nahe gelegenen Wald Sussex Weald.

Wilhelm hatte gesiegt – sein einziger verbleibender Rivale im Kampf um den englischen Thron war tot. An Weihnachten 1066 wurde Wilhelm in der Westminster Abbey gekrönt, und der Lauf der englischen Geschichte änderte sich für immer.

DATEN & FAKTEN

Schlacht bei Hastings

Wann? 14. Oktober 1066

Wo? Hastings, England

Beteiligte Parteien: Normannen, Angelsachsen

Befehlshaber und Heerführer: Wilhelm der Eroberer, Odo von Bayeux (Normannen); Harald I. (Angelsachsen)

Ausgang: Deutlicher Sieg für die Normannen

Folgen: Wilhelms Sieg sicherte ihm die Herrschaft in England. Er wurde Weihnachten 1066 zum englischen König gekrönt.

Die Schlacht von Arsuf

Als Richard I. von England und der muslimische Herrscher Saladin während des Dritten Kreuzzugs bei Arsuf aufeinandertrafen, begegneten sie einander das erste Mal in
der Schlacht. Saladins Niederlage beendete den Mythos seiner Unbesiegbarkeit.

Nach der erfolgreichen Belagerung und Eroberung Akkons im Juli 1191 bestand der nächste logische Schritt für Richard Löwenherz und seine Kreuzritter darin, den Hafen von Jaffa einzunehmen und Jerusalem anzugreifen. Richard teilte seine Streitkräfte in drei Divisionen à drei Kolonnen auf. Sie marschierten die Küste entlang, damit sie von der Flotte mit Vorräten versorgt werden konnten.

Seine Kreuzritter stationierte Richard im Zentrum jeder Kolonne. Zu ihrer Linken befand sich der Tross, zu ihrer Rechten wurden sie und ihre Pferde von Fußsoldaten abgeschirmt, die die Angriffe von Saladins plänkelnden Bogenschützen abwehrten. Da dies auf Dauer erschöpfte – muslimische Beobachter äußerten sich bewundernd über die stoisch marschierenden Männer, die in ihren mit Pfeilen bespickten Waffenröcken

> *Den Kreuzrittern stand eine riesige sarazenische Armee gegenüber, »angeordnet wie dicke Regentropfen« ..., die entschlossen war, Richards weiteren Vormarsch aufzuhalten.*

bald wie Stachelschweine aussahen –, teilte Richard seine Infanterie in zwei Hälften, die sich regelmäßig abwechselten: Eine Hälfte marschierte an der Küstenseite, die andere an der Landseite.

So kamen die Truppen nur mühsam voran, was Richard mit Sicherheit nicht gefiel. Es dauerte zweieinhalb Wochen, bis die Kreuzritter mitsamt ihren Schatten – Saladin und seine Sarazenen – Jaffa erreichten. Der Plan des muslimischen Herrschers war simpel: Seine Soldaten griffen Richards Heer immer wieder an der landwärts marschierenden Flanke und im Rücken an, das erste Mal nur wenige Kilometer hinter Akkon. Saladins Kavallerie stürzte sich von hinten auf den gegnerischen Tross, wurde aber von Richard und seinen von der Spitze heranreitenden Rittern zum Rückzug gezwungen. Damit wollte Saladin die

Formation der Kreuzritterarmee auflösen. Gelang ihm dies, würde seine Kavallerie ungehindert nach vorn preschen und den eigentlichen Angriff ausführen können.

Änderung der Taktik

Am 7. September näherten sich die Kreuzritter der Stadt Arsuf, und Saladin änderte seine Taktik. Das Ermüdungsgeplänkel war weitgehend erfolglos geblieben, nun wollte er eine Schlacht an einer von ihm ausgewählten Stelle. Den Kreuzrittern stand eine riesige sarazenische Armee gegenüber – »wie dicke Regentropfen angeordnet«, so ein Chronist –, die entschlossen war, Richards weiteren Vormarsch aufzuhalten.

Da sich die Sarazenen an seiner linken Flanke bereits zur Schlacht formiert hatten, wählte Richard seine Aufstellung

sehr sorgfältig. Seine erfahrensten Kämpfer – die Templer und die Johanniter – nahmen in der Vor- und Nachhut Aufstellung, während die englischen und normannischen Ritter die Reserve im Zentrum um die Drachenstandarte des Königs bildeten.

Die Karte rechts zeigt die Bewegungen der jeweiligen Truppen von Richard Löwenherz und Saladin in der Schlacht von Arsuf.

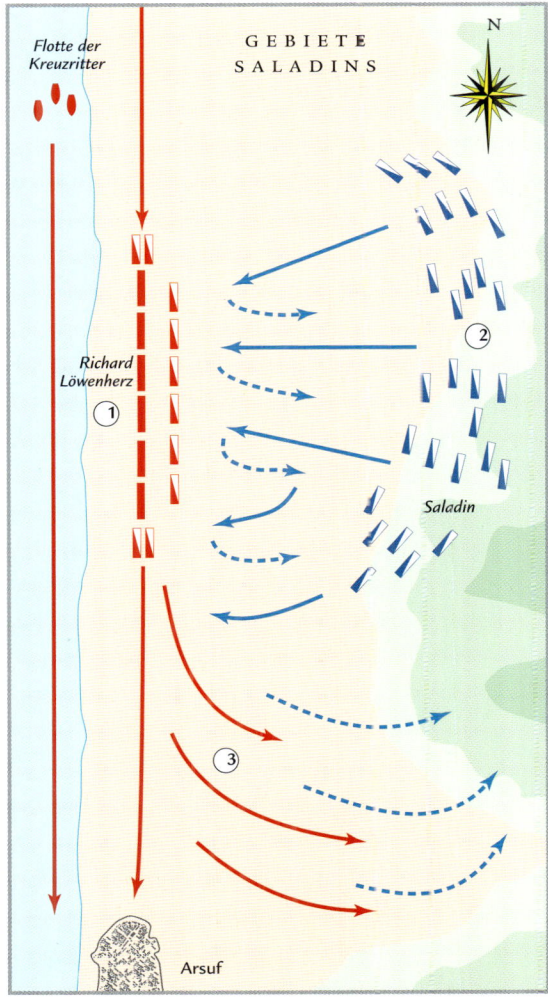

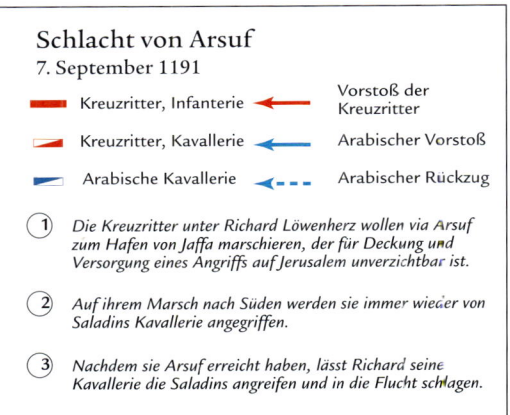

Schlacht von Arsuf
7. September 1191

— Kreuzritter, Infanterie
⬛ Kreuzritter, Kavallerie
◣ Arabische Kavallerie

← Vorstoß der Kreuzritter
← Arabischer Vorstoß
←--- Arabischer Rückzug

① Die Kreuzritter unter Richard Löwenherz wollen via Arsuf zum Hafen von Jaffa marschieren, der für Deckung und Versorgung eines Angriffs auf Jerusalem unverzichtbar ist.

② Auf ihrem Marsch nach Süden werden sie immer wieder von Saladins Kavallerie angegriffen.

③ Nachdem sie Arsuf erreicht haben, lässt Richard seine Kavallerie die Saladins angreifen und in die Flucht schlagen.

Die Davidszitadelle diente den Kreuzrittern als Festung und befindet sich in der Nähe des Jaffators in der Altstadt von Jerusalem.

Die Kreuzritter sollten sich zunächst nur defensiv verhalten, bis Richard beschloss, dass die Zeit zum Angriff gekommen war. So ließ er seine Fußsoldaten kämpfen und hielt die Kavallerie zurück, bis die Sarazenen müde wurden. Bei einem zu frühen Angriff bestand die Gefahr der Zerstreuung, was einen Gegenangriff erleichterte.

Den größten Teil des langen, heißen Tages – die Schlacht hatte um 9 Uhr begonnen – wehrten die Kreuzritter Angriffswelle nach Angriffswelle ab. Von Fanfarenstößen, Kriegstrommeln und Beckenschlägen begleitet, griff Saladins Kavallerie immer und immer wieder an, wirbelte herum, griff erneut an und kam den Reihen von Richards Kavallerie immer näher. Unterstützt wurde sie von arabischen Pikenieren und nubischen Bogenschützen, die einem Chronisten zufolge »so viele Pfeile abschossen, dass sich der Himmel verdunkelte«. Richards Armbrustschützen erwiderten das Feuer der Nubier, während die Ritter ungeduldig auf das Signal zum Angriff warteten.

Die Kreuzritter greifen an

Am ungeduldigsten war Fra Garnier von Nablus, Anführer und Großmeister der Johanniter, der sich um seine Pferde sorgte. Er bekniete Richard geradezu, angreifen zu dürfen, doch verlangte ihm dieser weitere Geduld ab. Schließlich hielt er es nicht mehr aus und preschte mit seinen Leuten auf die Sarazenen zu. Zu seinem Glück waren die Nubier in der Überzeugung, die Kreuzritter würden ihre Formation nie aufgeben, gerade abgestiegen, um besser zielen und ihre Feuergeschwindigkeit erhöhen zu können. Die Johanniter konnten sie überrennen und trieben dann die rechte Flanke der Sarazener zurück.

Richard war vom Ungehorsam der Johanniter zwar wenig begeistert, reagierte jedoch schnell und gab das Signal zum allgemeinen Angriff. Gemeinsam mit den bretonischen und den angevinischen Rittern kümmerten sich die Templer um die linke Flanke der Sarazenen, während Richard selbst die Ritter in Reserve zum Angriff gegen Saladins Mitte führte. Dieses plötzliche gemeinsame Vorrücken der Kreuzritter überraschte die Sarazenen. Sie fielen zurück und flohen dann vom Schlachtfeld; ihr Lager überließen sie den Kreuzrittern zur Plünderung. Richard Löwenherz hatte einen bedeutenden Sieg errungen.

DATEN & FAKTEN

Schlacht von Arsuf

Wann? 7. September 1191

Wo? Arsuf, Israel

Historischer Kontext: Dritter Kreuzzug (1189–1192)

Beteiligte Parteien: Englische Kreuzritter, muslimische Ayyubiden

Befehlshaber und Heerführer: Richard I., Robert de Sablé, Garnier von Nablus (Kreuzritter); Saladin, Gokbori, Al-Adil I., Kaimaz an-Nejimi, Ala ad-Din, Musek der Kurde, Kaimaz al-Adili, Lighush, Alim ad-Din Kaisar, Akhar Aslem, Saif ad-Din Yazkoj, Al-Gheidi, Jawali, Aiyaz al-Mehran (Ayyubiden)

Ausgang: Deutlicher Sieg der Kreuzritter

Folge: Saladins Niederlage beendete den Mythos seiner Unbesiegbarkeit.

Die Schlacht von Bannockburn

Obwohl die Engländer die Unabhängigkeit der Schotten formell erst 14 Jahre später anerkannten, stellte der Sieg Robert Bruces über Eduard II. bei Bannockburn 1314 den entscheidenden Sieg in einem langen, verlustreichen Krieg dar.

Ab 1314 war ganz Schottland nördlich des Firth of Forth nach 18 Kriegsjahren endlich von der englischen Herrschaft befreit. Im Frühjahr 1314 belagerte Edward Bruce, König Roberts Bruder, Stirling Castle, einen der beiden Stützpunkte im Land, die sich noch immer in englischer Hand befanden. Nachdem es ihm nicht gelungen war, die Festung rasch einzunehmen, einigte er sich mit Sir Philip de Mowbray, dem Befehlshaber der Garnison, darauf, sie den Schotten zu übergeben, sollte bis zum Mittsommertag am 24. Juni keine englische Verstärkung eingetroffen sein. Edward handelte ohne das Wissen seines Bruders, der mit dem Abkommen nicht einverstanden war, als er davon erfuhr. Die endlosen Kriegsjahre hatten zwar in erster Linie die Engländer geschwächt, doch wenn Eduard II. de

Die schottischen Streitkräfte positionierten sich südlich von Stirling Castle, wo die alte römische Straße von Falkirk durch den New Park, ein königliches Jagdrevier, führt.

Mowbray nun zu Hilfe eilte, stand eine große Schlacht bevor. Errang Eduard darin den Sieg, würde Robert die Krone verlieren, für die er so lange gekämpft hatte.

Eduard II. marschiert nach Norden

Der englische König dagegen war sich bewusst, welchen Prestigeverlust die Übergabe von Stirling Castle für ihn bedeuten würde. So wollte er die Belagerung nicht nur aufheben, sondern das gesamte schottische Territorium, das England seit dem Tod seines Vaters verloren hatte, zurückerobern. Mitte Mai 1314 erreichte er mit einer Armee von 20 000 Mann Berwick-upon-Tweed.

Er verließ Berwick Anfang Juni, marschierte an Edinburgh vorbei und erreichte am 23. Juni Falkirk, 24 Kilometer vor

Die Karte rechts zeigt die Bewegungen der schottischen und englischen Armeen bei der Schlacht von Bannockburn.

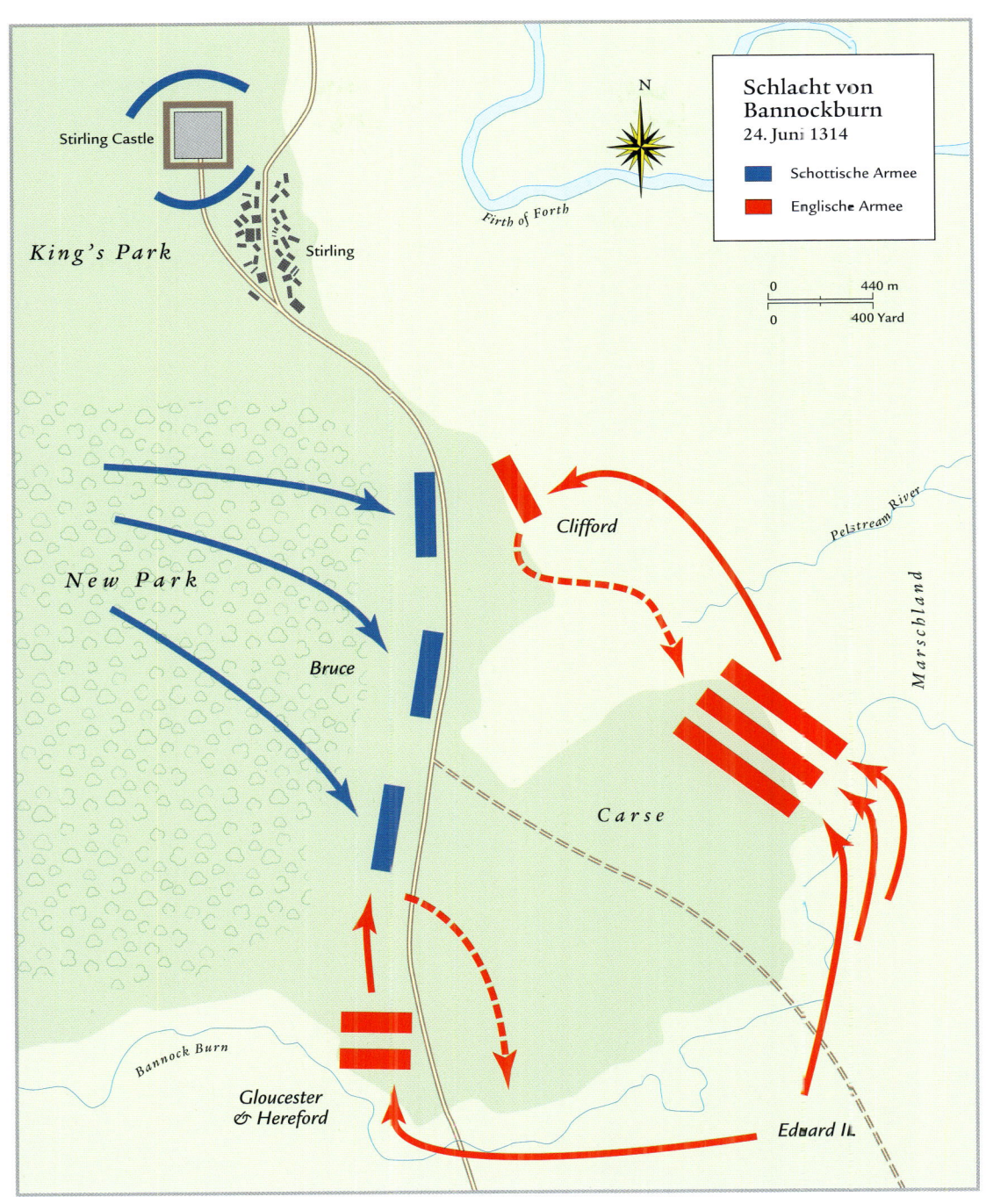

Schlacht von
Bannockburn
24. Juni 1314

Schottische Armee

Englische Armee

N

0   440 m

0   400 Yard

Stirling Castle

King's Park

Stirling

Firth of Forth

Clifford

Pelstream River

New Park

Marschland

Bruce

Carse

Bannock Burn

Gloucester
& Hereford

Edward II.

Stirling Castle. Begleitet wurde er von einigen Veteranen aus früheren Schottlandfeldzügen, darunter die Earls von Hereford, Gloucester und Pembroke. Andere mächtige Adlige hingegen hatten sich geweigert, dem königlichen Ruf Folge zu leisten – sie hatten keinerlei Vertrauen in Eduards militärische Fähigkeiten.

Robert hatte Monate Zeit gehabt, um sich auf Eduards Kommen vorzubereiten; nun standen ihm 6000 bis 7000 Lanzenträger, Waffenknechte und Bogenschützen zur Verfügung, dazu noch 500 Reiter und 2000 Männer aus dem Tross. Die Lanzen-

Stirling Castle wurde mindestens achtmal belagert. Hier wurden mehrere schottische Könige gekrönt.

träger waren in drei Schiltrons, wallähnliche Gefechtsformationen, aufgeteilt. Entgegen der schottischen Tradition hatte man ihnen beigebracht, auf dem Vormarsch zu kämpfen.

Die schottischen Streitkräfte positionierten sich südlich von Stirling Castle, wo die alte römische Straße von Falkirk durch den New Park, ein königliches Jagdrevier, führt. Im Osten boten die Flüsse Bannock und Pelstream mitsamt dem umliegenden Marschland Schutz. An der Straße ließ Robert einen Meter tiefe Fallgruben ausheben, damit die englischen Ritter sie nicht mehr benutzen konnten. Damit wollte er Eduard auf den Carse, eine östlich gelegene Ebene, locken. Dort würde den Engländern ihre zahlenmäßige Überlegenheit nichts nützen.

Die Armeen stoßen aufeinander

Die eigentliche Schlacht begann am 25. Juni, als Eduard de Mowbray, der sich ins Lager der Engländer hatte durchschlagen können, 500 Ritter mitgab. Einer der Schiltrons versuchte, sie abzufangen. Die Ritter griffen mehrmals an, konnten die Gefechtsformation der Schotten jedoch nicht durchbrechen. Dann taten die Schotten etwas völlig Unerwartetes: Sie griffen ihrerseits die Kavallerie an. Demoralisiert zogen sich die verblüfften englischen Ritter zurück.

In der Zwischenzeit war es auch andernorts zu Plänkeleien gekommen, in die Robert persönlich involviert wurde. Während die englische Vorhut über Bannock Burn setzte, forderte der junge englische Adlige Henry de Bohun Robert zu einem Zweikampf heraus. Robert tötete ihn fast augenblicklich mit seiner Streitaxt – für die Schotten ein inspirierendes Ende des ersten Tages der Schlacht.

An diesem Abend erwog Robert seine Optionen sorgfältig. Sollte er in der Defensive bleiben oder angreifen? Angesichts der gesunkenen Moral auf englischer Seite entschied er sich für Letzteres: Im Morgengrauen ging er in die Offensive und marschierte an der Spitze von vier Divisionen auf die englischen Reihen zu. Der Earl von Gloucester stellte sich ihm in den Weg und wurde getötet.

Die Schotten drangen unbarmherzig vor. Die Engländer waren auf drei Seiten vom Bannock Burn umgeben und konnten sich nicht formieren; viele versuchten, über den Fluss zu fliehen. Eduard selbst gelang dies, woraufhin die gesamte englische Armee den ungeordneten Rückzug antrat. Zwischen 4000 und 11 000 Mann hatte Eduard verloren; zu Stirling Castle verweigerte ihm de Mowbray den Zutritt, und so brachte er sich in Dunbar in Sicherheit. Danach kehrte er nie wieder nach Schottland zurück, und Robert blieb König.

Die Schlacht von Agincourt

Dass der junge Heinrich V. 1415 Frankreich überfiel, war eigentlich eher als Störangriff denn als Eroberungsfeldzug gedacht – dennoch errang er damit einen der größten Siege des Hundertjährigen Krieges.

Als Heinrich V. von England im August 1415 mit einer Armee in der Nähe von Harfleur im Norden Frankreichs landete, dachte er wahrscheinlich nicht einmal im Traum daran, das gesamte Königreich zu erobern. Während der sich hinziehenden Verhandlungen im vorangegangenen Jahr hatte er den Franzosen sogar zugesagt, seinen Anspruch auf den französischen Thron fallen zu lassen – für 1,6 Millionen Écus (französische Kronen) und die offizielle Anerkennung als rechtmäßiger Herrscher über das Land, das seine Vorfahren erobert hatten.

Heinrich war auch bereit, Katharina von Valois, die Tochter Karls VI., zu heiraten – für die bescheidene Gegenleistung von 2 Millionen Écus Mitgift. Das akzeptierte Karl nicht: Die Verhandlungen wurden abgebrochen, es kam zum Krieg.

> *Heinrich war auch bereit, Katharina von Valois, die Tochter Karls VI., zu heiraten – für die bescheidene Gegenleistung von 2 Millionen Écus Mitgift.*

Ein verheerender Feldzug

Von Beginn an verlief Heinrichs Feldzug nicht nach Plan. Er hatte damit gerechnet, Harfleur rasch einnehmen zu können, dann östlich nach Paris und anschließend südlich nach Bordeaux vorzudringen. Tatsächlich fiel die Stadt erst am 22. September, als sich die Zeit für einen Feldzug schon ihrem Ende näherte. Aus diesem Grund entschloss sich Heinrich dazu, die Normandie zu durchqueren, um nach Calais zu gelangen; die Hafenstadt war in englischer Hand, dort konnte sich seine Armee sicher wieder einschiffen.

Als er Harfleur am 8. Oktober verließ, tat er dies vermutlich mit 900 Rittern, von denen jeder zwei Mann Gefolge hatte, und 5000 Langbogenschützen. Artillerie und

Die Karte rechts zeigt die Bewegungen der Franzosen und der Engländer in der Schlacht von Agincourt.

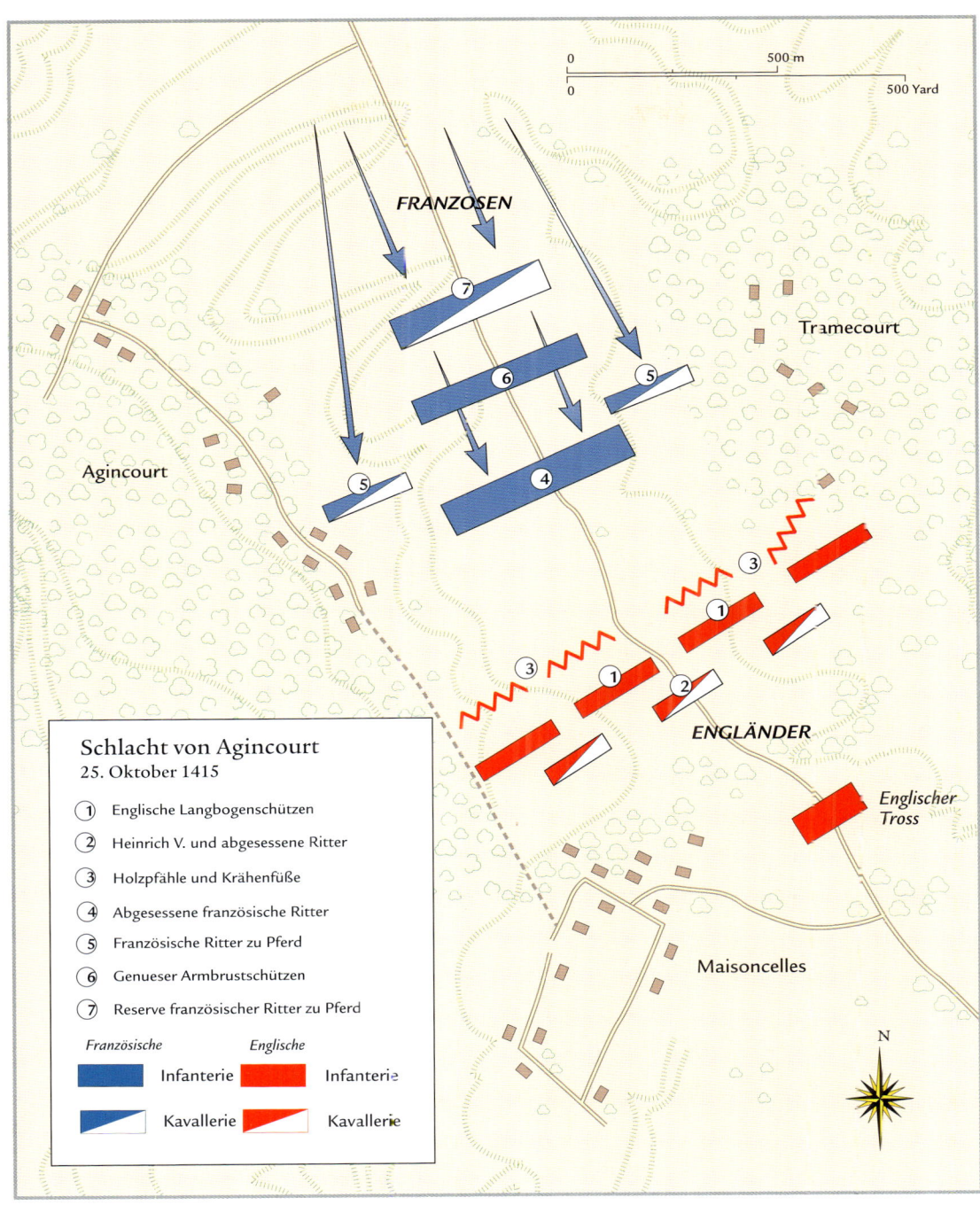

FRANZOSEN

Tramecourt

Agincourt

ENGLÄNDER

Englischer
Tross

Maisoncelles

Schlacht von Agincourt
25. Oktober 1415

① Englische Langbogenschützen

② Heinrich V. und abgesessene Ritter

③ Holzpfähle und Krähenfüße

④ Abgesessene französische Ritter

⑤ Französische Ritter zu Pferd

⑥ Genueser Armbrustschützen

⑦ Reserve französischer Ritter zu Pferd

Französische   *Englische*

Infanterie   Infanterie

Kavallerie   Kavallerie

N

Tross ließ er zurück, um schneller sein zu können. Vorräte hatten die Männer nur für acht Tage.

In der Zwischenzeit hatten die fleißigen Franzosen eine 20 000 Mann starke Armee aufgestellt. Unter dem Kommando des hoch angesehenen Marschall Boucicaut verfolgte die französische Vorhut Heinrich auf Schritt und Tritt und hinderte ihn immer wieder daran, die Somme zu überqueren, bis ihm dies schließlich doch

> *Als die Franzosen sich für eine Formation entschieden hatten, hatte Heinrich schon die Initiative ergriffen. Auch das Wetter war jetzt auf seiner Seite: Ein nächtlicher Regenguss hatte die Felder in einen Sumpf verwandelt.*

gelang. Mittlerweile hatte das Wetter umgeschlagen; Heinrichs Armee war durchnässt, halb verhungert und von der Ruhr geschwächt. Unermüdlich marschierte er nordwärts, bis er sich 32 Kilometer vor Calais dann doch dem Feind stellen musste. Heinrich hatte keine andere Wahl: Er musste kämpfen. Zum Glück für ihn stand es im Lager der Franzosen auch nicht zum Besten. Boucicaut, Charles d'Albret, der Connétable von Frankreich, und andere Adlige stritten sich um das Oberkommando und die richtige Taktik für die bevorstehende Schlacht. Als sie sich endlich für eine Formation entschieden hatten, hatte Heinrich schon die Initiative ergriffen. Auch das Wetter war jetzt auf seiner Seite: Ein nächtlicher Regenguss hatte die frisch gepflügten Felder, die die Franzosen nicht umgehen konnten, in einen Sumpf verwandelt.

Die Engländer hatten sich in eine kluge Verteidigungsposition an einem Höhenrücken zwischen Agincourt und Tramecourt zurückgezogen; die Ritter wurden zu beiden Seiten von den Bogenschützen flankiert und vor der französischen Kavallerie durch einen Pfahlwall geschützt. Doch nachdem die Franzosen nicht angriffen – sie brauchten drei Stunden, um ihre drei

Der Stich (18. Jh.) zeigt Heinrich V. von England (1386–1422), den Shakespeare durch sein Drama unsterblich gemacht hat.

Schlachtreihen zu ordnen –, nahmen Heinrichs Truppen eine neue Position ein, die sicherstellte, dass sich die angreifenden Franzosen von Anfang an in Schussweite seiner Langbogenschützen befanden.

Schließlich waren die Franzosen bereit. Die erste Reihe – 8000 abgesessene Ritter – bewegte sich zögerlich auf Heinrich zu. Doch die undisziplinierten Reiter zwängten sich durch ihre Formation und starteten einen eigenen unorganisierten Angriff. Sie wurden von Heinrichs unablässig feuernden Bogenschützen empfangen. Die französische Kavallerie zog sich zurück und stürzte damit auch die abgesessenen Ritter ins Chaos. Dennoch rückten die Franzosen weiter vor.

Es kam zu einem außerordentlich blutigen Kampf Mann gegen Mann. Da sie keine Pfeile mehr hatten, beteiligten sich auch die Bogenschützen am Handgemenge und griffen die französischen Flanken an. Diese zogen sich zurück – und prallten auf die zweite Schlachtreihe, die nach vorn preschte. In der Hitze der Schlacht fielen d'Albret und andere französische Adlige. Den Chronisten zufolge wurden zudem 1500 Adlige gefangen genommen; einige kamen gegen Lösegeld frei, andere wurden auf Heinrichs Befehl hingerichtet.

Warum, ist bis heute unklar. Möglicherweise befürchtete Heinrich, die Adligen könnten fliehen und die Nachhut angreifen. Jedenfalls hatten die überlebenden Franzosen niemanden mehr, mit dem sie sich hätten zusammentun können. Sie flohen – und Heinrich hatte wider Erwarten den Sieg errungen. Seitdem steht Agincourt für den Mut und den Kampfgeist der Engländer, oder, wie es der unsterbliche Barde in *Heinrich V.* formuliert:

Uns wen'ge, uns beglücktes Häuflein Brüder:
Denn welcher heut sein Blut mit mir vergießt,
Der wird mein Bruder.

DATEN & FAKTEN

Schlacht von Agincourt

Wann? 25. Oktober 1415

Wo? Agincourt, Frankreich

Historischer Kontext: Hundertjähriger Krieg (1337–1453)

Beteiligte Parteien: England, Frankreich

Befehlshaber und Heerführer: Heinrich V. (England); Marschall Boucicaut, Charles d'Albret (Frankreich)

Ausgang: Deutlicher Sieg für die Engländer

Folgen: Die Schlacht von Agincourt verzeichnet einen der größten Siege der Engländer im Hundertjährigen Krieg; Heinrich V. wurde durch Shakespeares gleichnamiges Drama unsterblich.

Die Belagerung von Orléans

Die achtmonatige Belagerung von Orléans durch die Engländer brach neun Tage nach der Ankunft Jeanne d'Arcs im Mai 1429 zusammen. Es war ihrer erster großer militärischer Sieg und der entscheidende Wendepunkt im Hundertjährigen Krieg.

Um militärische Überlegenheit zu demonstrieren, begannen die Engländer 1428 einen erneuten Feldzug in Frankreich. Den nördlichen Teil des Landes hatten sie schon fast vollständig in der Hand, nun marschierte der Earl von Salisbury mit einer 6000 Mann starken Armee nach Süden. Verstärkung erhielten sie vom Herzog von Bedford und 4000 Mann aus der Normandie; damit hatten die Engländer Ende August Chartres und andere wichtige Städte eingenommen. Anschließend rückten sie durch das Tal der Loire auf Orléans vor. Salisbury wollte Orléans von den französischen Truppen abschneiden und belagern.

Salisburys Nachfolger, der Earl von Suffolk, war weniger entscheidungsfreudig und befahl seinen Truppen, sich ins Winterquartier zurückzuziehen – ein strategischer Fehler.

Die Belagerung beginnt

Salisburys Streitkräfte – er hatte nur noch rund 4000 Mann zur Verfügung, der Rest bewachte die eroberten Städte – kamen am 12. Oktober südlich von Orléans an. Sie trafen auf beträchtliche Befestigungen – einen Wachturm und ein Torhaus mit Zwillingstürmen, Les Tourelles genannt –, die die Franzosen am Südufer der Loire errichtet hatten; die Stadt selbst liegt am Nordufer des Flusses.

Bis zum 23. Oktober war es Salisbury gelungen, die Franzosen in die Stadt zurückzudrängen. Doch nun drohte den Engländern Unheil, denn am nächsten Tag wurde Salisbury tödlich verwundet. Sein Nachfolger, der Earl von Suffolk, war weniger entscheidungsfreudig und befahl seinen Truppen, sich ins Winterquartier zurückzuziehen. Nur Sir William Glasdale sollte mit einer Handvoll Männer Les Tourelles bewachen – ein strategischer Fehler.

Jeanne d'Arc ist nicht nur Märtyrerin und Heilige – in Frankreich ist sie bis heute eine Volksheldin, an die zahlreiche Kunstwerke erinnern.

Die Belagerung wird verstärkt

Anfang Dezember traf der Earl von Shrewsbury mit Verstärkung ein, übernahm das Kommando und ordnete die Fortsetzung der Belagerung an. Er überquerte die Loire und ließ im Westen, Süden und Nordosten der Stadt starke Festungen errichten, eine sogar in der Loire auf der Île de Charlemagne.

Shrewsburys Plan bestand darin, die Franzosen auszuhungern, wenngleich es ihm an Truppen mangelte, um Orléans vollständig zu umzingeln. Allmählich bekam auch die Stadt Verstärkung, in der Gestalt Jean Dunois', der die Verteidigung von Orléans übernahm. Und obwohl Shrewsbury noch 1500 Mann aus dem Burgund bekam, waren die Engländer bald hoffnungslos in der Unterzahl. Darüber hinaus sammelten sich die Franzosen flussabwärts bei Blois, um die Belagerung aufzuheben.

Dennoch ließ sich Shrewsbury nicht entmutigen. Im Februar 1429 besiegte er eine Armee des Grafen von Clermont, der unüberlegterweise eine englische Versorgungskolonne angegriffen hatte. Unterdessen wurde die Lage in Orléans immer schlimmer, bis die Einwohner den Herzog von Burgund schließlich um Schutz baten. Dies konnte Bedford, der Regent Heinrichs VI. in Frankreich, keinesfalls zulassen, woraufhin die Truppen aus Burgund den Engländern die Gefolgschaft kündigten und sich von der Belagerung zurückzogen.

Die Ankunft Jeanne d'Arcs

Nun betrat Jeanne d'Arc die Szene. Im März begab sie sich an den Hof des Dauphins in Chinon und überzeugte Karl davon, von Gott auserwählt worden zu sein, die Franzosen zum Sieg zu führen. Im darauffolgenden Monat schickte er sie mit einer Versorgungskolonne nach Orléans, wo Jeanne am 29. April eintraf. Dunois hingegen brach nach Blois auf und brachte von dort Verstärkung mit in die Stadt.

Am 4. Mai gingen die Franzosen zur Offensive über und griffen die Bastion Saint-Loup östlich der Stadt an. Shrewsbury versuchte noch, der Bastion zu Hilfe zu eilen, scheiterte jedoch. Zwei Tage später griffen die Franzosen erneut an – dieses Mal die anderen Bastionen, die die Engländer so mühevoll befestigt hatten. Daraufhin zog Shrewsbury seine Truppen vom Südufer der Loire ab, außer von Les Tourelles und dem benachbarten Wachturm.

Gegen 8 Uhr morgens am 8. Mai griffen die Franzosen auch den Wachturm an. Als Jeanne verwundet wurde, erwog Dunois, den Angriff abzublasen; doch kehrte Jeanne

Die Karte rechts zeigt die Positionen der englischen Truppen während der Belagerung der Stadt Orléans.

kurz darauf auf das Schlachtfeld zurück.
Sie kämpfte mit solchem Mut und solcher
Tapferkeit, dass es den Franzosen gelang,
den Wachturm zu stürmen. Außerdem
steckten sie die Zugbrücke in Brand, die
den Turm mit Les Tourelles verband; diese
Befestigung war inzwischen von einer
Truppe aus Orléans angegriffen worden.
Am Abend war der gesamte englische
Widerstand am Südufer der Loire zusam-
mengebrochen, die Franzosen hatten auf

der ganzen Linie gesiegt. Nun spielte
Shrewsbury seine letzte Trumpfkarte aus.
Am nächsten Morgen bereitete er sich auf
eine Schlacht am Nordufer des Flusses vor,
die Jeanne jedoch als Falle erkannte; sie gab
Dunois den klugen Rat, nicht anzugreifen.
So hatte Shrewsbury keine andere Wahl, als
sich zurückzuziehen – die Belagerung von
Orléans war vorüber. Für die Franzosen
war Jeanne d'Arc eine Heldin – die Engländer dagegen hassten sie.

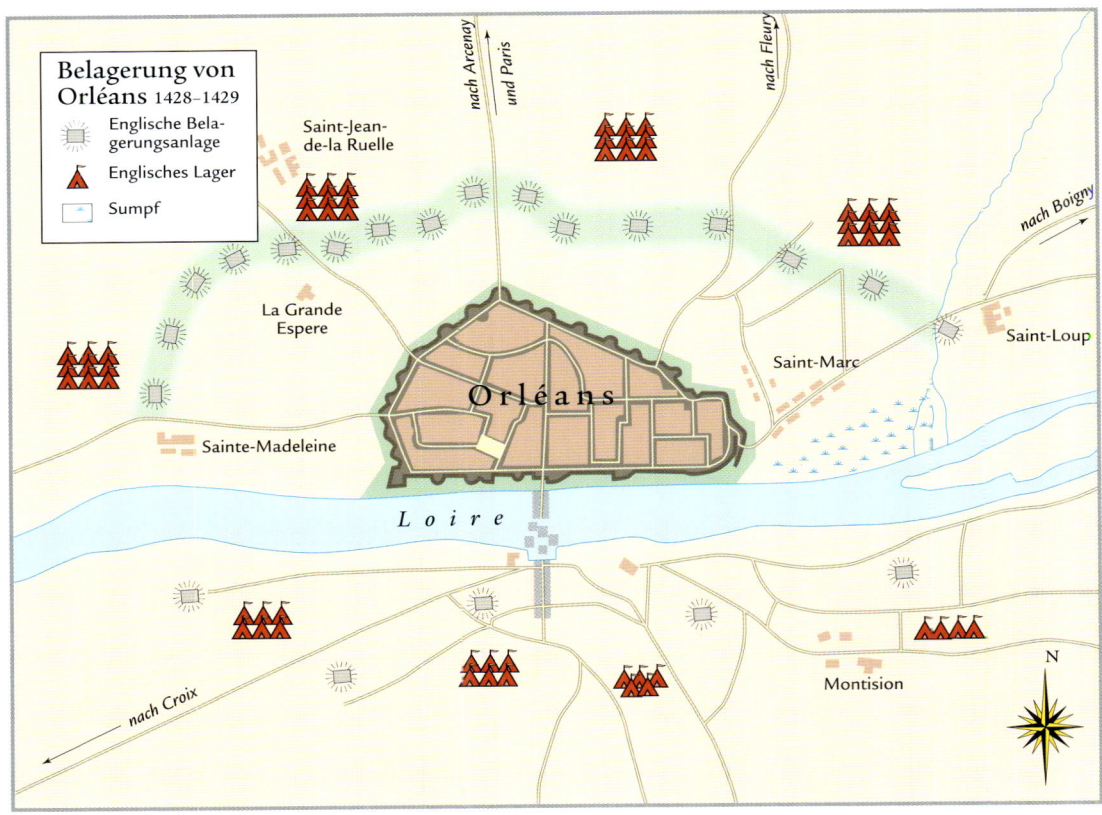

Belagerung von
Orléans 1428–1429

Englische Bela-
gerungsanlage

Englisches Lager

Sumpf

Saint-Jean-
de-la Ruelle

nach Arcenay
und Paris

nach Fleury

nach Boigny

La Grande
Espere

Saint-Marc

Saint-Loup

Orléans

Sainte-Madeleine

Loire

nach Croix

Montision

N

Der Fall von Konstantinopel

Als die Osmanen 1453 die byzantinische Hauptstadt eroberten, bedeutete dies das Ende des tausendjährigen Byzantinischen Reichs. Eine neue Epoche dämmerte herauf; die Osmanen bedrohten das Christentum im westlichen Europa.

Als der osmanische Sultan Mehmet II. am 28. Mai 1453 als Sieger in Konstantinopel Einzug hielt, beendete er damit die tausendjährige Herrschaft des Byzantinischen Reichs. Die Belagerung Konstantinopels hatte 53 Tage gedauert, doch war die Stadt nach einem blutigen und letztlich sinnlosen Widerstandskampf schließlich gefallen. »Das Blut floss durch die Straßen der Stadt wie Regenwasser nach einem Gewitter in der Gosse«, berichtete ein zeitgenössischer Chronist. Konstantin XI. Palaiologos, der letzte byzantinische Kaiser, war auch unter den Toten, in den Ruinen hingemetzelt von einem unbekannten osmanischen Angreifer.

Als man im westlichen Europa vom Fall der Stadt hörte, war man entsetzt. Jeder vorherige Eroberungsversuch war fehlgeschlagen, warum also war es den Osmanen dieses Mal gelungen? Weil Mehmet seine Armee mit den neuesten westlichen Waffen, darunter eine gigantische Belagerungskanone, ausgerüstet hatte, die die Befestigungen der Stadt in Schutt und Asche legten? Oder gab es noch andere Gründe? Eines stand auf jeden Fall fest: Mit Mehmet, der nur zwei Jahre zuvor zum Sultan aufgestiegen war, hatten die Byzantiner einen formidablen Gegner gehabt – jung, ehrgeizig und zum Sieg entschlossen.

> *Als man im westlichen Europa vom Fall der Stadt hörte, war man entsetzt. Jeder vorherige Eroberungsversuch war fehlgeschlagen, warum also war es den Osmanen dieses Mal gelungen?*

Mit zunehmender osmanischer Bedrohung bat Konstantin Papst Nikolaus V. um Hilfe. Die kam nicht, nur ein paar italienische Söldner unter dem Kommando von Giovanni Giustiniani trudelten schließlich in der Stadt ein. Unterdessen ließ Konstan-

Die Karte rechts zeigt die Bewegungen der osmanischen Truppen, die das byzantinische Konstantinopel eroberten.

Fall von Konstantinopel
1453

- Bombarde
- Kanone
- Brücke
- Kriegsschiff
- Sperrkette

N

0   500 m
0   1/2 Meil

Blachernae-Tor

Kaligaria-Tor

Osmanische Artillerie

Charisius-Tor

5. Tor

St.-Romanus-Tor

4. Tor

Kurgium-Tor

Osmanische Artillerie

Galata

Seemauer

Goldenes Horn

Konstantinopel

3. Tor

Pege-Tor

Ochsen-Forum

Arcadius-Forum

Theodosius-Forum

Hagia Sophia

Seemauer

2. Tor

Hippodrom

Seemauer

Goldenes Tor

Osmanische Flotte

Marmarameer

tin die Verteidigungsanlagen verstärken,
so auch die massive Theodosianische
Mauer und die Befestigungen im nördlichen Viertel Blachernae. Die Einfahrt ins
Goldene Horn ließ er mit einer Sperrkette
schließen, um die osmanische Versorgung
vom Marmarameer aus abzuschneiden.

Die Stadt wird beschossen

Am 5. April 1453 standen die Osmanen
schließlich vor der Stadt. Mehmets Armee
bestand aus rund 80 000 bewährten Kämpfern, darunter 12 000 Janitscharen und
mehrere Tausend Freischärler. Konstantin

und Giustiniani hatten nur 5000 Byzantiner und 2000 Italiener, um die Befestigungen zu bemannen. Die Unterzahl war
jedoch nicht das größte Problem der
Christen – die Verteidigungsanlagen
Konstantinopels hatten zahlenmäßig
überlegenen Angriffen schon mehrmals
standgehalten. Schlimmer waren die
osmanischen Kanonen. Einige davon waren
so groß und schwerfällig, dass es bis zu drei

Mosaik der Jungfrau Maria mit Christus und Heiligen in der
Hagia Sophia, der wichtigsten byzantinischen Kirche in Konstantinopel. Nach dem Fall der Stadt diente sie 500 Jahre lang als
Moschee von Istanbul, wie Konstantinopel heute heißt.

Stunden dauerte, sie wieder schussbereit zu machen, doch änderte das nichts an ihrer gewaltigen Zerstörungskraft. Die osmanische Artillerie begann sofort damit, die Theodosianische Mauer zu beschießen, die von den Byzantinern allerdings noch verteidigt werden konnte.

In der Eröffnungsphase der Belagerung konzentrierten sich beide Parteien noch mehr auf das Meer als auf das Land. Hier waren die Byzantiner im Vorteil, da ihre Schiffe und Seeleute denen der Osmanen überlegen waren. Zwei Versuche, die Sperrkette zu durchbrechen, scheiterten; daraufhin ordnete Mehmet an, einen Teil der Flotte auf Rollen über Land zum Goldenen Horn zu manövrieren. Da es Konstantin nicht gelang, sie aufzuhalten, musste er die Seemauer zum Goldenen Horn auf Kosten der landwärts gerichteten Verteidigungsanlagen auf der anderen Seite der Stadt verstärken.

An Land stand es für die Osmanen bei Weitem nicht so gut. Als die anfänglichen Angriffe auf die Theodosianische Mauer an der byzantinischen Verteidigung abprallten, versuchte Mehmet, sich mit seinen Truppen unter der Mauer durchzugraben. Prompt gruben sich die Byzantiner von der anderen Seite her durch. Der erste unterirdische Gang der Osmanen wurde am 18. Mai entdeckt und zerstört, die anderen ein paar Tage später.

Der Durchbruch

Zu dieser Zeit war die Belagerung bereits seit sieben Wochen in Gang. Viele rieten Mehmet dazu, sich zurückzuziehen, doch er entschloss sich zu einem letzten Versuch, die Stadt einzunehmen.

Kurz vor Mitternacht am 28. Mai rief Mehmet seine *bashi-bazouk*-Freischärler auf den Plan. Sie kämpften mehrere Stunden und mussten schwere Verluste hinnehmen, konnten den Gegner jedoch ermüden. Dann übernahmen Mehmets anatolische Regimenter. Als auch ihnen der endgültige Durchbruch nicht gelang, trat die Elite an: die Janitscharen. Mann für Mann trieben sie die Italiener um den schwer verletzten Giustiniani zurück, die Konstantin an den Verteidigungsanlagen in Blachernae stationiert hatte.

Konstantin selbst erging es bei der Verteidigung der Mauern im Lycus-Tal nicht besser. Die Osmanen entdeckten ein unbewachtes Ausfallstor und drangen dadurch in die Stadt ein. Der letzte byzantinische Kaiser wurde getötet, als er einen letzten verzweifelten Gegenangriff führte; mit seinem Tod brach der byzantinische Widerstand zusammen.

Konstantinopel fiel. Drei Tage lang durften Mehmets Truppen die Stadt plündern, bevor der Sultan die Ordnung wiederherstellte – ein bedeutender Sieg der Osmanen über die Christen.

Von der Renaissance zur Unabhängigkeit Amerikas

Mit der Erfindung des Schießpulvers
änderte sich die Art und Weise, in der
Schlachten ausgefochten wurden, für
immer. Die Armeen wurden größer, und
die Heerführer machten sich in der Kunst
und Wissenschaft des Krieges kundig.

Die Seeschlacht von Lepanto

Lepanto war die letzte große Schlacht, die zwischen Galeeren stattfand, und sie verschaffte den Christen für immer die Vormachtstellung im Mittelmeer. Dabei errang Juan de Austria einen überragenden Sieg über die osmanische Flotte.

Paradoxerweise rührte Don Juans Sieg in der Seeschlacht von Lepanto von einer vorhergehenden Niederlage her. Den Christen gelang es nicht rechtzeitig, eine Flotte aufzustellen und Venedig bei der Belagerung von Famagusta auf Zypern zu Hilfe zu kommen, was sie eigentlich vorgehabt hatten. So fiel die Stadt an die Osmanen.

Dass Juan de Austria, einer der Befehlshaber der Heiligen Liga, Zeit brauchte, um eine entsprechende Flotte zusammenzustellen, überrascht angesichts der Tatsache, dass sechs christliche Mächte involviert waren, nicht: neben Venedig waren dies Spanien, der Kirchenstaat, Genua, Savoyen und Malta. Insgesamt bestand seine Flotte aus 217 Galeeren und sechs riesigen, in Venedig gebauten Galeassen. Sein Gegner Ali Pascha – der Admiral Selims II. – befehligte 230 Galeeren und 66 kleinere Schiffe. Nun sollten die beiden riesigen Flotten also um die Vormachtstellung im Mittelmeerraum kämpfen.

> *Gegen den Einspruch eines Genueser Admirals ... entschied Don Juan sich zum sofortigen Kampf. Ali Pascha musste sich diesbezüglich auch gegen einige seiner Männer durchsetzen.*

Im Vorfeld der Schlacht

Zypern, die Ägäis und das Ionische Meer waren noch von Kämpfen überzogen, als Juan de Austria am 25. September 1571 von Sizilien aus in See stach. Er wollte zum Golf von Korinth und nach Korfu segeln, um mit seinen Kommandeuren Kriegsrat zu halten. Gegen den Einspruch des Genueser Admirals Gian Andrea Doria entschied Don Juan sich zum sofortigen Kampf. Ali Pascha musste sich

Die Karte rechts zeigt die Bewegungen der christlichen und der osmanischen Flotte bei der Seeschlacht von Lepanto.

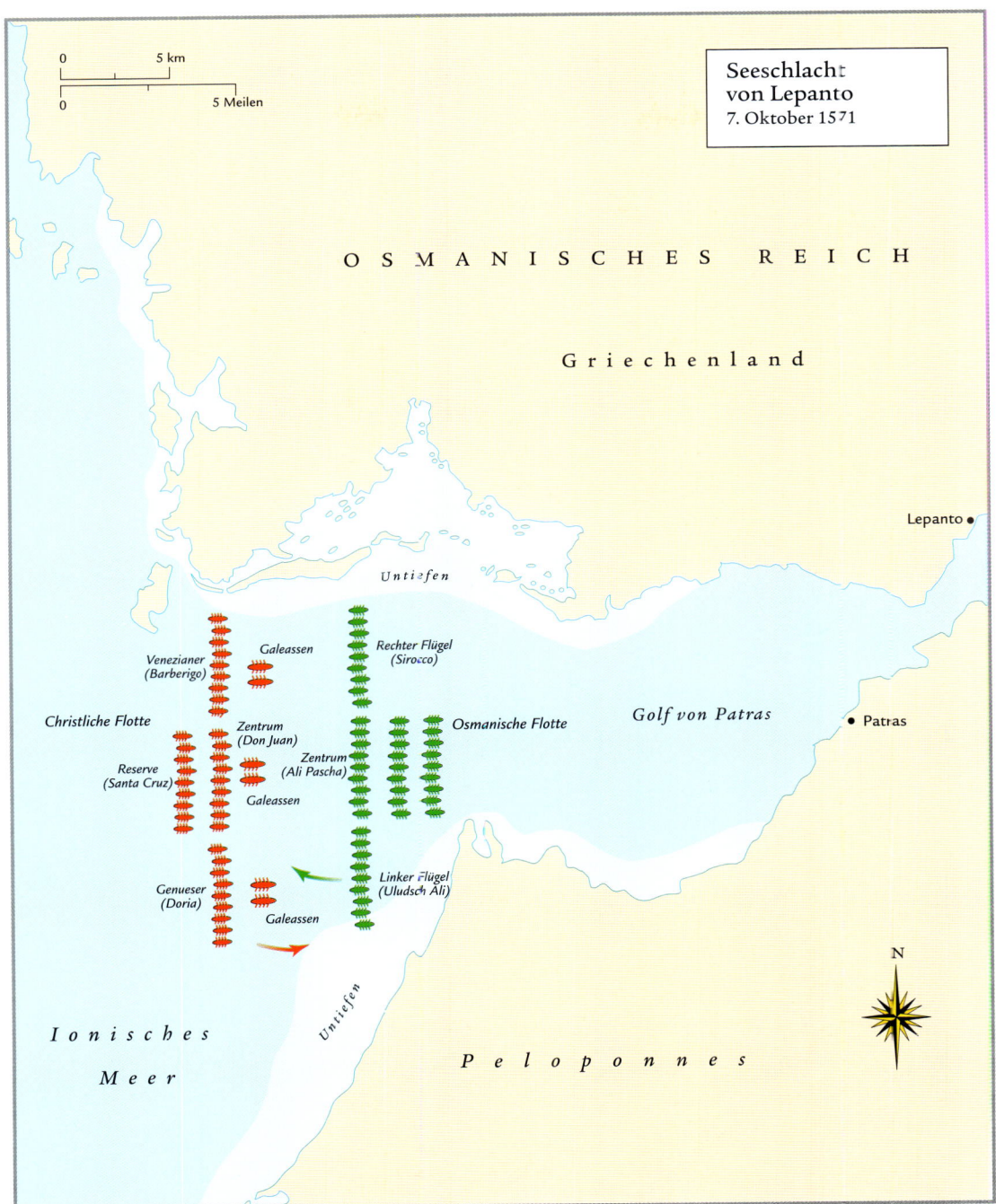

Seeschlacht
von Lepanto
7. Oktober 1571

0   5 km

0   5 Meilen

O S M A N I S C H E S   R E I C H

G r i e c h e n l a n d

Lepanto

Untiefen

Venezianer
(Barberigo)

Galeassen

Rechter Flügel
(Sirocco)

Christliche Flotte

Zentrum
(Don Juan)

Osmanische Flotte

Golf von Patras

Patras

Reserve
(Santa Cruz)

Zentrum
(Ali Pascha)

Galeassen

Genueser
(Doria)

Galeassen

Linker Flügel
(Uludsch Ali)

I o n i s c h e s

M e e r

Untiefen

P e l o p o n n e s

N

diesbezüglich auch gegen einige seiner Männer durchsetzen, doch schließlich segelte die osmanische Flotte von Lepanto aus nach Westen, um die christliche Flotte abzufangen.

Die Flotten stießen am Morgen des 7. Oktober im Golf von Patras aufeinander. Don Juan hatte seine Schiffe in drei Divisionen aufgeteilt, die eine acht Kilometer lange Schlachtreihe bildeten: links die Venezianer, rechts die Genueser, er selbst im Zentrum, eine Reserve im Rücken. Jede Division wurde von zwei Galeassen angeführt, die jeweils mit 50 schweren Kanonen und etwa 500 Arkebusieren bestückt waren. An Feuerkraft war er dem osmanischen Gegner weit überlegen. Ali Pascha hatte seine Flotte ebenfalls in drei Divisionen aufgeteilt; seine Schlachtreihe bildete einen Halbmond, auch er hatte eine Reserve im Rücken. Sein linker Flügel war stärker als der rechte, weshalb er es vermutlich auf den rechten Flügel der christlichen Flotte

> *Don Juan wurde verwundet, Ali Pascha getötet. Man köpfte ihn und steckte den Kopf auf einen Spieß, damit die Osmanen ihn sehen konnten. Daraufhin zerfiel das osmanische Zentrum.*

Die alten Befestigungen von Famagusta, Zypern. Die Stadt fiel um 1570/71 nach langer Belagerung in osmanische Hand – der Anlass für die Seeschlacht von Lepanto.

abgesehen hatte. Auch er positionierte sich im Zentrum der Formation.

Schiff gegen Schiff

Die Schlacht begann kurz nach 10 Uhr morgens, als Don Juans Galeassen die osmanische Reihe durchbrachen. Um Mittag hatte sich die Schlacht zu zahlreichen Einzel- und Gruppenkämpfen entwickelt, bei denen jeder versuchte, die gegnerischen Galeeren zu entern. Im Zentrum kämpften die *Real* und die *Sultana*, die Flaggschiffe der beiden Oberbefehlshaber, gegeneinander, bis es Don Juans Männern schließlich gelang, die *Sultana* zu entern. Im darauffolgenden Handgemenge wurde Don Juan verwundet, Ali Pascha wurde getötet. Man köpfte ihn und steckte den Kopf auf einen Spieß, damit die Osmanen ihn sehen konnten. Das war der Anfang vom Ende: Das osmanische Zentrum zerfiel.

Auf dem linken Flügel sah es für die Osmanen nicht ganz so schlecht aus: Hier hatte Uludsch Ali eine Lücke zwischen den Genuesern und dem Zentrum entdeckt. Der in Italien geborene Uludsch Ali war zunächst Pirat gewesen, konvertierte dann zum Islam und wurde Pascha von Algier. Mit den sieben Galeeren unter seinem Kommando griff er nun drei Malteser Schiffe an, darunter auch ihr Flaggschiff, die *Capitana*, während die übrigen 16 Galeeren seiner Schwadron gegen die acht Galeeren unter Don Juan de Cardona kämpften. Andrea Doria und den Genuesern kam der Marqués de Santa Cruz zu Hilfe, der die christliche Nachhut befehligte.

Auf dem rechten Flügel gelang es Chulouk, dem Bey von Alexandria, der Ali Paschas ägyptische Truppen befehligte, den linken Flügel der Heiligen Liga zu umsegeln und sechs Galeeren zu versenken, bevor er auf venezianischen Widerstand stieß. Eine Meuterei unter den christlichen Galeerensklaven auf den ägyptischen Schiffen und die gerade noch rechtzeitige Ankunft einer Galeasse setzen Chulouk Beys Angriff ein Ende. Als auch er im Kampf getötet wurde, flohen die Ägypter.

Gegen 16 Uhr war die Schlacht vorüber. Uludsch Ali hatte sich mit seinen Schiffen in Sicherheit bringen können, doch waren sie alles, was von der einst so stolzen osmanischen Flotte übrig blieb. Nur 47 osmanische Galeeren schafften es zurück nach Hause; 117 Galeeren befanden sich in christlicher Hand, etwa 25 000 Osmanen waren in der Schlacht ums Leben gekommen. Die Christen hatten zwölf Galeeren und 7000 Männer verloren, dafür aber 10 000 Galeerensklaven befreit. Mit der Niederlage in der Seeschlacht von Lepanto endete die Vorherrschaft der Osmanen im Mittelmeerraum.

Die Spanische Armada

Dass die als unbesiegbar geltende Spanische Armada in einer Schlacht im Ärmelkanal zwischen dem 31. Juli und dem 9. August 1588 geschlagen wurde, vereitelte den Plan Philipps II., in England einzumarschieren.

In der Beziehung zwischen Philipp II. von Spanien und der englischen Königin Elisabeth I. stand es schon seit längerer Zeit nicht zum Besten, doch sie verschlechterte sich in den 1580er-Jahren zusehends. Die Angriffe auf spanische Besitzungen und Schatzschiffe in der Neuen Welt durch englische Freibeuter wie Sir Francis Drake und Sir John Hawkins waren Philipp ein Dorn im Auge. Dann unterstützte Elisabeth auch noch die Holländer, die gegen die spanische Herrschaft in den Niederlanden rebellierten, und ließ ihre Widersacherin Maria Stuart 1587 wegen Hochverrats hinrichten. Maria war nicht nur Katholikin, sondern erhob auch Anspruch auf den englischen Thron, da Elisabeth weder verheiratet war noch Kinder hatte.

> *Medina-Sidonia sollte in den Ärmelkanal segeln, Elisabeths Flotte versenken und sich mit dem Herzog von Parma treffen, der eine Armee spanischer Veteranen in Flandern befehligte.*

Tatsächlich hatte Philipp bereits zwei Jahre vor Marias Tod mit Vorbereitungen für das »Unternehmen England« begonnen. Es dauerte allerdings länger, als er gehofft hatte, die Flotte seetüchtig zu machen. Das lag zum einen am Tod des Marqués von Santa Cruz im Februar 1587, Philipps erster Wahl bezüglich des Oberkommandos seiner Armada. Zum anderen hatte Drake im April des Jahres einen Präventivschlag gegen Cadiz geführt. Santa Cruz' Ersatz, der Herzog von Medina-Sidonia, hatte wenig bis keine Erfahrung auf See. Philipps Befehle waren klar: Medina-Sidonia sollte in den Ärmelkanal segeln, Elisabeths Flotte versenken und sich mit dem Herzog von

Die Karte zeigt die Bewegungen der Spanischen Armada und der englischen Flotte zu Beginn und am Ende der Schlacht im Ärmelkanal.

Spanische Armada
Mai bis September 1588

Route der Armada

Einzelschiffe oder
kleine Verbände, vom
Kurs abgekommen

Englische Schiffe

Seeschlacht

Spanisches Reich

Aufständische nieder-
ländische Provinzen

England und englische
Besitzungen

Parma treffen, der eine Armee spanischer Veteranen in Flandern befehligte. Anschließend sollte Medina-Sidonia Parmas Armee über den Ärmelkanal begleiten und in der Themsemündung landen.

Die Schlacht im Ärmelkanal

Am 28. Mai 1588 brach die Armada von Lissabon aus auf. Durch unerwartet heftige Stürme und einen Mangel an Trinkwasser war sie gezwungen, einen Monat lang vor Coruña zu ankern. Erst am 29. Juli traf sie im Ärmelkanal ein und wurde vor der Küste von Cornwall gesichtet. Rasch erreichte diese Nachricht Lord Howard of Effingham, den Kommandeur von Elisabeths Flotte, die kampfbereit vor Plymouth lag.

Erstmals trafen die Flotten am 31. Juli vor Plymouth aufeinander, als Howard mit 64 Schiffen den Weg der Armada kreuzte. Medina-Sidonia hatte sie in Form eines riesigen, drei Kilometer langen Halbmonds angeordnet – ein imposanter Anblick, von dem sich die Engländer jedoch nicht abschrecken ließen. Durch geschicktes Manövrieren gelang es Howard, sich auf der Luvseite der Armada zu positionieren, dann die Schiffe zu wenden und eine Breitseite nach der anderen auf den Gegner abzufeuern. Anschließend zog er sich zurück und griff erneut an, wodurch die Spanier keine Chance hatten, an die englischen Schiffe heranzukommen und diese zu entern.

So kämpften sich die Spanier mühsam voran, bis sie am 2. August westlich von

Der Freibeuter Sir Francis Drake war ein großer Günstling Elisabeths I. und erleichterte manches spanische Schiff um sein Gold.

Portland Bill lagen. Immer wieder griff Howard an; er hörte erst damit auf, als ihm die Munition ausging.

Daraufhin entschloss sich Medina-Sidonia, in die Meerenge des Solent zu segeln, wo er versuchen wollte, Portsmouth einzunehmen; die Einfahrt in den Solent war jedoch von Howard und Sir Martin Frobisher blockiert, zudem wurden die spanischen Schiffe nun überraschend von Sir Francis Drake angegriffen. Die Armada segelte weiter und ging am 6. August vor Calais vor Anker.

DATEN & FAKTEN

Spanische Armada

Wann? 31. Juli bis 9. August 1588

Wo? Ärmelkanal

Historischer Kontext: Die Schlacht war die direkte Folge der sich verschlechternden Beziehungen zwischen Elisabeth I. von England und Philipp II. von Spanien.

Beteiligte Parteien: England, Spanien

Befehlshaber und Heerführer: Lord Howard of Effingham, Sir Francis Drake (England); der Herzog von Medina-Sidonia, der Herzog von Parma (Spanien)

Ausgang: Deutlicher Sieg für die Engländer

Folge: Die spanische Flotte büßte ihren Mythos der Unbesiegbarkeit ein.

Da zerstreute Gott sie in alle Winde …

Medina-Sidonia hatte sein Ziel erreicht – Parma noch nicht. Der, so berichtete ein Bote, würde seine Armee erst in sechs Tagen einschiffen können. In der Zwischenzeit war Howard mit weiteren 35 Schiffen aus Dover ganz in der Nähe von Calais vor Anker gegangen. Um Mitternacht am 8. August ließ Howard acht Brander auf die Spanier zusegeln; es kamen zwar nur sechs durch, doch holten die in Panik geratenen Spanier die Anker ein und zerstreuten sich.

Vereinzelt trieben die spanischen Schiffe nun in den gefährlichen Untiefen entlang der flämischen Küste. Bei dem Versuch des Admirals, die Armada vor Gravelines neu zu formieren, holten die Engländer zum vernichtenden Schlag aus. Dieses letzte Gefecht dauerte neun Stunden. Zehn spanische Schiffe wurden schwer beschädigt, eines sank. Medina-Sidonia hatte genug; er führte die Armada in die Nordsee, von wo aus er um die Britischen Inseln herum zurück nach Spanien segeln wollte. Unterwegs verlor er weitere 24 Schiffe, die in den nördlichen Stürmen vor Irland Schiffbruch erlitten.

Philipp versuchte, das Gesicht zu wahren, indem er verkündete, eine zweite Armada losschicken zu wollen – was nie geschah. So ging die Schlacht als große Niederlage Spaniens in die Geschichte ein.

Die Schlacht bei Breitenfeld

Als der schwedische König Gustav II. Adolf im Dreißigjährigen Krieg auf Graf von Tilly, den Heerführer der Katholischen Liga, traf, markierte sein überraschender Sieg den Beginn einer Militärrevolution.

Nachdem Katholiken und Protestanten einander jahrelang bekämpft hatten, sah es so aus, als ob der Religionskrieg in Deutschland zugunsten der Katholiken ausgehen würde. Doch dann mischte sich im Juli 1630 Gustav II. Adolf von Schweden in den Konflikt ein. Dafür hatte er zweierlei Motive: Er wollte die deutschen protestantischen Prinzen vor der Niederlage bewahren und gleichzeitig die Kontrolle über die südliche Ostseeküste erlangen.

Da über die militärischen Fähigkeiten der Schweden damals wenig bekannt war, gelang es Gustav zunächst nicht, Verbündete zu bekommen. Auch Graf von Tilly, der Heerführer der Katholischen Liga, hielt die Schweden anfangs nicht für eine Bedrohung; er wollte den Feldzug lieber in Norditalien fortsetzen, anstatt sich um den neuen Gegner zu kümmern. Erst im Frühjahr 1631 zog er wieder nach Norden.

Als sich Tillys und Gustavs Streitkräfte aufeinander zu bewegten, stießen sie auf ein Hindernis: Das Kurfürstentum Sachsen war neutral. Als der Kaiser Tilly den Einmarsch befahl – damit wollte er Johann

Der Stich zeigt Gustav II. Adolf von Schweden, der im Dreißigjährigen Krieg aufseiten der deutschen Protestanten kämpfte.

Georg I. von Sachsen bestrafen, der sich weigerte, seine Armee aufzulösen –, fand Gustav, was er suchte: einen Verbündeten.

Die Armeen machen sich bereit

Gustav traf sich nördlich von Leipzig mit den Sachsen und marschierte gemeinsam mit ihnen auf die Stadt zu, die Tilly am 15. September 1631 eingenommen hatte. Tilly überlegte, was zu tun sei: Er war mit seinen Truppen deutlich in der Unterzahl – er hatte 36 000 Soldaten, Gustav und Johann Georg zusammen 42 000. Sein gesunder Menschenverstand riet ihm, auf Verstärkung zu warten.

Doch Graf zu Pappenheim, der die katholische Kavallerie befehligte, war begierig anzugreifen und ritt mit seinen Truppen nach Norden, dem Feind entgegen. Am Abend des 16. September kam es zum ersten Kontakt mit den Schweden – und bald darauf berichtete ein Bote Tilly, Pappenheim könne sich nicht mehr zurückziehen. Der zögerliche Tilly musste handeln und Pappenheim zu Hilfe eilen.

Die darauf folgende Schlacht fand auf einer kahlen Ebene nur acht Kilometer nördlich von Leipzig statt. Tillys Armee formierte sich auf einem Hügel zwischen den Dörfern Seehausen und Breitenfeld. Das Zentrum bildeten seine 14 *tercios* im spanischen Stil – im Rechteck angeordnete Pikeniere, die an den Ecken durch Muske-

DATEN & FAKTEN

Schlacht bei Breitenfeld

Wann? 17. September 1631

Historischer Kontext: Dreißigjähriger Krieg (1618–1648)

Beteiligte Parteien: Heiliges Römisches Reich, Schweden, Kurfürstentum Sachsen

Befehlshaber und Heerführer: Graf von Tilly, Graf zu Pappenheim, Graf von Fürstenberg (Heiliges Römisches Reich); Gustav II. Adolf, Feldmarschall Johan Banér, Gustaf Horn, Johann Georg I., Hans Georg von Arnim-Boitzenburg, Robert Munro (Schweden/Kurfürstentum Sachsen)

Ausgang: Deutlicher Sieg für die Schweden

tiere geschützt wurden. Die Kavallerie unter dem Kommando Pappenheims und des Grafen von Fürstenberg bildete den linken und rechten Flügel, während die Artillerie vor der Infanterie positioniert war. Trotz der Unterzahl war der katholische Heerführer vom Sieg seiner altgedienten Kämpfer überzeugt.

Das Kommando über den rechten und linken Flügel überließ Gustav Feldmarschall Johan Banér und Gustaf Horn, er selbst kümmerte sich um das Zentrum. Zu seiner Linken positionierte er die Sachsen. Im Gegensatz zu Tillys einzelner Schlachtreihe bildete die schwedische Armee zwei

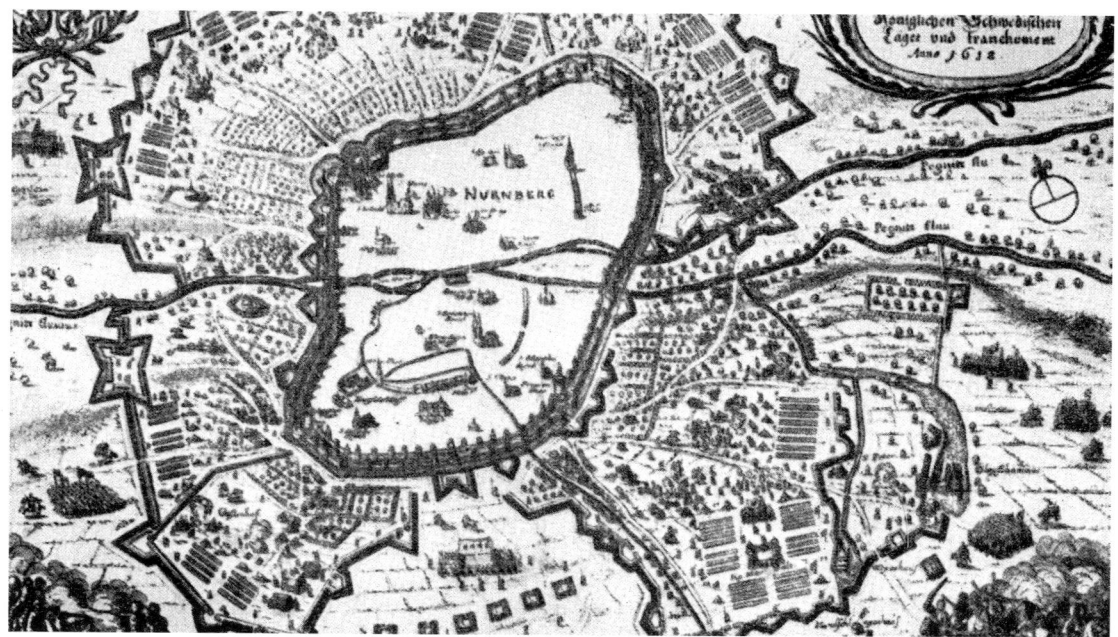

Schlachtreihen; zudem mischte Gustav auch Musketiere unter die Kavallerie, was für die damalige Zeit ungewöhnlich war. Die Musketiere waren dazu ausgebildet, die Reiterei zu unterstützen.

Der Stich zeigt die Schweden bei der Belagerung Nürnbergs 1632, die ebenfalls zu Gustavs Schachzügen im Dreißigjährigen Krieg gehörte.

Gustav siegt

Die Schlacht begann gegen Mittag mit zweistündigem, unablässigem Artilleriefeuer. Dann ergriff Tilly die Initiative. Er wollte den Gegner an den Flanken umgehen und befahl Pappenheim und Fürstenberg anzugreifen. Auf dem linken Flügel ritt Pappenheims Kavallerie um Banérs rechten Flügel herum, um auch die schwedische Reservekavallerie in den Kampf zu

verwickeln. Daraufhin dehnten die Schweden ihre Schlachtreihe aus. Die erbitterten Kämpfe hielten drei weitere Stunden an, bis Pappenheim schließlich zurückwich. Andernorts auf dem Schlachtfeld stand es besser für Tilly: Nach Pappenheims Angriff rückten die *tercios* mit schützender Kavallerie an den Flanken vor.

Zunächst sah es so aus, als ob Tilly den schwedischen rechten Flügel direkt angreifen wollte, doch dann wandten sich die *tercios* plötzlich links den Sachsen zu. Fürstenbergs Kavallerie ritt um die sächsische Flanke herum und überraschte sie damit derart, dass die Sachsen flohen. Nun griffen die *tercios* Horns Flanke an, der im Gegensatz zu den Sachsen jedoch nicht in Panik geriet. Er hatte bemerkt, dass sich Tillys Truppen nur langsam neu formieren konnten und dass Tillys Kavallerie zwischen den Schweden und der eigenen Infanterie ungeschützt war – also griff er an. Die Kavallerie prallte mit der eigenen Infanterie zusammen und sorgte so für komplette Verwirrung in den Reihen. Die Schweden preschten vor und zwangen die

tercios zum Rückzug. Tilly wurde verwundet und musste das Schlachtfeld verlassen. Nun war Gustav an der Reihe: Er marschierte geradewegs in die Lücke im Zentrum der Katholiken hinein, nahm Tillys Artillerie gefangen, metzelte fünf Regimenter nieder und schnitt die Straße nach Leipzig ab. Damit war die Schlacht beendet, und die Protestanten hatten einen überragenden Sieg errungen.

Die Bewegungen der schwedischen und kaiserlichen Truppen in der Schlacht bei Breitenfeld.

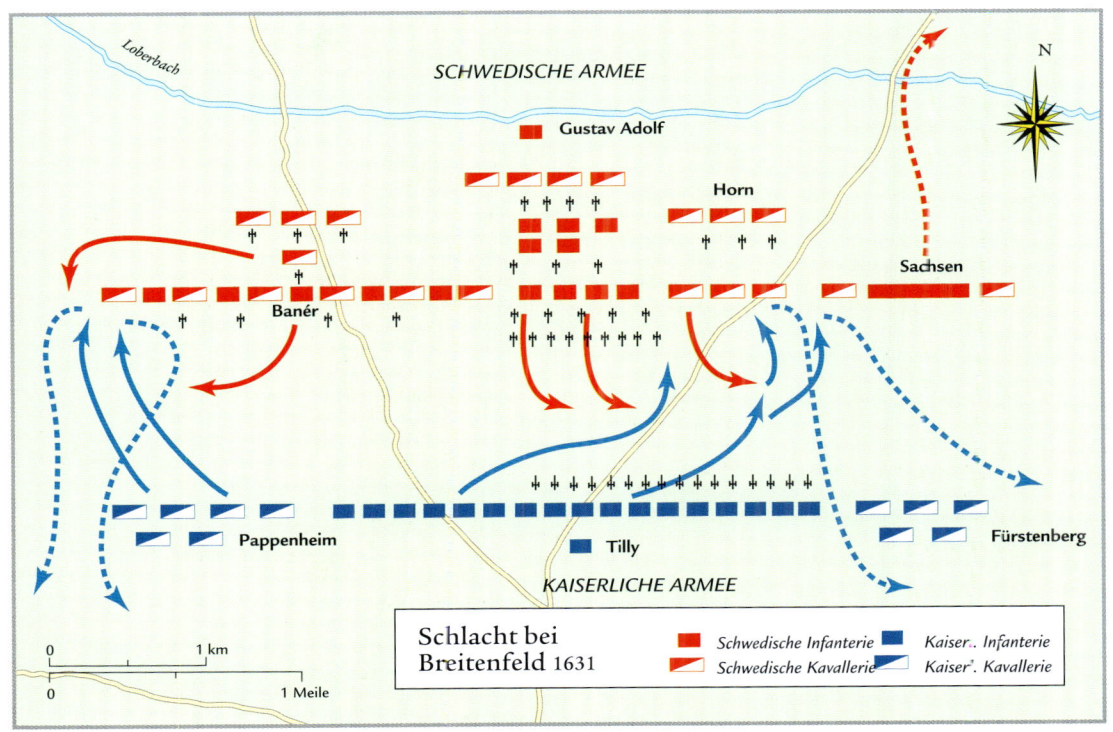

Schlacht bei Breitenfeld 1631

Schwedische Infanterie
Schwedische Kavallerie
Kaiserl. Infanterie
Kaiserl. Kavallerie

Zweite Schlacht bei Höchstädt

Marlboroughs Sieg über die Truppen Ludwigs XIV. im August 1704 sicherte ihm einen Platz als einer der größten Heerführer der Geschichte. Er bewies, dass Frankreich auf dem Schlachtfeld doch geschlagen werden konnte.

Im Jahr 1704, zwei Jahre nach Ausbruch des Spanischen Erbfolgekriegs zwischen Frankreich, Österreich, England und den Niederlanden, entschloss sich der französische König Ludwig XIV. zu einem kühnen Schachzug, mit dem er den Konflikt siegreich zu beenden hoffte. Gemeinsam mit seinem Verbündeten Maximilian II. Emanuel von Bayern wollte er die österreichische Hauptstadt Wien angreifen. Fiel die Stadt, würde die Koalition gegen Frankreich zusammenstürzen wie ein Kartenhaus, und das Land könnte seine Vormachtstellung im kontinentalen Europa ein für allemal etablieren.

Kaiser Leopold I. war sich der Bedrohung durch die Franzosen wohl bewusst. Er forderte Eugen von Savoyens Armee aus Italien an und bat auch seine englischen sowie niederländischen Verbündeten um Hilfe. Der Bitte kam Marlborough – er befehligte die englisch-niederländische Armee in den Niederlanden seit Ausbruch des Krieges – eiligst nach, die Niederländer allerdings zögerten. Sie befürchteten, dann selbst von den Franzosen angegriffen zu werden.

Marlborough versprach den Niederländern, nur bis zur Mosel vorzurücken, wollte sein Wort wohl aber nie wirklich halten. So marschierte er Richtung Süden am Rhein entlang und weiter bis Donauwörth, das er nach einem Blitzangriff auf die hastig von den Bayern errichtete Festung Schellenberg einnahm.

Durch diesen strategisch klugen Schachzug konnte Marlborough weiter vorrücken und die Donau überqueren – er wollte sich zwischen den »Franco-Bajuwaren« und Wien positionieren.

> *Leopold I. war sich der Bedrohung ... wohl bewusst. Er forderte Eugen von Savoyens Armee aus Italien an und bat auch seine englischen sowie niederländischen Verbündeten um Hilfe.*

Überraschungsangriff

Für den gesamten Marsch brauchte Marlborough nur fünf Wochen. Mit der Verstärkung der Armee Eugen von Savoyens bereitete er sich auf die Schlacht mit der französisch-bayerischen Armee unter Marschall Tallard vor. Dieser hatte westlich des kleinen Ortes Blindheim bei Höchstädt an der Donau Aufstellung genommen. Die Reihe der französisch-bayerischen Armee erstreckte sich über 6,5 Kilometer nördlich der Donau bis zu den Hügeln und Wäldern der Schwäbischen Alb. Ihre Stützpunkte waren Lutzingen zur Linken, Oberglau in der Mitte und Blindheim zur Rechten.

Die Karte unten zeigt die Taktik Marlboroughs in der Zweiten Schlacht bei Höchstädt.

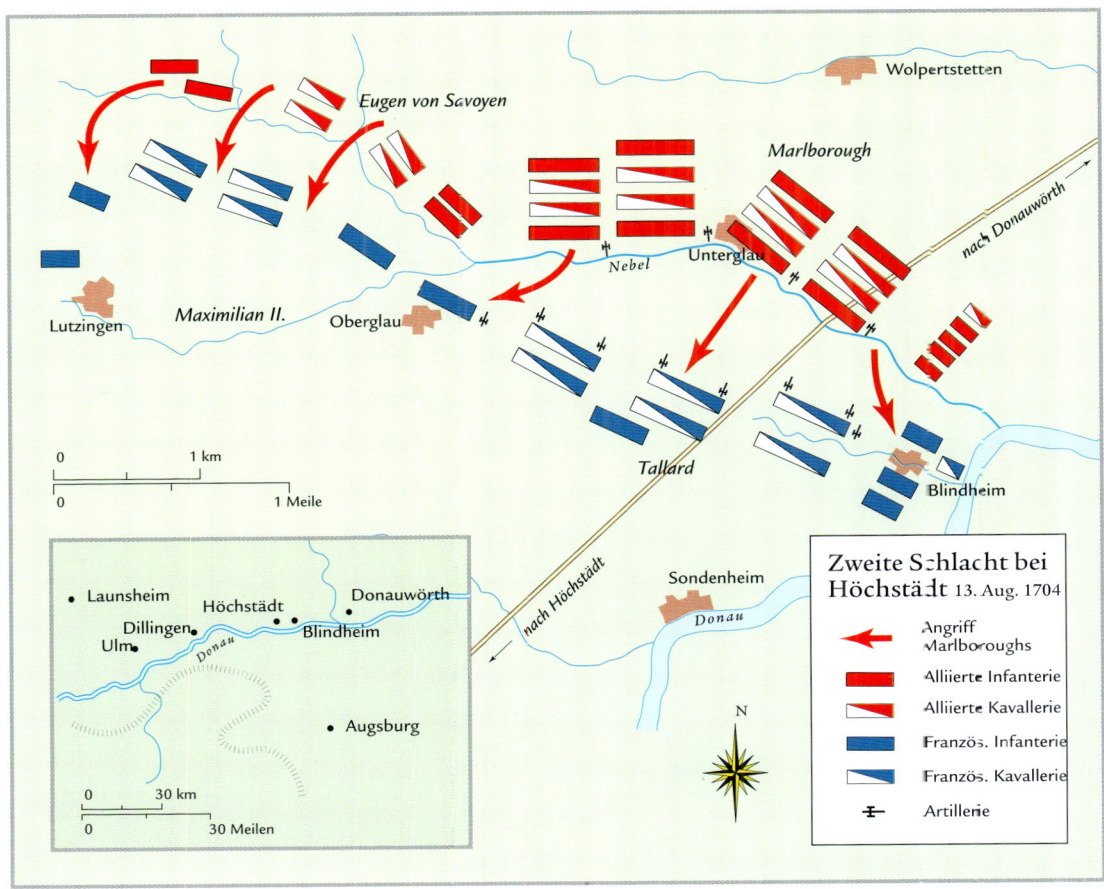

Tallard befahl den Bayern, sich um Lutzingen herum aufzustellen, während er selbst und Marschall Marsin die französischen Truppen um Blindheim bzw. Oberglau sammelten. Er war zuversichtlich, dass eine derartige Aufstellung nicht durchbrochen werden konnte.

Obwohl er sich mit seinen Truppen in der Unterzahl befand, ordnete Marlborough einen sofortigen Angriff an. Seinen

Der Stich zeigt John Churchill, 1. Herzog von Marlborough (1650–1722), der in der Zweiten Schlacht bei Höchstädt berühmt wurde.

56 000 Mann standen 60 000 Mann auf französisch-bayerischer Seite gegenüber. Um 2 Uhr nachts am 13. August 1704 rückten seine Streitkräfte nach Westen vor und erreichten rund vier Stunden später Wolpertstetten. Als sich der Morgennebel lichtete, stellten die Franzosen und Bayern überrascht fest, dass ihnen Marlboroughs gesamte Armee gegenüberstand.

Ein glorreicher Sieg

Die Schlacht begann um 8.30 Uhr, als die französische Artillerie das Feuer eröffnete. Marlboroughs Kanonen antworteten prompt. Tallards Schlachtplan war aufgrund des Überraschungsangriffs notgedrungen simpel: Er ging davon aus, dass Marlborough das Flüsschen Nebel überqueren würde – und dann im Kreuzfeuer zwischen Oberglau und Blindheim gefangen war. Anschließend wollte Tallard einen Gegenangriff starten und Marlboroughs Truppen im umliegenden Marschland zerstreuen.

Doch so einfach ließ sich Marlborough nicht übertölpeln. Er erkannte, dass die rechte Flanke des Gegners stärker war als seine linke, brach mit der vorherrschenden Militärkonvention und griff die stärkere, nicht die schwächere Flanke an. Eugen von Savoyen und die Österreicher kümmerten sich um die Bayern bei Lutzingen, während Lord John Cutts' Männer die Nebel überquerten und Blindheim angriffen. Obwohl sich die Franzosen anfangs tapfer schlugen, geriet ihr Befehlshaber in Panik. Ohne sich mit Tallard abzusprechen, beorderte er die gesamte französische Reserve nach Blindheim – ein fataler Fehler. »Nun standen die Männer so dicht gedrängt«, schreibt ein zeitgenössischer Beobachter, »dass sie weder feuern noch andere Befehle ausführen konnten«. Marlborough befahl Cutts, die Franzosen dergestalt in Schach zu halten.

In der Zwischenzeit wartete Marlborough auf die Nachricht, dass Eugen von Savoyens Angriff geglückt war. Als die Nachricht kam, überquerte auch Marlborough mit dem Großteil seiner Streitkräfte die Nebel – und Tallard hatte nur noch neun frische Bataillone, um Marlborough die Stirn zu bieten.

Gegen 5 Uhr nachmittags griff Marlborough Tallard an. Zunächst besiegte er die französische Kavallerie, dann war die Infanterie an der Reihe. Gemeinsam mit den bayerischen Truppen flohen die Franzosen vom Schlachtfeld – die Soldaten, die in Blindheim gefangen waren, hielten noch bis 9 Uhr abends aus, dann kapitulierten mehr als 10 000 von ihnen. Tallard wurde gefangen genommen – ein Triumph für den Herzog von Marlborough und seine riskante Strategie.

> *Als sich der Morgennebel lichtete, stellten die Franzosen und Bayern überrascht fest, dass ihnen Marlboroughs gesamte Armee gegenüberstand.*

DATEN & FAKTEN

Zweite Schlacht bei Höchstädt

Wann? 13. August 1704

Wo? Am Ufer der Donau, westlich von Blindheim bei Höchstädt

Historischer Kontext: Spanischer Erbfolgekrieg (1702–1713)

Beteiligte Parteien: England, Heiliges Römisches Reich, Frankreich, Kurfürstentum Bayern

Befehlshaber und Heerführer: Herzog von Marlborough, Eugen von Savoyen (England/Heiliges Römisches Reich); Marschall Tallard, Marschall Marsin, Maximilian II. Emanuel (Franzosen/Bayern)

Ausgang: Deutlicher Sieg für England und das Heilige Römische Reich

Folgen: Die Schlacht begründete Marlboroughs Ruf als einer der größten Heerführer der Geschichte; fortan galt Frankreich auf dem Schlachtfeld nicht mehr als unbesiegbar.

Die Schlacht bei Poltawa

Der Sieg Peters des Großen über die einfallenden Truppen Karls XII. im Juli 1709 bedeutete das Ende der schwedischen Militärvorherrschaft und den Aufstieg Russlands zur europäischen Großmacht.

Als Russland und Schweden während des Großen Nordischen Kriegs um die Vorherrschaft im Ostseeraum kämpften, wollte der schwedische König Karl XII. den Konflikt mit einem kühnen Plan zu einem für ihn triumphalen Ende bringen. 1708 begann er seinen Russlandfeldzug. Wenige Jahre zuvor wäre ein solcher Feldzug vielleicht von Erfolg gekrönt gewesen; zu Beginn des Krieges hatten Karls Streitkräfte den schlecht geführten,

Den Rat der Generäle, sich zurückzuziehen, nahm Karl nicht an. Stattdessen ließ er Vorbereitungen treffen, Charkow, Kursk und schließlich Moskau einzunehmen.

schlecht ausgebildeten und schlecht ausgerüsteten Russen einige schwere Verluste beigebracht. Nun standen die Dinge anders. Der russische Zar Peter der Große hatte aus seinen Niederlagen gelernt und Reformen in der Armee durchführen lassen. Mit seinem Feldzug zum damaligen Zeitpunkt ging Karl das größte Risiko seiner Regentschaft ein.

Das Vorspiel zu Poltawa

Von Litauen aus rückte Karl bis Smolensk vor und marschierte dann südlich in Richtung Ukraine, wo er überwintern wollte. Zudem hoffte er auf Verbündete unter den Kosaken – Iwan Masepa, der Anführer der Hetman-Kosaken, hatte ihm seine Unterstützung zugesichert; doch schließlich schlossen sich nur die Saporoger Kosaken den Schweden an. Auch die erhoffte Verstärkung blieb aus. Peter besiegte Karl im September 1708 in der Schlacht bei Lesnaja.

Karl ließ sich nicht entmutigen, auch nicht angesichts des Leids, das der harte russische Winter über seine Soldaten brachte. Den Rat der Generäle, sich zurückzuziehen, nahm er nicht an. Stattdessen

Die Karte rechts zeigt die Bewegungen der schwedischen und russischen Streitkräfte während der Schlacht bei Poltawa.

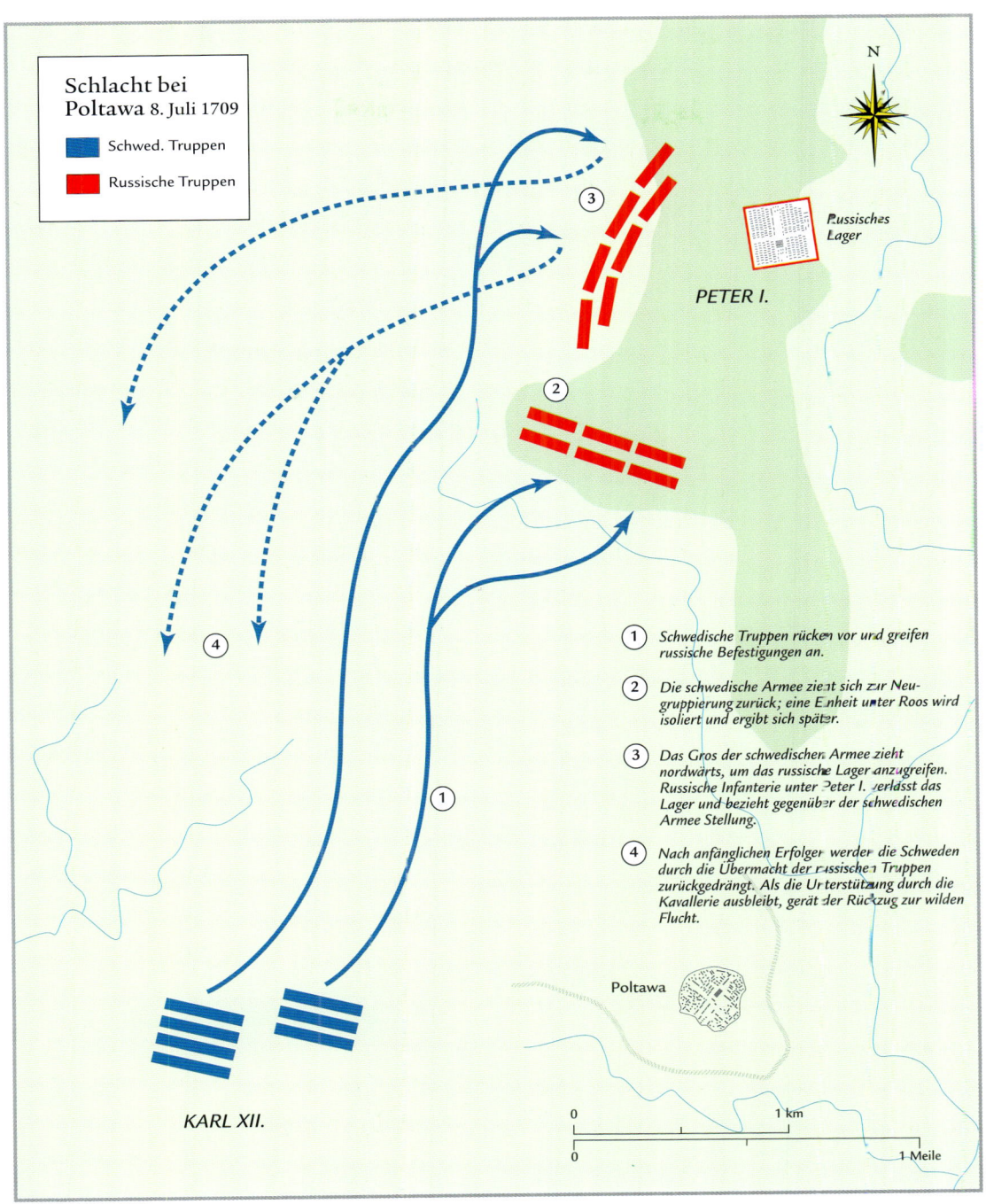

Schlacht bei
Poltawa 8. Juli 1709

Schwed. Truppen

Russische Truppen

N

PETER I.

Russisches
Lager

(1) Schwedische Truppen rücken vor und greifen
russische Befestigungen an.

(2) Die schwedische Armee zieht sich zur Neu-
gruppierung zurück; eine Einheit unter Roos wird
isoliert und ergibt sich später.

(3) Das Gros der schwedischen Armee zieht
nordwärts, um das russische Lager anzugreifen.
Russische Infanterie unter Peter I. verlässt das
Lager und bezieht gegenüber der schwedischen
Armee Stellung.

(4) Nach anfänglichen Erfolgen werden die Schweden
durch die Übermacht der russischen Truppen
zurückgedrängt. Als die Unterstützung durch die
Kavallerie ausbleibt, gerät der Rückzug zur wilden
Flucht.

Poltawa

KARL XII.

0   1 km

0   1 Meile

ließ er Vorbereitungen treffen, Charkow, Kursk und Moskau einzunehmen. Dafür musste die schwedische Armee zuerst den Fluss Worskla überschreiten. Deshalb begann Karl im Mai 1709 mit der Belagerung Poltawas, der Stadt, bei der man den Fluss am besten überqueren konnte.

Die Schweden mussten Poltawa rasch erobern, doch hielt die Stadt bis zum 4. Juni aus – dann erschien Peter der Große mit seiner Armee. Wie viele Soldaten der Zar befehligte, ist nicht klar; es waren jedenfalls so viele, dass die russische der schwedischen Armee weit überlegen war.

Der Stich der Schlacht bei Poltawa zeigt Peter den Großen zu Pferd inmitten des Kampfgeschehens.

Der König wird verwundet

Peter positionierte seine Armee in einer Verschanzung auf einem niedrigen Bergrücken, der zu beiden Seiten von Wald umgeben war und hinter dem sich der Fluss Worskla befand. Zusätzlich ließ er zur Verteidigung der einzigen offenen Stelle nach Süden eine Kette von zehn Feldschanzen errichten. Er wollte in der Defensive bleiben; sollte der ungestüme Karl die Stellung angreifen, umso besser.

Karl jedoch hatte das direkte Kommando über seine Streitkräfte verloren. Am 25. Juni war er während eines Erkundungsstreifzugs schwer am Fuß verletzt worden und übergab die Truppen deshalb Feldmarschall Rehnskjöld, einem bewährten Veteranen, der als Anführer jedoch weniger begabt war. Gemeinsam mit General Lewenhaupt zog er erneut einen Rückzug in Erwägung, den Karl erneut ablehnte. Am 7. Juli befahl Karl Rehnskjöld, die russische Armee am nächsten Tag anzugreifen. Um sicherzustellen, dass sein Befehl auch ausgeführt wurde, kündigte er an, sich in einer Sänfte auf das Schlachtfeld tragen lassen zu wollen.

Kühnheit führt ins Verderben

Rehnskjöld warf 18 Bataillone Infanterie und zwölf Schwadronen Kavallerie in die Schlacht. Damit wollte er die abseits gelegenen russischen Feldschanzen überrennen, die russische Kavallerie in die Flucht schlagen und schließlich Peters Lager stürmen. Doch leider waren sich die schwedischen Generäle über diese Strategie nicht einig; Rehnskjöld mochte Lewenhaupt nicht und hielt es deshalb auch nicht für nötig, ihn überhaupt über sein Vorhaben zu informieren. Mit den anderen Generälen verfuhr er ähnlich.

Der Angriff erfolgte im Morgengrauen. Die vorrückenden Schweden wurden von der russischen Kavallerie zurückgedrängt. Dann ging die schwedische Kavallerie zum Gegenangriff über, wurde aber durch schweres russisches Geschützfeuer aufgehalten. Rehnskjöld befahl der Infanterie, erneut vorzurücken. Dieser gelang es zwar, zwei Feldschanzen einzunehmen, die übrigen hielten jedoch stand. Zudem waren General Roos' Truppen nun zwischen den Schanzen gefangen, und er musste sich ergeben.

In der Zwischenzeit war der Rest der schwedischen Infanterie weiter vorgerückt und wollte das russische Lager frontal angreifen. Dabei traf sie – unter konstantem Artilleriebeschuss – jedoch auf die russische Infanterie. Unter schweren Verlusten zogen die Schweden sich zurück. Anschließend marschierte der russische rechte Flügel los, um die Schweden in der Flanke anzugreifen. Daraufhin kam es zum ungeordneten Rückzug.

Karl floh mit 1500 Mann in die neutrale Türkei, wo er in Sicherheit war. Lewenhaupt hatte nicht so viel Glück: Er wurde von den Russen mit 14 000 Mann am Fluss Dnepr gestellt. Am 11. Juli 1709 waren auch sie gezwungen, sich zu ergeben. Der Sieg Peters des Großen in der Schlacht bei Poltawa markierte den Aufstieg Russlands zur europäischen Großmacht.

DATEN & FAKTEN

Schlacht bei Poltawa

Wann? 8. Juli 1709

Wo? Poltawa, Ukraine

Historischer Kontext: Großer Nordischer Krieg (1700–1721)

Beteiligte Parteien: Russland, Schweden

Befehlshaber und Heerführer: Karl XII., Carl Gustaf Rehnskjöld (Schweden); Peter I., Alexander Menschikow (Russland)

Ausgang: Deutlicher Sieg für die Russen

Folgen: Peters Sieg beendete die militärische Vorherrschaft der Schweden und markierte den Aufstieg Russlands zur europäischen Großmacht.

Die Schlacht bei Plassey

Robert Clives Sieg über Siraj-ud-Daulah, den Nawab von Bengalen, ebnete der britischen Herrschaft über ganz Indien den Weg. Clive verdankte den Sieg jedoch nicht nur seinen militärischen Fähigkeiten, sondern vor allem der Bestechung.

Der Siebenjährige Krieg (1756–1763) war der erste wahrhaft globale Konflikt in der Geschichte. Die Kämpfe wurden nicht nur in Europa und Nordamerika ausgefochten – dort wurden sie als »Franzosen- und Indianerkrieg« bezeichnet –, sondern breiteten sich auch auf entlegenere Teile Frankreichs und des britischen Empires aus.

In Indien begannen die Kämpfe 1756 in Bengalen, als die Britische Ostindien-Kompanie ihre dortigen Handelsposten verstärkte. Siraj-ud-Daulah, 23 Jahre alt und neuer Nawab von Bengalen, bat sie, derlei Kriegsvorbereitungen umgehend einzustellen. Die Britische Ostindien-Kompanie ignorierte die Bitte.

Daraufhin befahl der Nawab seiner Armee, Fort William anzugreifen; der Stützpunkt der Ostindien-Kompanie in Kalkutta war das bedeutendste Handelszentrum in Indien. Die Festung fiel im Juni, und angeblich ließ der Nawab 146 europäische Gefangene in einer winzigen Zelle in Fort William einkerkern. Nur 23 der Gefangenen sollen am nächsten Morgen noch am Leben gewesen sein – der Rest war erstickt oder zu Tode gequetscht worden.

Kalkutta wird zurückerobert

Die Nachricht vom Fall Kalkuttas und von den Schrecken des »Schwarzen Lochs« erreichte Madras, das Hauptquartier der Britischen Ostindien-Kompanie, erst Mitte Juli. Die Briten bereiteten sich auf einen Gegenschlag vor; es dauerte allerdings, die nötigen Streitkräfte zu versammeln. Doch schließlich wurde Robert Clive mit seinen Truppen an Bord von vier Schiffen unter dem Kommando von Vizeadmiral Charles Watson losgeschickt, um Kalkutta zurückzuerobern.

Clive erfreute sich bereits eines ausgezeichneten militärischen Rufs, den er in erster Linie seiner brillanten Führerschaft bei der 50-tägigen Belagerung Arcots 1751 verdankte. William Pitt der Ältere pries ihn als »vom Himmel gesandten General«. Mit 900 britischen Berufssoldaten und 1500 Sepoys erreichte er Ende Dezember den Fluss Hugli; er befreite die überlebenden Gefangenen und eroberte Kalkutta zurück. Auf Widerstand stieß er dabei kaum, da die 500 Mann, mit denen die Garnison besetzt war, rasch flohen.

Clive rückte weiter vor. Am 9. Januar 1757 stürmten seine Streitkräfte die Stadt Hugli 37 Kilometer nördlich von Kalkutta.

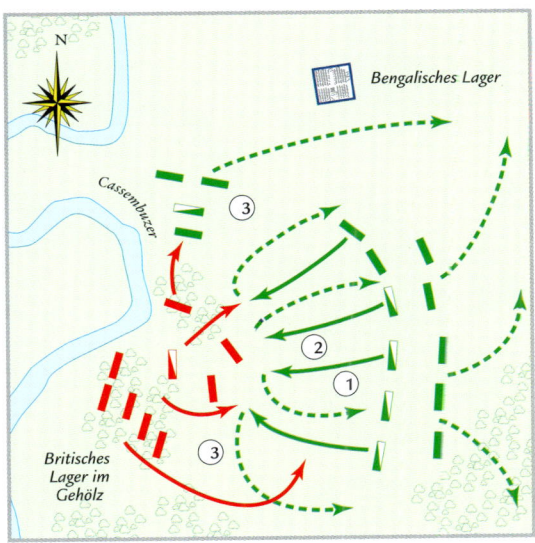

Schlacht bei Plassey 1757

(1) *Der Nawab von Bengalen greift die Briten an, die sich in einem Wald verschanzt haben. Der Angriff wird zurückgeschlagen.*

(2) *Weitere Angriffe mit Artillerieunterstützung folgen, die ebenfalls zurückgeschlagen werden.*

(3) *Nach einem Regenguss gehen die Briten ihrerseits zum Angriff über; die Bengalis können sich wegen nassen Pulvers nicht wehren.*

Daraufhin rückte auch der Nawab aus seiner Hauptstadt auf Clives Truppen vor; er erreichte die Stadt am 3. Februar. Am nächsten Morgen – es herrschte dichter Nebel – griff Clive das Lager des Nawab an. Der Angriff flößte Siraj-ud-Daulah so viel Respekt ein, dass er sich zum Verhandeln bereit erklärte. Am 5. Februar unterzeichnete er einen Friedensvertrag, der der Britischen Ostindien-Kompanie alles zurückgab, was sie in den vorhergehenden Plänkeleien verloren hatte.

Nun plante Clive, die Franzosen bei Chandannagar anzugreifen, wollte sich vorher jedoch der Neutralität des Nawab in dieser Angelegenheit vergewissern. Er deutete die ausweichende Antwort, die er erhielt, als stillschweigendes Einverständnis. Am 14. März 1757 griff er an. Die Franzosen hielten zehn Tage lang aus und ergaben sich dann.

Von Einverständnis konnte aufseiten des Nawab jedoch keine Rede sein: Er war empört über den Angriff der Briten und schwor Rache. Einen Grund, dem Nawab zu vertrauen, hatte Clive ohnehin nicht mehr, zumal seine Spione berichteten, Siraj-ud-Daulah sympathisiere mit den Franzosen. So beschloss er, die Fraktion am Hof des Nawab zu unterstützen, die den

Die Bewegungen der beiden Armeen zwischen dem bengalischen und dem britischen Lager in der Schlacht bei Plassey.

Sturz des Herrschers plante. Mir Jafar, einem der wichtigsten Heerführer des Nawab und Anführer des Komplotts, versprach Clive den bengalischen Thron.

Clive sammelte seine Truppen bei Chandannagar, um Murshidabad, die Hauptstadt des Nawab, anzugreifen. Am 22. Juni erreichte er Plassey und ließ seine Truppen 1,5 Kilometer von der Armee des Nawab entfernt kampieren.

Sieg bei Plassey

Die Schlacht begann am nächsten Tag mit unablässigem Sperrfeuer, das drei Stunden lang anhielt, allerdings wenig Wirkung zeigte. Dann ging plötzlich ein sintflutartiger Regenguss über dem Schlachtfeld nieder. Clives Truppen schützten ihre Artillerie mit Planen, was der Gegner nachlässigerweise nicht tat. So war er gezwungen, die Schussfrequenz zu drosseln, während Clives Kanoniere erbarmungslos weiterfeuerten und damit einen Angriff der bengalischen Kavallerie vereitelten.

Als der Regen nachließ, strömten die Soldaten des Nawab zu ihren Verschanzungen zurück – Colonel Clives Signal zum finalen Angriff. Da die bengalischen Musketen durch den Regen nicht mehr

feuerten, geriet der Rückzug bald zur Flucht. Mir Jafar erfüllte seinen Teil der Abmachung, indem er der Division, die er befehligte, das Kämpfen verbot.

Der Nawab floh nach Murshidabad und verließ dann verkleidet die Stadt; er hoffte, in Patna in Sicherheit zu gelangen. Doch wurde er am 2. Juli von Mir Jafars Männern aufgegriffen – noch am selben Tag erklärte Clive den Nawab offiziell für abgesetzt – und ermordet.

DATEN & FAKTEN

Schlacht bei Plassey

Wann? 23. Juni 1757

Wo? Plassey, Bengalen

Historischer Kontext: Siebenjähriger Krieg (1756–1763)

Beteiligte Parteien: Britische Ostindien-Kompanie, Nawab von Bengalen

Befehlshaber und Heerführer: Colonel Robert Clive, Vizeadmiral Charles Watson, Major Grant, Major Eyre Coot, Captain Gaupp (Britische Ostindien-Kompanie); Mohan Lal, Mir Madan, Mir Jafar Ali Khan, Nawab Siraj-ud-Daulah, Yar Lutuf Khan, Monsieur Sinfray (Nawab von Bengalen)

Ausgang: Deutlicher Sieg für die Britische Ostindien-Kompanie

Folge: Der Sieg ebnete der britischen Herrschaft über ganz Indien den Weg.

Der Stich zeigt die britischen Truppen in Indien, die sich gegen einen Angriff der Inder verteidigen.

Die Schlacht bei Québec

Der Fall Québecs 1759 stellte den Wendepunkt im Kampf der Briten und Franzosen um Kanada dar. Unglücklicherweise starb der Oberbefehlshaber der Briten, der 32-jährige James Wolfe, im Moment des Sieges.

Die militärischen Auseinandersetzungen im »Franzosen- und Indianerkrieg« – so wurde der Siebenjährige Krieg in Nordamerika genannt – begannen schon zwei Jahre früher als in Europa, zwei Jahre bevor Großbritannien und Frankreich einander formell den Krieg erklärten. In Nordamerika hatten die Franzosen zunächst die Oberhand, doch 1758 wendete sich das Blatt und die Briten gingen in die Offensive. Die Einnahme von Louisbourg im Juli des Jahres verschaffte ihnen die Kontrolle über den Sankt-Lorenz-Golf und damit eine Möglichkeit, das französisch besetzte Kanada anzugreifen.

Der Angriff auf Québec

Es war vor allem William Pitt der Ältere, der damalige britische Premierminister, der die Franzosen aus Kanada vertreiben wollte. 1759 ließ er Fort Niagara, Fort Ticonderoga und Québec angreifen, die alle drei den Zugang zum Sankt-Lorenz-Strom kontrollierten. Das Kommando über den dritten Feldzug vertraute er Generalmajor James Wolfe an, der mit 32 Jahren einer der jüngsten und umstrittensten britischen Befehlshaber war. Der Herzog von Newcastle hatte den englischen König Georg II. vor ihm gewarnt. Doch hatte der König gereizt geantwortet: »Er ist verrückt? Dann hoffe ich, dass er ein paar meiner anderen Generäle beißt.« Damit war das Thema erledigt.

Am 26. Juni 1759 stand Wolfe mit seinen Truppen vor Québec – Admiral Sir Charles Saunders hatte sie mit seiner Flotte den Sankt-Lorenz-Strom hinaufgebracht; nun waren sie auf der Île d'Orléans und am Südufer des Flusses gelandet. Die Landung überraschte den französischen Oberbe-

> *Das Kommando über den dritten Feldzug vertraute William Pitt Generalmajor James Wolfe an, der mit 32 Jahren einer der jüngsten und umstrittensten britischen Befehlshaber war.*

fehlshaber, den Marquis de Montcalm, da dieser den britischen Vorstoß aus einer ganz anderen Richtung erwartet hatte. Trotzdem reagierte er sehr schnell auf die neue Bedrohung. Er positionierte den Großteil seiner Streitkräfte bei Beauport östlich von Québec und ließ dann Befestigungen entlang dem Nordufer des Sankt-Lorenz-Stroms errichten. Damit wollte er Wolfe und seinen Truppen den Weg abschneiden.

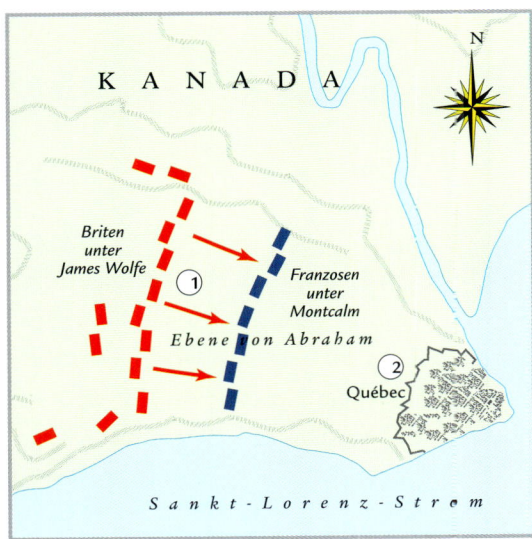

Schlacht bei Québec 1759

① *Die Schlacht wird auf der weiten Ebene von Abraham vor der Stadt ausgefochten.*

② *Nach einigen Stunden stehen die Briten als Sieger fest. Ihr Anführer James Wolfe ist gefallen. Montcalm, der Kommandant der französischen Truppen, ist tödlich verwundet und erliegt einige Stunden später in Québec seinen Verletzungen.*

Ein kühner Plan

Wolfes erster Schachzug bestand darin, die Stadt zu beschießen, während Schiffe aus Sanders' Flotte sich dem französischen Gegengeschützfeuer stellten, um stromaufwärts nach anderen Landungsmöglichkeiten Ausschau zu halten. Am 31. Juli griff Wolfe die Franzosen bei Beauport an, hatte damit jedoch keinen Erfolg.

Daraufhin änderte der britische Kommandant seine Taktik. Er schickte Truppen stromaufwärts, um die französische Nachschublinie nach Montreal zu kappen. Um das wiederum zu verhindern, entsandte Montcalm 3000 Mann seiner Hauptarmee zum Schutz der Nachschublinie. In der Zwischenzeit bereitete Wolfe bereits eine weitere Landung vor. Am 10. September eröffnete er seinen Generälen, dass er mit 4000 Mann nachts den Sankt-Lorenz-Strom überqueren und bei Anse de Foulon, einer Bucht südwestlich von Québec, landen wolle; dort nämlich hatte sein Spähtrupp einen steilen, engen Pfad entdeckt, der zur Ebene von Abraham oberhalb der Stadt führte. Während er mit seinen Männern mitten in der Nacht den Pfad erklimmen wollte, sollte der Rest der britischen Streitkräfte einen Ablenkungsangriff auf Beauport durchführen.

Die Karte zeigt das Vorrücken der britischen auf die französischen Truppen in der Schlacht bei Québec.

Der Angriff beginnt

Der kühne Plan ging wie durch ein Wunder auf. Um Mitternacht am 12. September 1759 setzte Wolfe mit seinen Truppen vorsichtig über den Fluss. Die kleine französische Einheit, die die Bucht bewachte, war schnell überwältigt, obwohl es ihrem Anführer zuvor noch gelang, einen Boten zu Montcalm zu schicken, der ihm von Wolfes Landung berichtete. Der französische Kommandant war jedoch durch den Angriff auf Beauport abgelenkt und brauchte Zeit, um auf die Nachricht zu reagieren. Als er es dann schließlich tat, reagierte er entschlossen. Ohne auf die Rückkehr der Truppen, die er losgeschickt hatte, zu warten, rückte er nach Westen vor, um zu verhindern, dass Wolfe auf der Ebene von Abraham Fuß fassen konnte.

Eine Zehn-Minuten-Schlacht

Die eigentliche Schlacht dauerte kaum zehn Minuten. Die Briten hatten sich dieses Mal in zwei Reihen, nicht in den üblichen drei aufgestellt und schossen erst,

Der Martello-Turm ist Teil der historischen Befestigungsanlage auf der Ebene von Abraham am Sankt-Lorenz-Strom.

als die Franzosen nur noch wenige Meter entfernt waren. Dann aber feuerte die erste Reihe eine verheerende Salve ab; die zweite Reihe rückte ein paar Schritte vor und eröffnete ebenfalls das Feuer. Die zersprengten französischen Formationen wichen ungeordnet zurück.

Am Ende der kurzen Schlacht war Montcalm tödlich verwundet. Er wurde nach Québec zurückgetragen und starb am darauffolgenden Tag. Wolfe war schon in der Schlacht selbst gefallen. Er war durch einen Schuss am Handgelenk getroffen worden, bandagierte die Wunde und rückte dennoch gemeinsam mit seinen Männern weiter vor – bis er schließlich auch im Bauch und in der Brust getroffen wurde. Noch im Sterben erteilte er seinen Männern Befehle, wie sie die Schlacht erfolgreich zu Ende bringen konnten.

Die Briten triumphierten. Die Verstärkung, die Montcalm von Cap Rouge angefordert hatte, weigerte sich anzugreifen; auch der Gouverneur Pierre de Vendreuil, der für die Verteidigung von Beauport verantwortlich war, zog es vor, die Stadt zu verlassen.

So fiel Québec an die Briten. Am 18. September ergab sich Jean-Baptiste Nicolas Roch de Ramezay, der Kommandant der Garnison. Das Schicksal Neufrankreichs war besiegelt.

DATEN & FAKTEN

Schlacht bei Québec

Wann? 13. September 1759

Wo? Québec

Historischer Kontext: Siebenjähriger Krieg (»French and Indian War«, 1754–1763)

Beteiligte Parteien: Großbritannien, Frankreich

Befehlshaber und Heerführer: James Wolfe, George Townshend (Großbritannien); Louis-Joseph de Montcalm (Frankreich)

Ausgang: Deutlicher Sieg für die Briten

Folge: Die Schlacht stellte den Wendepunkt im Kampf der Briten und Franzosen um Kanada dar.

Der Saratoga-Feldzug

Als Horatio Gates Generalmajor Burgoyne zwang, sich bei Saratoga zu ergeben, wendete sich das Blatt im Amerikanischen Unabhängigkeitskrieg: Danach traten die Franzosen aufseiten der Amerikaner in den Krieg ein.

Der Feldzug, der für die Briten in Amerika in einer Katastrophe endete, wurzelte in dem Entschluss Großbritanniens, den Amerikanischen Unabhängigkeitskrieg ein für allemal zu beenden. Höhepunkt des Feldzugs waren zwei Schlachten vor den Toren Saratogas im Frühherbst 1777 und die anschließende Kapitulation Generalmajor John Burgoynes. Burgoynes Plan bestand in erster Linie darin, einen dreigleisigen Angriff gegen den nördlichen Teil des Staates New York zu führen, um Neuengland, den »Kopf der Rebellion«, vom Rest der Kolonien zu isolieren.

Der Plan fand bei der Regierung in London Zustimmung, und so wurden Vorbereitungen für diesen Schachzug getroffen, mit dem die Briten den Krieg gewinnen zu können glaubten. Burgoyne selbst wollte mit seiner Armee von Québec aus den Champlainsee überqueren, Fort Ticonderoga einnehmen und sich flussabwärts am Hudson River bei Albany mit der von Colonel Barry St Leger geführten Streitmacht treffen, die aus Osten vom Ontariosee und dem Mohawk River kommen würde. In der Zwischenzeit sollte General William Howe den Hudson hinauf von New York aus eintreffen und unterwegs alle amerikanischen Truppen aufhalten, die Burgoynes Vorrücken behindern könnten.

> *Doch der Plan hatte von Anfang an eine entscheidende Schwachstelle: Da Burgoyne einen niedrigeren Rang hatte als Howe, konnte er ihm nie direkte Befehle erteilen.*

Doch der Plan hatte von Anfang an eine entscheidende Schwachstelle: Da Burgoyne einen niedrigeren Rang hatte als Howe, konnte er ihm nie direkte Befehle erteilen. Dies konnte nur Lord George Germain, der für die Kolonien zuständige Minister, tun. Und aus irgendeinem Grund – manche sagen aus Inkompetenz, andere durch ein Versehen des Ministers – wurden die nötigen Instruktionen nie erteilt. So wusste Howe nichts von Burgoynes Plan und verfolgte seinen eigenen: die Einnahme Philadelphias. Dass er seine Truppen nicht mit denen Burgoynes vereinigte, trug wesentlich zur Niederlage der Briten bei.

Vom Erfolg zur Katastrophe

Zu Beginn lief es für Burgoyne noch relativ gut. Am 6. Juli fiel Fort Ticonderoga, ohne dass es dabei zu nennenswerten Gefechten gekommen wäre. Dennoch ging Burgoynes Plan nicht auf. Er brauchte fast einen Monat bis Fort Edward am Hudson River, da er unterwegs immer wieder von den Amerikanern angegriffen wurde, die weiter in Richtung Süden marschierten. Allmählich gingen Burgoynes Truppen Lebensmittel und Munition aus.

Deshalb befahl Burgoyne haltzumachen und schickte einige seiner deutschen Söldner nach Vermont, um Vorräte zu besorgen. Am 16. August wurden die Deutschen bei Bennington von den Amerikanern geschlagen. St Leger erging es nicht viel besser. Er hatte Fort Stanwix belagert, war durch das Eintreffen amerikanischer Verstärkung jedoch gezwungen, sich nach Fort Oswego zurückzuziehen. Und als ob das noch nicht genug für den bedrängten Burgoyne gewesen wäre, erfuhr er nun, dass Howe sich in Bewegung gesetzt hatte – allerdings nicht das Hudson-Tal hinauf, sondern in Richtung Philadelphia. Und die wenigen Männer, die übrig geblieben waren und Burgoyne unter dem Kommando von Generalmajor Sir Henry Clinton nun zu Hilfe eilten, waren wenig mehr als ein Tropfen auf den heißen Stein.

Die entscheidenden Schlachten

Der glücklose Burgoyne musste ohne Verstärkung kämpfen. Er setzte über den Hudson und marschierte weiter nach Süden, um Albany noch vor Winteranfang einzunehmen. Am 19. September traf er bei Freeman's Farm auf General Horatio Gates, den neu ernannten Oberbefehlshaber über die amerikanischen Truppen im Norden.

Fort Ticonderoga wurde zunächst von den Briten erobert, ohne dass es dabei zu nennenswerten Gefechten gekommen wäre.

Die nachfolgende Schlacht ging zwar nominell unentschieden aus, doch bezahlte Burgoyne einen hohen Preis für das Patt: Er hatte doppelt so viele Männer wie der Gegner verloren. Dennoch griff er am 7. Oktober auf den Bemis Heights erneut an. Die Schlacht begann mit dem, was Burgoyne »Aufklärung durch Kampf« nannte, eskalierte aber bald.

Unter Brigadegeneral Simon Fraser rückten die Briten vor, einer zahlenmäßig weit überlegenen amerikanischen Armee entgegen. Fraser versuchte, seine zerstreuten Truppen wieder zu sammeln, wurde aber im Kampf erschossen. Die Briten verloren die beiden einzigen Schanzen, die sich zu Beginn der Schlacht in ihrem Besitz befunden hatten.

Die Briten mussten sich nach Saratoga zurückziehen und ihre Verwundeten auf dem Schlachtfeld zurücklassen. Burgoynes Vorräte waren erschöpft, und er hatte nur zwei Möglichkeiten: sich nach Norden bis Fort Edward durchzukämpfen oder sich zu ergeben. Obwohl seine Männer weiter kämpfen wollten, entschied Burgoyne sich für Letzteres. Am 17. Oktober kapitulierte er mit den 5791 Soldaten, die noch unter seinem Kommando standen – der erste entscheidende Sieg der Amerikaner.

Die Karte rechts zeigt die Bewegungen der britischen und amerikanischen Truppen während des Saratoga-Feldzugs.

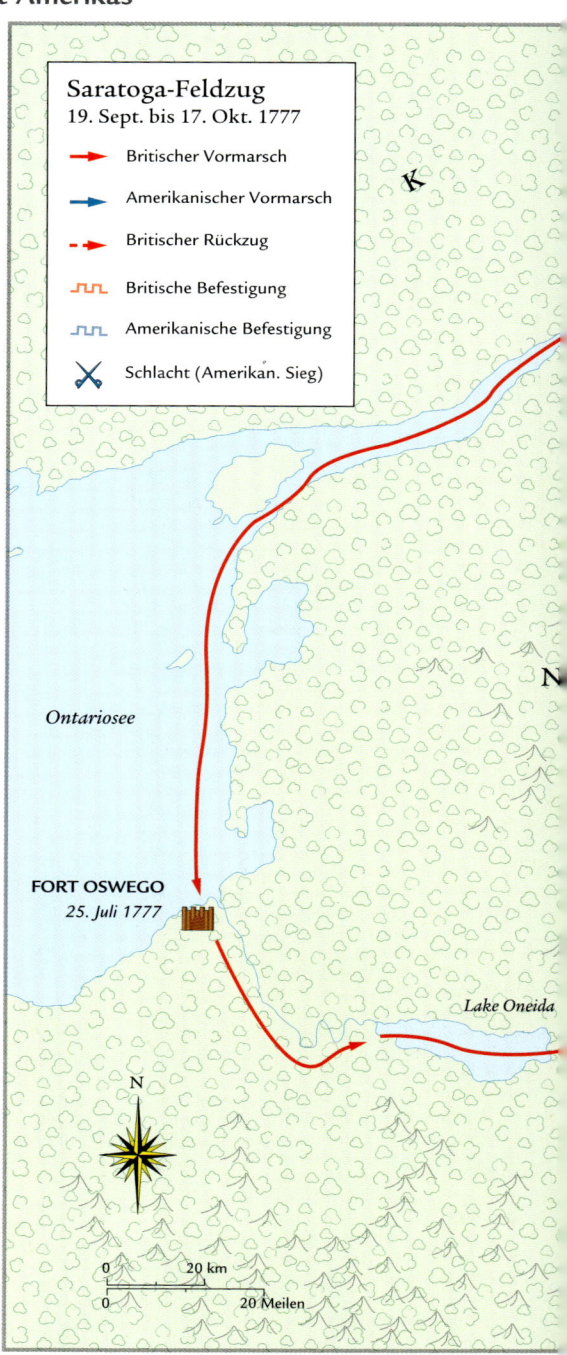

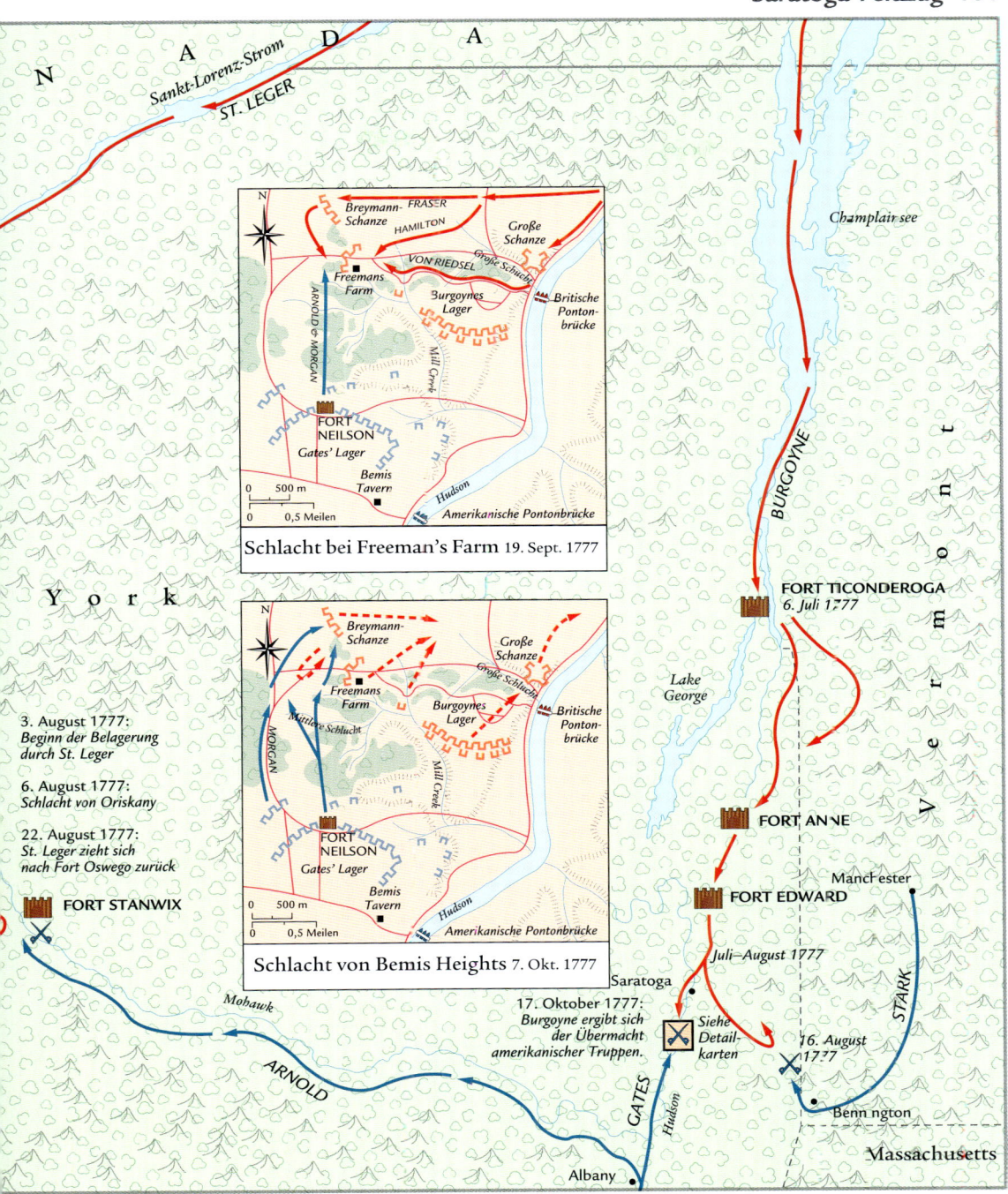

N A D A

Sankt-Lorenz-Strom

ST. LEGER

Champlair see

Schlacht bei Freeman's Farm 19. Sept. 1777

N

Breymann-Schanze   FRASER

HAMILTON

Große Schanze

VON RIEDSEL   Große Schlucht

Freemans Farm

Burgoynes Lager

Britische Pontonbrücke

ARNOLD & MORGAN

Mill Creek

FORT NEILSON

Gates' Lager

Bemis Tavern

Hudson

0   500 m

0   0,5 Meilen

Amerikanische Pontonbrücke

Y o r k

FORT TICONDEROGA
6. Juli 1777

BURGOYNE

Lake George

Schlacht von Bemis Heights 7. Okt. 1777

N

Breymann-Schanze

Große Schanze

Große Schlucht

Freemans Farm

Burgoynes Lager

Britische Pontonbrücke

MORGAN

Mittlere Schlucht

Mill Creek

FORT NEILSON

Gates' Lager

Bemis Tavern

Hudson

0   500 m

0   0,5 Meilen

Amerikanische Pontonbrücke

3. August 1777:
Beginn der Belagerung
durch St. Leger

6. August 1777:
Schlacht von Oriskany

22. August 1777:
St. Leger zieht sich
nach Fort Oswego zurück

FORT STANWIX

FORT ANNE

Manchester

FORT EDWARD

Juli–August 1777

STARK

Mohawk

ARNOLD

Saratoga

17. Oktober 1777:
Burgoyne ergibt sich
der Übermacht
amerikanischer Truppen.

Siehe Detail-karten

16. August
1777

GATES

Hudson

Benn ngton

Massachusetts

Albany

V e r m o n t

Die Schlacht von Yorktown

Als sich Lord Cornwallis im Oktober 1781 George Washington ergab, ging der Amerikanische Unabhängigkeitskrieg zu Ende. Bis zur Unterzeichnung eines Friedensvertrags sollte es jedoch noch zwei Jahre dauern.

Die Katastrophe, die im Oktober 1781 in Virginia über Lord Cornwallis und seine Armee hereinbrach, entschied darüber, welche Partei den Sieg im Amerikanischen Unabhängigkeitskrieg davontragen sollte. Obwohl nicht wenige britische Streitkräfte nach Cornwallis' demütigender Kapitulation noch aktiv blieben, brachte seine Niederlage schließlich die Entschlossenheit der britischen Regierung ins Wanken.

Zu Beginn des Jahres 1781 allerdings waren es die Briten, nicht die Amerikaner, die sich des Sieges gewiss waren. Mit der sogenannten Südstrategie General Sir Henry Clintons, ihres neuen Oberbefehlshabers, glaubten sie, den Krieg gewinnen zu können. 1778 hatte Clinton Savannah eingenommen; im darauffolgenden Jahr hatte er den gemeinsamen Versuch der Franzosen und Amerikaner, die Stadt zurückzuerobern, vereitelt. Im Mai 1780 hatte er Charleston – größte Stadt und wichtigster Seehafen im Süden – zur Kapitulation gezwungen. Dies war der größte Sieg der Briten in diesem Krieg.

Cornwallis, den Clinton zu seinem Nachfolger im Süden ernannt hatte, machte dort weiter, wo sein Vorgänger aufgehört hatte. Nach dem Sieg über Camden im August marschierte er in North Carolina ein. Und im Januar 1781 schließlich landete der zu den Briten übergelaufene Benedict Arnold in Virginia. In nur 48 Stunden nahm er Virginias Hauptstadt Richmond ein.

Das Blatt wendet sich

Wenngleich die Briten nicht aufzuhalten schienen, wendete sich nun das Blatt. In South Carolina errangen die Amerikaner einen Sieg über Banastre Tarleton, und in North Carolina ärgerte man Cornwallis' Truppen mit unermüdlichen Guerrillaangriffen. Im März des Jahres gewann Cornwallis zwar die Schlacht von Guildford Court House, verlor dabei jedoch rund ein Viertel seiner Männer.

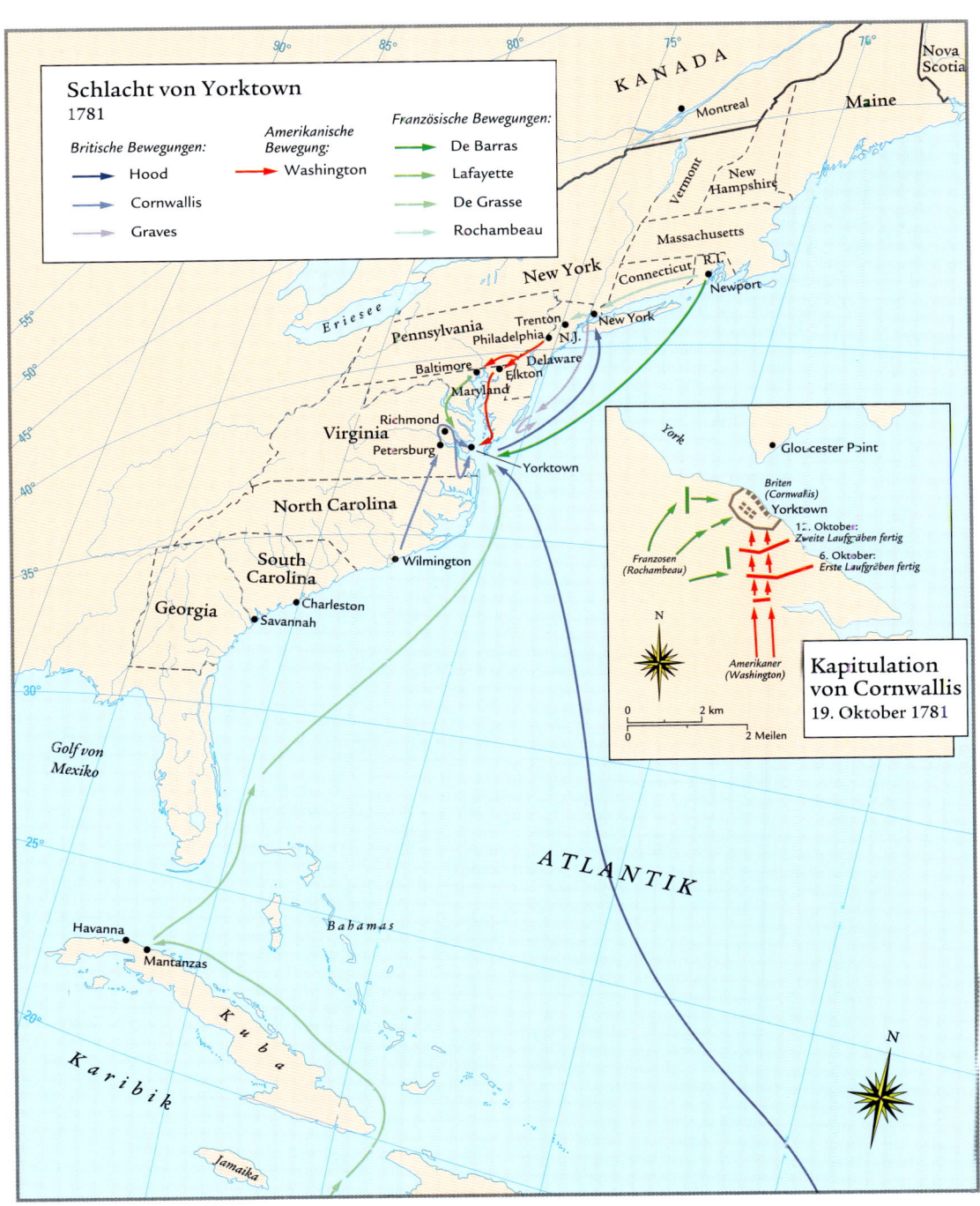

Schlacht von Yorktown
1781

Britische Bewegungen:
- Hood
- Cornwallis
- Graves

Amerikanische Bewegung:
- Washington

Französische Bewegungen:
- De Barras
- Lafayette
- De Grasse
- Rochambeau

Kapitulation
von Cornwallis
19. Oktober 1781

York
Gloucester Point
Briten
(Cornwallis)
Yorktown
15. Oktober:
Zweite Laufgräben fertig
6. Oktober:
Erste Laufgräben fertig
Franzosen
(Rochambeau)
Amerikaner
(Washington)
N
0   2 km
0   2 Meilen

KANADA
Nova Scotia
Maine
Montreal
Vermont
New Hampshire
Massachusetts
New York
Connecticut R.I.
Newport
Eriesee
Pennsylvania
Trenton
Philadelphia N.J.
New York
Delaware
Baltimore
Elkton
Maryland
Richmond
Virginia
Petersburg
Yorktown
North Carolina
South Carolina
Wilmington
Georgia
Charleston
Savannah
Golf von Mexiko
ATLANTIK
Bahamas
Havanna
Mantanzas
Kuba
Karibik
Jamaika
N

Historische Kanonen bei Yorktown am Fluss York; der Sieg George Washingtons und seiner französischen Verbündeten über die Briten stellte einen entscheidenden Augenblick in Amerikas Kampf für die Unabhängigkeit dar. Am 17. Oktober 1781 kapitulierte General Cornwallis.

Daraufhin zog sich Cornwallis aus Carolina zurück und griff Virginia an, ohne Clinton darüber in Kenntnis zu setzen. Und statt Applaus für seine Kühnheit erntete Cornwallis den Befehl, mit seinen Truppen an die Küste von Virginia zu ziehen und sich für die Überfahrt zurück nach New York bereit zu machen. Folgsam zog Cornwallis nach Yorktown an der Chesapeake Bay. Mit dem Rücken zum Meer und schwindenden Vorräten bot seine Armee nun ein ausgezeichnetes Ziel.

Washington schlägt zu

Die Franzosen überredeten George Washington, den Oberbefehlshaber der Kontinentalarmee, schließlich, Cornwallis anzugreifen, anstatt den Versuch zu unternehmen, New York zurückzuerobern. Zunächst zögerte Washington, den Rat der Verbündeten anzunehmen; erst als Admiral de Grasse damit drohte, seine Flotte aus amerikanischen Gewässern zurückzuziehen, änderte er seine Meinung. Dann allerdings handelte er sehr schnell.

Die Hälfte der Kontinentalarmee ließ er zurück, um Clinton in Schach zu halten; mit der anderen Hälfte und mit dem Expeditionskorps unter de Rochambeau marschierte er nach Süden und griff Cornwallis an, der bald zum Land hin abgeschnitten war. Zudem zwang de Grasse Admiral Graves, mit der Verstärkung nach New York zurückzukehren.

Einen Vorteil hatte Cornwallis: Er konnte sich hinter starken Verteidigungsanlagen verschanzen. Washington versuchte, die Kanonen in Reichweite zu bringen und Yorktown mit Artilleriefeuer zu belegen. Am 6. Oktober hatten Washingtons Pioniere ihre ersten Laufgräben an die britische Verteidigungslinie herangebracht, drei Tage später eröffneten die Amerikaner das Feuer.

Der konstante Beschuss beschädigte die Verteidigungsanlagen schwer. Am 12. Oktober war die zweite Laufgrabenreihe bereit, doch stießen die Pioniere auf ein Hindernis. Die Gräben konnten im Osten nicht fertiggestellt werden, da sie dort von zwei britischen Schanzen aus beschossen wurden. Kurzerhand nahm Washington die Schanzen ein.

Um Cornwallis abzulenken, befahl Washington vor dem eigentlichen Angriff zwei kleinere Vorstöße. Im Schutz der Dunkelheit nahmen die Amerikaner die Schanze bei Bayonet Point ein, während die Franzosen die andere eroberten. So konnte Washington seine Kanonen noch näher an die gegnerischen Stellungen bringen.

»The World Turned Upside Down«

Cornwallis unternahm einen letzten Versuch, die Katastrophe abzuwenden. Er wollte mit seinen verbleibenden Truppen über den Fluss York setzen, doch ein plötzlicher Sturm zwang ihn zum Aufgeben. So entschloss er sich zur Kapitulation. Um 10 Uhr am 17. Oktober bat er um eine Feuerpause, um die Kapitulationsbedingungen aushandeln zu können. Nach zwei Tagen war die Kapitulation unterzeichnet.

Am selben Nachmittag legten Cornwallis' Truppen in funkelnagelneuen roten Uniformen die Waffen nieder, während eine britische Militärkapelle einen Marsch spielte. Er trug den passenden Titel »The World Turned Upside Down« – die Welt ist auf den Kopf gestellt. Die Belagerung war vorüber – ebenso der Krieg und die Vorherrschaft der Briten auf dem nordamerikanischen Kontinent. Das Machtgefüge hatte sich erheblich verschoben.

> *Um Cornwallis abzulenken, befahl Washington vor dem eigentlichen Angriff zwei kleinere Vorstöße. Im Schutz der Dunkelheit nahmen die Amerikaner die Schanze bei Bayonet Point ein.*

19. Jahrhundert

Im 19. Jahrhundert veränderte sich das Antlitz des Krieges, nicht zuletzt durch Napoleon, das Erstarken der Nationalstaaten und die Industrielle Revolution. Um die Wende zum 20. Jahrhundert war klar, dass zukünftige Kriege kostspieliger werden würden als vorangegangene.

Die Schlacht bei Marengo

Es grenzte schon an Zauberei, als Napoleon die drohende Niederlage bei Marengo im Jahr 1800 in einen Sieg verwandelte. Als die ersten Kämpfe vorüber waren, glaubten die Österreicher fest daran, die Schlacht bereits gewonnen zu haben.

Im Frühjahr 1800 befanden sich Frankreich und Österreich sowie die Verbündeten der Zweiten Koalition wieder einmal im Krieg. Napoleon, nun Erster Konsul, überquerte mit seiner Armee die Alpen und fiel in Italien ein. Sein primäres Ziel bestand darin, die österreichische Belagerung Genuas aufzuheben, doch fiel die Stadt, bevor Napoleon vor Ort auftauchte. Der allerdings suchte immer noch Streit. Durch kluges Manövrieren gelang es ihm, seine Armee so in Stellung zu bringen, dass sie die feindlichen Kommunikationswege bedrohte. Die Österreicher standen vor der Wahl, die Franzosen anzugreifen oder den Rückzug anzutreten.

Als der Angriff nicht erfolgte, war Napoleon davon überzeugt, General Michael von Melas, der 70-jährige Oberbefehlshaber der österreichischen Truppen, hätte sich für Letzteres entschieden. So ließ er seine Streitkräfte alle Fluchtwege zurück nach Genua abschneiden. Doch in Wirklichkeit bereitete sich Melas auf einen Angriff vor. Das ausgewählte Schlachtfeld lag bei Marengo, einem kleinen Ort in Norditalien, in der Nähe der Stadt Alessandria im Piemont.

Die Österreicher greifen an

Die Schlacht begann am Vormittag des 14. Juni 1800, als die österreichische Vorhut die Infanterie unter Generalleutnant Claude Victor-Perrin angriff, die sich mit Einheiten französischer schwerer Kavallerie zu ihrer Linken in einer Verteidigungslinie entlang dem Fluss Fontanone aufgestellt hatte. Als auch der Rest der Armee auf dem Schlachtfeld eintraf und die Angriffe immer heftiger wurden, wichen Victor und Marschall Lannes allmählich zurück, wenngleich sie dabei verbissen um jeden Zoll Boden kämpften.

Am Nachmittag bezogen die Franzosen neu Stellung, in den Weinbergen östlich von Marengo. Erst jetzt traf auch Napo-

Der Stich zeigt den Tod General Desaix' in der Schlacht bei Marengo. Der Freund Napoleons fiel im Augenblick des Siegs.

leon, der den Angriff der Österreicher als Finte zur Verschleierung des Rückzugs abgetan hatte, auf dem Schlachtfeld ein. Er rief die beiden Infanteriedivisionen zurück, die er von der Hauptarmee abgespalten hatte, doch war nur eine davon nahe genug, um rechtzeitig da zu sein, und selbst sie brauchte mehrere Stunden. Um Zeit für Victors und Lannes' erschöpfte Truppen zu gewinnen, warf Napoleon alle frischen Fußsoldaten, derer er habhaft werden konnte, in die sich in der französischen Schlachtreihe auftuenden Lücken. Dann ordnete er einen weiteren Rückzug an – dieses Mal auf eine Position knapp westlich von San Giuliano.

Schicksalhafte Verzögerung

Melas war sich sicher, die Franzosen geschlagen zu haben. Da er im Laufe der Kämpfe leicht verwundet worden war, übergab er das Kommando an Generalmajor Anton Zach, seinen Stabschef, und erteilte ihm Instruktionen, dem besiegten Gegner nachzusetzen. Zach jedoch zögerte und ließ seine Männer erst einmal nach Lebensmitteln suchen. Dieses Zögern gab Napoleon Gelegenheit – inzwischen war auch die Verstärkung eingetroffen –, seine Truppen neu zu organisieren.

Als Zach schließlich angriff, rückten er und seine Männer in einer Reihe vor, um frontal auf den Gegner zu stoßen. Damit wollte er die französischen Truppen zersprengen, bevor diese sich vollständig neu formieren konnten. Doch als Zachs Kolonne vorrückte, eröffneten die Franzosen mit aller verbleibender Artillerie das Feuer. Danach ging Napoleons frische Infanterie zum Gegenangriff über. Sie warf

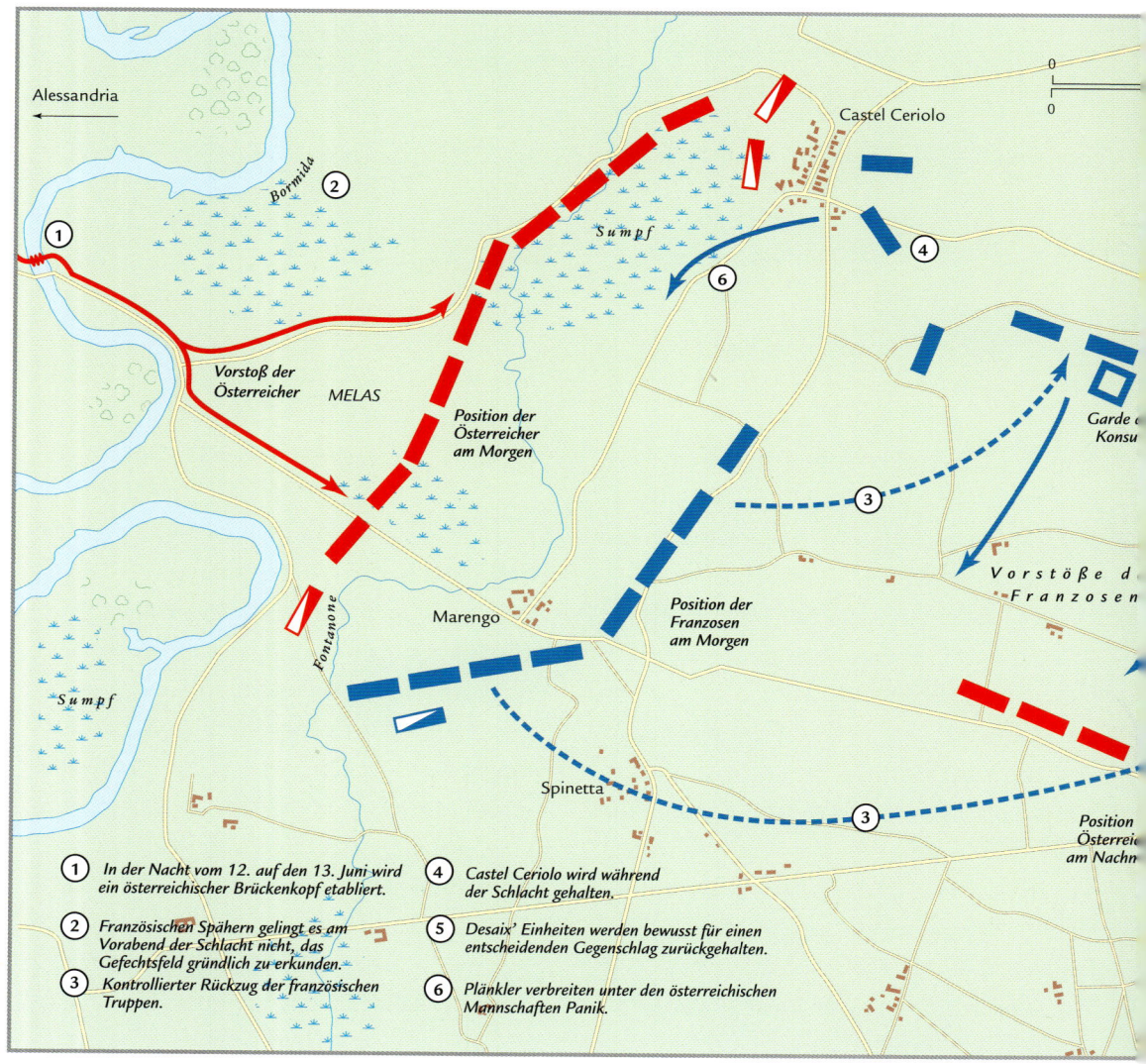

① In der Nacht vom 12. auf den 13. Juni wird ein österreichischer Brückenkopf etabliert.

② Französischen Spähern gelingt es am Vorabend der Schlacht nicht, das Gefechtsfeld gründlich zu erkunden.

③ Kontrollierter Rückzug der französischen Truppen.

④ Castel Ceriolo wird während der Schlacht gehalten.

⑤ Desaix' Einheiten werden bewusst für einen entscheidenden Gegenschlag zurückgehalten.

⑥ Plänkler verbreiten unter den österreichischen Mannschaften Panik.

sich auf die österreichische Kolonne und zerschmetterte die führende Brigade. Zach konterte, indem er den Grenadieren unter General Franz Lattermann befahl, vorzurücken und nun ebenfalls anzugreifen.

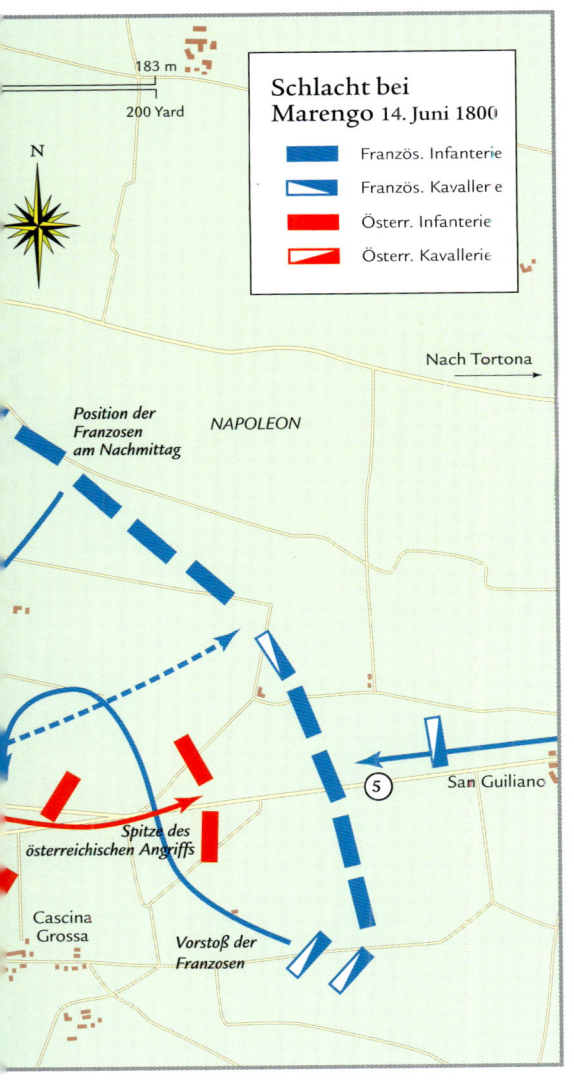

Schlacht bei Marengo 14. Juni 1800

- Franzüs. Infanterie
- Franzüs. Kavallerie
- Österr. Infanterie
- Österr. Kavallerie

183 m
200 Yard
N

Nach Tortona

Position der Franzosen am Nachmittag

NAPOLEON

San Guiliano

Spitze des österreichischen Angriffs

Cascina Grossa

Vorstoß der Franzosen

Dies war der Wendepunkt der Schlacht, den Napoleon meisterhaft für sich nutzte. Er ließ seine Infanterie erneut vorrücken und befahl der schweren Kavallerie unter General Kellermann, die Grenadiere in der linken Flanke anzugreifen. Fast augenblicklich legten die Österreicher an der Spitze der Kolonne ihre Waffen nieder und ergaben sich, Zach wurde gefangen genommen.

Als Kellermanns Kavallerie den Dragonern, die Lattermanns Brigade unterstützen sollten, weiter erbarmungslos zusetzte, brach in den österreichischen Reihen Panik aus. Die fliehenden Dragoner stießen mit der österreichischen Infanterie zusammen und zerstreuten diese in alle Winde. Dann stellte sich die österreichische Nachhut zu einem letzten verzweifelten Gefecht, wodurch sich der Rest der Armee in Alessandria in Sicherheit bringen konnte.

Am nächsten Tag handelte Melas die Bedingungen für einen Friedensvertrag aus. In der Konvention von Alessandria verpflichteten sich die Österreicher, den Nordwesten Italiens westlich des Flusses Ticino zu räumen und sich im Rest des Landes friedlich zu verhalten. Was zunächst nach einer Niederlage für die Franzosen ausgesehen hatte, verwandelte Napoleon in einen glorreichen Sieg.

Die Karte zeigt die Bewegungen der französischen und österreichischen Armeen in der Schlacht bei Marengo.

Die Seeschlacht von Trafalgar

Nelsons Sieg über die französische und spanische Flotte bei Trafalgar 1805 setzte Napoleons Hoffnungen, die britische Flotte schlagen zu können, ein Ende und besiegelte die Vormachtstellung der Briten auf See.

Obwohl die Seeschlacht von Trafalgar allgemein als Grund dafür angesehen wird, dass Napoleon seine Pläne, in England einzufallen, aufgab, hatte der französische Kaiser dies schon einen Monat vor der Schlacht nicht mehr vorgehabt. Ende Oktober 1805 befand sich Napoleon mit seiner Grande Armée auf einem Feldzug an der Donau, als Nelson und Admiral Pierre de Villeneuve in einer der wichtigsten Seeschlachten der Geschichte aufeinandertrafen.

Etwas früher im gleichen Jahr hatte de Villeneuve durchaus Vorbereitungen zu einer Invasion Englands getroffen. Er hatte die britische Seeblockade bei Toulon durchbrochen und seine Flotte mit der aus Cadiz kommenden spanischen Schwadron unter Admiral Federico Gravina vereinigt. Dann hatte die französisch-spanische Flotte Nelson über den Atlantik bis in die Karibik gelockt, kehrt gemacht und wieder europäische Gewässer angesteuert.

Napoleon erwartete, dass sich de Villeneuve in Brest mit den ebenfalls unter Seeblockade stehenden französischen Schwadronen vereinigte. Dann sollte die Flotte die französischen Invasionsschiffe aus Boulogne über den Ärmelkanal geleiten. Doch da ihm die Engländer wieder auf den Fersen waren, segelte de Villeneuve nach Spanien – zuerst nach Ferrol, dann weiter nach Cadiz. Unterwegs traf er am Kap Finisterre auf Admiral Robert Calder, kämpfte sich aber frei.

Bald darauf befahl Napoleon de Villeneuve, im Mittelmeer einen Angriff der Franzosen auf Neapel zu unterstützen, doch wieder einmal zögerte de Villeneuve,

> *Und so hisste de Villeneuve am 19. Oktober 1805 die Segel und steuerte die Straße von Gibraltar an, wo Lord Nelson ihn bereits erwartete.*

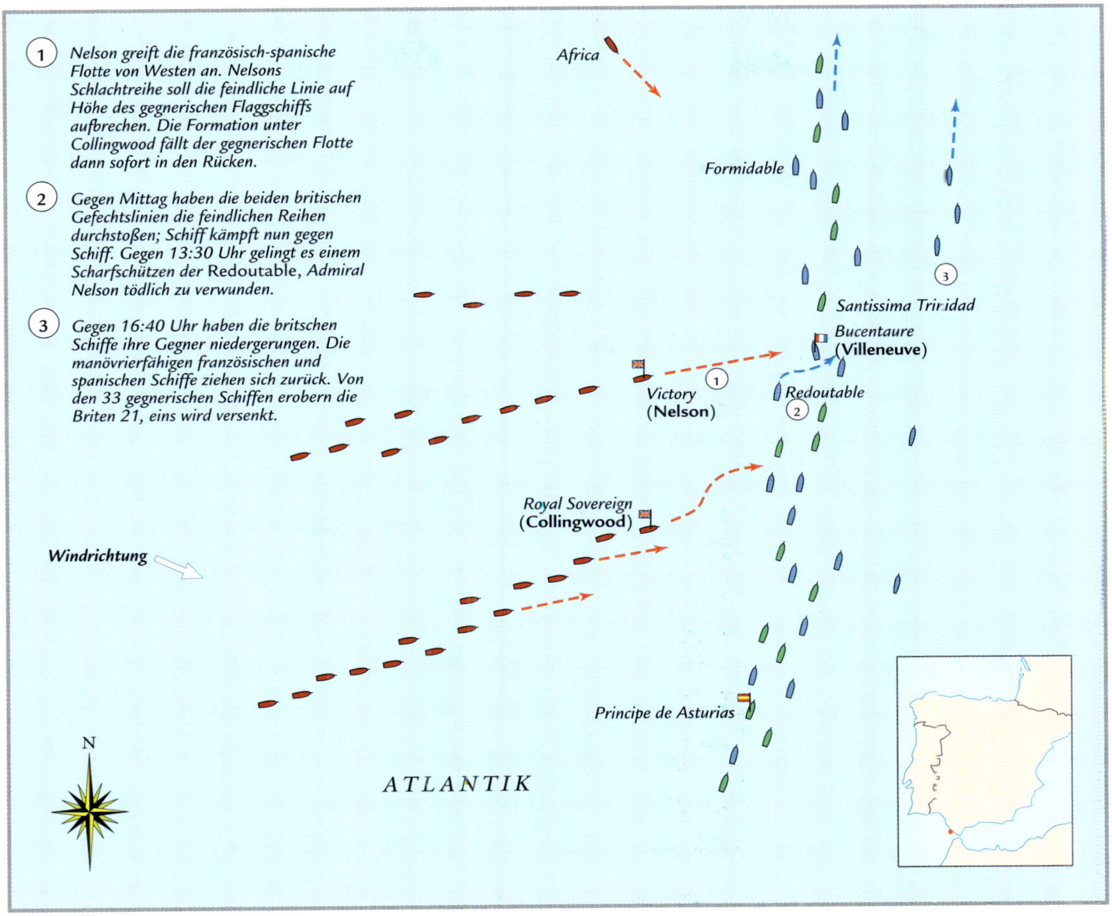

① Nelson greift die französisch-spanische Flotte von Westen an. Nelsons Schlachtreihe soll die feindliche Linie auf Höhe des gegnerischen Flaggschiffs aufbrechen. Die Formation unter Collingwood fällt der gegnerischen Flotte dann sofort in den Rücken.

② Gegen Mittag haben die beiden britischen Gefechtslinien die feindlichen Reihen durchstoßen; Schiff kämpft nun gegen Schiff. Gegen 13:30 Uhr gelingt es einem Scharfschützen der Redoutable, Admiral Nelson tödlich zu verwunden.

③ Gegen 16:40 Uhr haben die britischen Schiffe ihre Gegner niedergerungen. Die manövrierfähigen französischen und spanischen Schiffe ziehen sich zurück. Von den 33 gegnerischen Schiffen erobern die Briten 21, eins wird versenkt.

Africa

Formidable

Santissima Trinidad

Bucentaure
(Villeneuve)

Victory
(Nelson)

Redoutable

Royal Sovereign
(Collingwood)

Windrichtung

Principe de Asturias

ATLANTIK

N

den Befehl zu befolgen. Schließlich verlor der wütende Kaiser die Geduld und drohte dem ungehorsamen Admiral mit Entlassung, sollte er sich noch einmal widersetzen. Und so hisste de Villeneuve am 19. Oktober 1805 widerwillig die Segel und steuerte die Straße von Gibraltar an – nicht ahnend, dass Lord Nelson ihn dort mit seiner Flotte bereits erwartete.

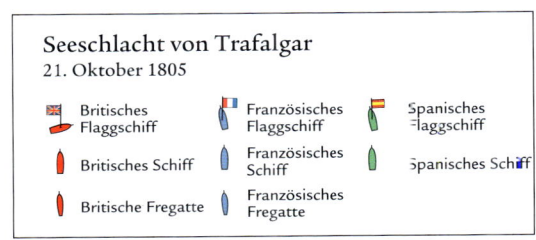

Seeschlacht von Trafalgar
21. Oktober 1805

Britisches Flaggschiff

Britisches Schiff

Britische Fregatte

Französisches Flaggschiff

Französisches Schiff

Französisches Fregatte

Spanisches Flaggschiff

Spanisches Schiff

Die Karte oben zeigt die Bewegungen der französischen, spanischen und britischen Flotten in der Schlacht von Trafalgar.

Die Flotten treffen aufeinander

Nelsons Schlachtplan war recht unorthodox: Seine Flotte sollte sich dem Feind in zwei Reihen nähern, wodurch er die französisch-spanische Schlachtreihe an zwei Stellen – im Zentrum und im Rücken – treffen und in einen Kampf Schiff gegen Schiff verwickeln wollte. Im Vertrauen auf das seemännische Können und die besseren Kanonen der Engländer verkündete er den versammelten Kapitänen, die gesamte französisch-spanische Flotte versenken zu wollen. Im Morgengrauen des 21. Oktobers kam es zur ersten Sichtung. Während sich

die luvseitigen englischen Schiffe um Nelsons Flaggschiff, die *Victory*, sammelten, formierten sich die leeseitigen hinter der *Royal Sovereign* unter Admiral Cuthbert Collingwood. Sofort ordnete de Villeneuve den Rückzug nach Cadiz an; damit befand er sich allerdings auf Kollisionskurs mit Nelsons Schiffen, die ihre letzten Vorbereitungen für die Schlacht trafen.

»England erwartet ...«

Die Schlacht begann kurz nach 12 Uhr mittags. Wie verabredet durchbrachen Collingwoods Schiffe die Reihe der französisch-spanischen Flotte im Rücken und verwickelten sie in Zweikämpfe. Nelsons Schiffe taten das Ihrige. Schon bald war Villeneuves Vorhut vom Rest der Flotte abgeschnitten, während die Schiffe im Zentrum und im Rücken eine Breitseite nach der anderen abbekamen.

Nelson stand kurz vor dem Sieg, erlebte seinen Triumph jedoch nicht mehr. Gegen 13:15 Uhr – die *Victory* kämpfte gerade erbittert gegen die *Redoubtable* – erspähte ein französischer Scharfschütze den Admiral in der Uniform seines Vizeadmirals, zielte und drückte ab. Die Kugel durchschlug Nelsons Schulter, einen Lungenflügel und die Wirbelsäule.

Schnell brachte man den tödlich verwundeten Nelson unter Deck zum Schiffsarzt. Er überlebte noch drei Stunden, während derer die Schlacht auf ihrem Höhepunkt tobte. Die *Redoubtable* wurde von beiden Seiten unter Beschuss genommen, als auch die *Temeraire* in die Schlacht eingriff. Schließlich ergab sich die erschöpfte Crew. Auch die *Santissima Trinidad*, das Flaggschiff des spanischen Konteradmirals Baltazar de Cisneros, war nicht mehr am Kampfgeschehen beteiligt. Als Nelson um 16:30 Uhr starb, hatten 18 französische und spanische Schiffe die Flagge gestrichen; 17 Schiffe waren in englischer Hand, eines stand in Flammen. De Villeneuve selbst kapitulierte mit der schwer beschädigten *Bucentaure* und ergab sich der *Conqueror*. Die Engländer hatten kein einziges Schiff verloren.

Collingwood übernahm das Kommando über die Flotte und die angeschlagene Beute – die er auf dem Rückweg nach Gibraltar bis auf vier Schiffe allerdings einem schweren Sturm überlassen musste. Nur elf französischen und spanischen Schiffen gelang die Flucht nach Cadiz. Die Engländer hatten gesiegt, aber mit Lord Nelson einen ihrer begnadetsten Admirale verloren. »England erwartet, dass jeder Mann seine Pflicht tun wird« – so hatte das Flaggensignal gelautet, das Nelson von der *Victory* ausgesandt hatte.

Die *HMS Victory*, Nelsons Flaggschiff in der Seeschlacht von Trafalgar, liegt heute als Museumsschiff in einem Trockendock bei Portsmouth.

Die Schlacht bei Austerlitz

Der Sieg Napoleons über die vereinten Armeen von Österreich und Russland gilt gemeinhin als das taktische Meisterstück des französischen Kaisers. So wird die Schlacht auch oft die »Schlacht der drei Kaiser« genannt.

D er Feldzug, der mit der Schlacht bei Austerlitz im Dezember 1805 seinen Höhepunkt erreichte, hatte bereits im Frühherbst begonnen. Als die österreichische Armee unter General Karl Mack in Bayern einmarschierte, gab Napoleon seine Pläne, in England einzufallen, auf und führte die Grande Armée stattdessen über den Rhein, den Österreichern entgegen. Napoleon wollte Mack und seine Streitkräfte ablenken, während der Großteil seiner Armee durch Franken und Nordbayern an die Donau marschierte, wo er Mack den Rückzug abschneiden und die österreichische Armee anschließend im Rücken angreifen konnte.

Das kühne Manöver entwickelte sich zum durchschlagenden Erfolg. Am 25. Oktober kapitulierte Mack bei Ulm. Umgehend rückte Napoleon auf Wien vor, das er im darauffolgenden Monat besetzte.

In dieser Position erschien Napoleon zunächst unangreifbar; doch schon bald drohte die nächste Gefahr, dieses Mal in Gestalt der russischen Armee. Durch seinerseits sehr geschicktes Manövrieren war General Michail Kutusow einer Falle südlich der Donau entgangen. Er rückte gen Norden in Richtung Olmütz vor, um sich dort mit dem Rest der österreichischen Armee und mit einer zweiten russischen Streitmacht unter General Buxhoeveden zu treffen. Nun war die vereinte russisch-österreichische Armee 85 000 Mann stark, während Napoleon gerade einmal 53 000 Mann befehligte, als er Ende November Brünn (Brno) erreichte.

Napoleon steckte in einem Dilemma. Sein gesunder Menschenverstand riet ihm angesichts der Überzahl des Gegners dazu,

Napoleon steckte in einem Dilemma. Sein gesunder Menschenverstand riet ihm angesichts der Überzahl des Gegners dazu, einer Schlacht auszuweichen.

Phase 1 und 2 der Schlacht bei Austerlitz; die Karte zeigt die Bewegungen Napoleons und Alexanders I.

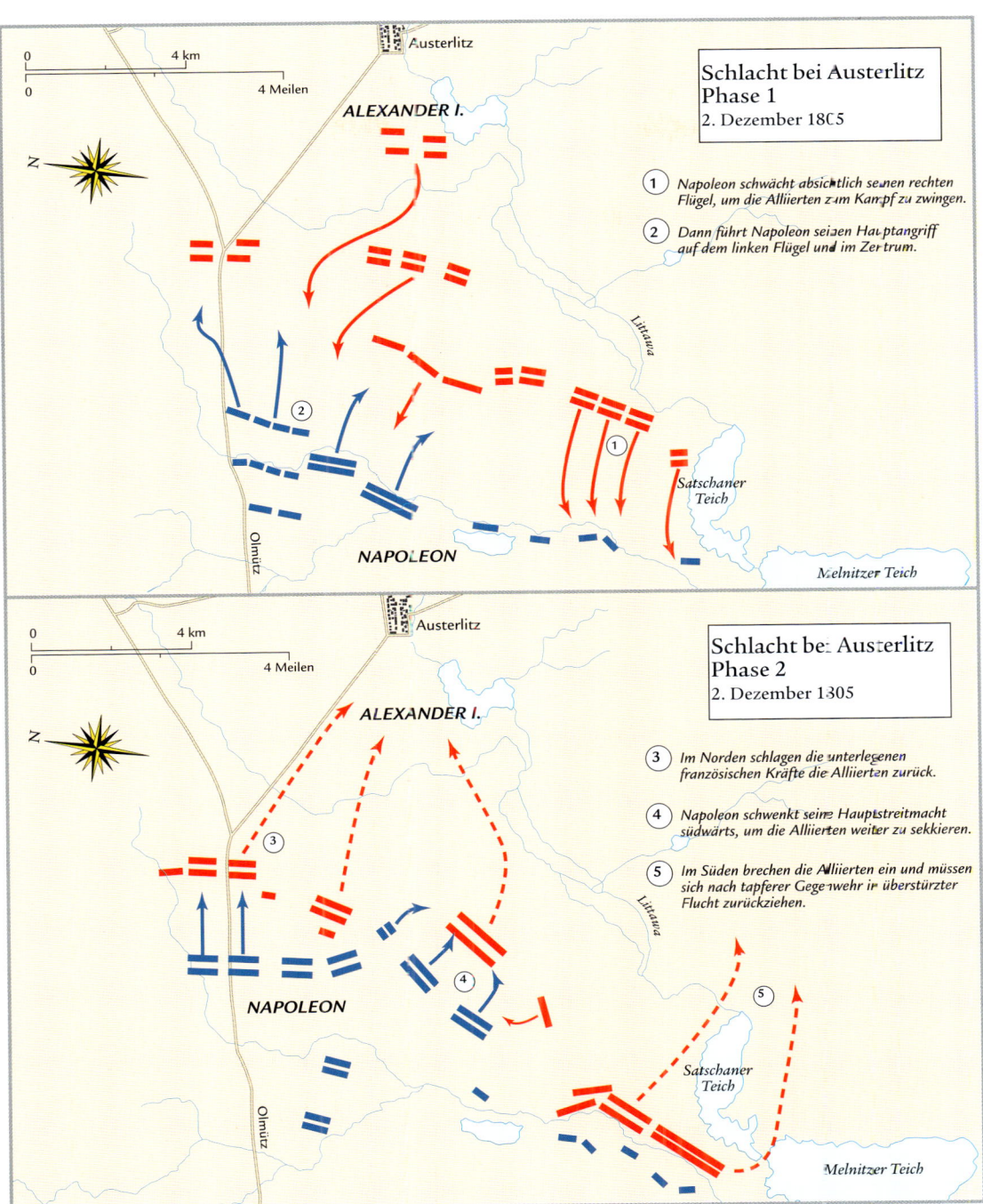

**Schlacht bei Austerlitz
Phase 1**
2. Dezember 1805

1. *Napoleon schwächt absichtlich seinen rechten Flügel, um die Alliierten zum Kampf zu zwingen.*

2. *Dann führt Napoleon seinen Hauptangriff auf dem linken Flügel und im Zentrum.*

**Schlacht bei Austerlitz
Phase 2**
2. Dezember 1805

3. *Im Norden schlagen die unterlegenen französischen Kräfte die Alliierten zurück.*

4. *Napoleon schwenkt seine Hauptstreitmacht südwärts, um die Alliierten weiter zu sekkieren.*

5. *Im Süden brechen die Alliierten ein und müssen sich nach tapferer Gegenwehr in überstürzter Flucht zurückziehen.*

einer Schlacht auszuweichen. Selbst ein kleiner Rückschlag könnte sich zu einer Katastrophe auswachsen, insbesondere da es so aussah, als ob auch Preußen ihm bald den Krieg erklären würde. Auf der anderen Seite konnte er einen Sieg sehr gut gebrauchen, sonst würde seine Position in Mähren bald unhaltbar sein. Also entschloss er sich zur Schlacht. Die Wahl des Schlachtfelds hatte er: Napoleon entschied sich für den Pratzeberg, eine Anhöhe im heutigen Tschechien, in der Nähe von Austerlitz.

Der Stich zeigt den französischen Kaiser Napoleon, der in der Schlacht bei Austerlitz einen brillanten Sieg errang.

Die Falle wird gestellt

Mehr als einmal gelang es Napoleon in Krisenzeiten, eine augenscheinliche Schwäche in einen Vorteil zu verwandeln. So bestand sein erster Schachzug darin, seine Gegner davon zu überzeugen, er wolle eine Schlacht vermeiden. In einem Gespräch mit Fürst Dolgoruki, dem Adjutanten des Zaren, deutete er an, er wolle lieber verhandeln als kämpfen. Dann täuschte er einen panischen Rückzug vom Pratzeberg vor, den die russisch-österreichische Armee am 1. Dezember widerstandslos besetzte.

Indes wartete Napoleon auf die angeforderte Verstärkung. Als Erstes erreichte das I. Korps Marschall Bernadottes das Schlachtfeld, gefolgt vom III. Korps Marschall Davouts, dessen Vorhut Tag und Nacht marschiert war, um die 96 Kilometer von Wien aus in weniger als 72 Stunden zurückzulegen. General Claude Legrand sollte den rechten Flügel halten, während Davouts III. Korps sich verdeckt näherte, um Napoleon von Süden aus zu unterstützen. Der Großteil der Armee konzentrierte sich auf dem linken Flügel, wo Lannes' V. Korps den Santon-Hügel besetzt hielt, hinter dem sich Bernadottes Korps verbarg. Das Zentrum bildeten Soults IV. Korps und Oudinots Grenadiere; Murats Kavallerie war auf den Zurlan-Höhen stationiert.

Napoleon hoffte, Kutusow und die anderen Kommandanten würden mit dem

Großteil ihrer Truppen seinen rechten Flügel angreifen – und das taten sie auch. Buxhoeveden griff mit 45 000 Mann an; weitere 13 000 Mann unter Fürst Bagration kümmerten sich um den Santon-Hügel. So tappte die russisch-österreichische Armee ahnungslos in die Falle, die Napoleon ihr gestellt hatte. Bald darauf wurde den Russen und Österreichern klar, dass der rechte Flügel der Franzosen stärker war, als sie geglaubt hatten; außerdem hatten sie ihre Truppen weitgehend aus der Mitte abgezogen, womit einem Angriff der Franzosen nichts mehr im Wege stand.

Eine Schlacht im Nebel

Am Morgen des 2. Dezember bedeckte dichter Nebel das Schlachtfeld. Um 4 Uhr marschierten die Russen in Position, zwei Stunden später griffen sie an. Buxhoeveden traf jedoch auf größeren Widerstand, als er erwartet hatte, und forderte Verstärkung an. Auch gegen Bagration behaupteten sich die Franzosen. Als die Sonne gegen 9 Uhr schließlich doch noch durch den Nebel brach, befahl Napoleon Soult den Pratzeberg einzunehmen.

Am Ende wurde Kutusow das Ausmaß der Täuschung bewusst. Verzweifelt versuchte er, Truppen vom linken Flügel zu sammeln, doch gegen Mittag hatten die Franzosen den Pratzeberg besetzt und jegliche Gegenangriffe abgewehrt. Die Alliierten zogen sich zurück. Am nächsten Tag marschierten die Russen nach Polen, und Franz I. von Österreich handelte mit Napoleon einen Friedensvertrag aus. Dieser hatte seinen größten Sieg errungen.

DATEN & FAKTEN

Schlacht bei Austerlitz

Wann? 2. Dezember 1805

Wo? Bei Austerlitz, Mähren (heute Tschechien)

Historischer Kontext: Dritter Koalitionskrieg (1803–1806)

Beteiligte Parteien: Frankreich, Russland, Österreich

Befehlshaber und Heerführer: Napoleon I., Soult (Frankreich); Franz I. (Österreich); Alexander I., Michail Kutusow, Fürst Bagration (Russland)

Ausgang: Deutlicher Sieg für die Franzosen

Folge: Der größte Sieg+ Napoleons; er bedeutete das Ende der Dritten Koalition.

Die Schlacht von Gettysburg

Die dreitägige Schlacht beendete den zweiten und letzten Versuch der Konföderierten, die Nordstaaten einzunehmen; mit der Niederlage General Lees bei Gettysburg wendete sich das Blatt im Sezessionskrieg zuungunsten des Südens.

Die Schlacht von Gettysburg wurde vom 1. bis zum 3. Juli 1863 ausgetragen und war eine der entscheidendsten Schlachten im Amerikanischen Bürgerkrieg. Dennoch waren beide Parteien mehr oder weniger zufällig hineingeraten – in erster Linie aufgrund von Fehlinformationen. Denn fast einen Monat nachdem General Robert E. Lee, der Oberbefehlshaber der North-Virginia-Armee, von Fredericksburg aus in Pennsylvania einmarschiert war und der Potomac-Armee unter General Joseph Hooker gegenüberstand, wussten weder die Konföderierten noch die Union genau, wo sich der Gegner befand.

Nachdem Präsident Abraham Lincoln Hookers Plan, auf Richmond, die Hauptstadt der Konföderierten, vorzurücken, abgelehnt hatte, beschloss Hooker, seine Streitkräfte zwischen Lees Konföderierten

Beide Parteien waren zufällig in die Schlacht hineingeraten – aufgrund von Fehlinformationen. Weder wussten die Konföderierten noch wusste die Union genau, wo sich der Gegner befand.

und Washington DC zu positionieren, um seinerseits ein Vorrücken auf die Hauptstadt der Union zu verhindern. In der Zwischenzeit marschierte Lee nordwärts durch das Shenandoah- und Cumberland-Tal. Am 28. Juni teilte man ihm mit, dass die Potomac-Armee keineswegs mehr in Virginia war, sondern nur etwa 40 Kilometer entfernt bei Frederick in Maryland. Zudem erfuhr er, dass Hooker durch den viel kompetenteren General George G. Meade ersetzt worden war.

Die ersten Gefechte

Als die Schlacht begann, war das Glück zunächst den Konföderierten hold. In erbitterten Gefechten, bei denen beide

Die Karte rechts zeigt die Positionen der Konföderierten und der Union mitsamt Artillerie in der Schlacht von Gettysburg.

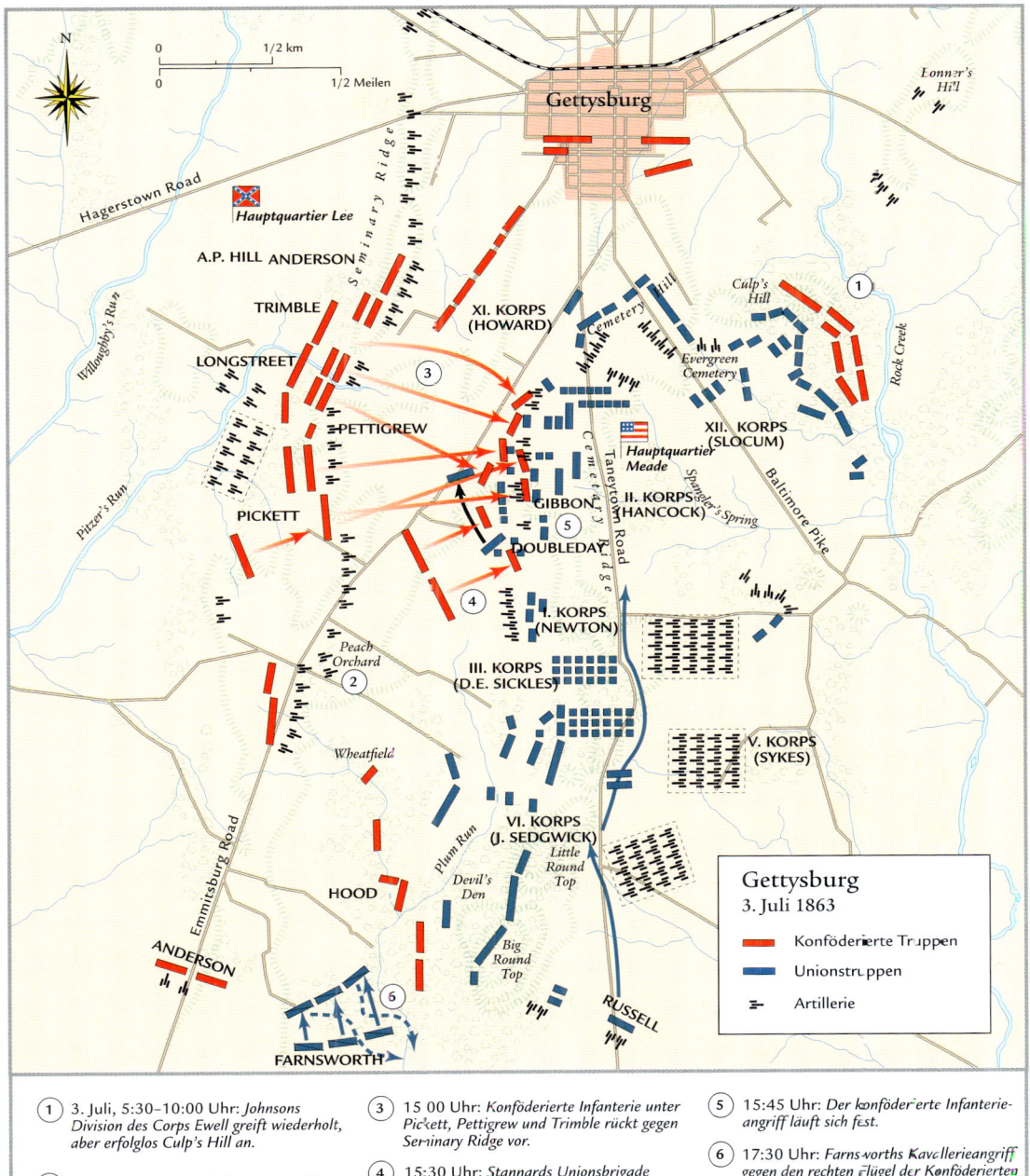

Gettysburg
3. Juli 1863

Konföderierte Truppen

Unionstruppen

Artillerie

1 3. Juli, 5:30–10:00 Uhr: *Johnsons Division des Corps Ewell greift wiederholt, aber erfolglos Culp's Hill an.*

2 13:00 Uhr: *Die Konföderierten eröffnen Artilleriefeuer aus 140 Kanonen, Unionstruppen erwidern mit 80 Geschützen.*

3 15 00 Uhr: *Konföderierte Infanterie unter Pickett, Pettigrew und Trimble rückt gegen Seminary Ridge vor.*

4 15:30 Uhr: *Stannards Unionsbrigade fällt Picketts Division in die Flanke.*

5 15:45 Uhr: *Der konföderierte Infanterieangriff läuft sich fest.*

6 17:30 Uhr: *Farnsworths Kavallerieangriff gegen den rechten Flügel der Konföderierten wird verlustreich zurückgeschlagen.*

Seiten schwere Verluste zu beklagen hatten, musste sich die Unionsarmee aus der Stadt zurückziehen. Sie formierte sich im Süden auf einem Hügel in der Nähe des Friedhofs neu. Lee befahl General Richard S. Ewell, dem Kommandanten des II. Korps, den Hügel einzunehmen – »falls möglich«. Der übervorsichtige Ewell beschränkte sich darauf, den Hügel auszuspähen.

Als Lee klar wurde, dass Ewell nicht angegriffen hatte, war die Gelegenheit vorüber. Die nun verstärkte Unionsarmee

> *Als Lee klar wurde, dass Ewell nicht angegriffen hatte, war die Gelegenheit vorüber. Die nun verstärkte Unionsarmee hatte Zeit gehabt, sich zu verschanzen.*

hatte Zeit gehabt, sich zu verschanzen. Sie befestigte ihre Stellung auf Cemetery Hill, Culp's Hill und am Cemetery Ridge und positionierte die linke Flanke sogar auf zwei weiteren Hügeln: Little Round Top und Big Round Top.

General James Longstreet, der Kommandant von Lees I. Korps, hielt die Stellungen für nahezu uneinnehmbar. Er riet Lee, nicht anzugreifen; stattdessen sollte die

Der Stich zeigt das Schlachtfeld von Gettysburg in Pennsylvania, einen der wichtigsten Schauplätze im Amerikanischen Bürgerkrieg.

Armee nach Osten ziehen, sich zwischen der Potomac-Armee und Washington aufstellen und selbst in die Defensive gehen. Lee folgte Longstreets Rat nicht.

Der Tag der Entscheidung

Am nächsten Morgen befahl Lee Longstreet, die linke Flanke der Unionsarmee anzugreifen, und Ewell, gegen Cemetery Hill und Culp's Hill vorzurücken. Longstreet gelang es zwar, die Union aus Peach Orchard, Wheatfield und Devil's Den zu vertreiben, ihre Hauptlinie konnte er jedoch nicht durchbrechen. Vielleicht zögerte er auch dieses Mal zu lange.

Vor dem Angriff hatte General Daniel Sickles, der Kommandant des III. Korps, im Alleingang entschieden, seine Truppen von Little Round Top abzuziehen. Eroberten die Konföderierten den Hügel, könnten sie die gesamte Unionsarmee von der Flanke unter Feuer nehmen. Zum Glück für die Unionsarmee erkannte Generalmajor Gouverneur Kemble Warren die Gefahr und brachte eiligst frische Infanterie sowie Artillerie auf den Hügel. Sie trafen gerade noch rechtzeitig ein, um die Konföderierten zurückzuschlagen.

Auch Ewells Angriff war nicht von Erfolg gekrönt. Er konnte keine der Stellungen, die er angegriffen hatte, einnehmen; dennoch gelang es ihm, etwas an Boden gutzumachen.

Pickett greift an

Lee glaubte, die Unionsarmee sei fast geschlagen – ein letzter Angriff, und das Werk wäre vollendet. Am nächsten Tag befahl er General George Pickett und den 15 000 Mann unter seinem Kommando, die Unionsarmee im Zentrum anzugreifen, während Ewell seinen Sturm auf Culp's Hill fortsetzen sollte. Doch verliefen die Dinge nicht, wie geplant. Ein Gegenangriff der Unionsarmee trieb Ewells Truppen zurück. Nun kam alles auf Pickett an.

Nachdem die Artillerie das Feuer eröffnet und den Gegner fortgesetzt bombardiert hatte, ließ Picket die Elite der Konföderierten vorrücken. Zwischen ihr und den feindlichen Stellungen lagen 1,5 Kilometer offenes Gelände. Sofort begann die Unionsartillerie mit dem Beschuss. Als sich die Konföderierten dem Hügel näherten, griff auch die Unionsinfanterie ins Kampfgeschehen ein. Nur etwa 150 konföderierten Soldaten gelang es, durch das Kanonen- und Musketenfeuer zum Feind vorzudringen. Diese Handvoll Männer hatte gegen die gegnerische Überzahl keine Chance.

Lee höchstpersönlich ritt den sich zurückziehenden Soldaten entgegen. »Daran bin ich schuld«, sagte er ihnen. Am nächsten Abend trat die North-Virginia-Armee den Rückzug an. Das Schicksal der Konföderation war besiegelt.

Die Schlacht um Vicksburg

General Ulysses S. Grants erfolgreiche Belagerung von Vicksburg 1863 stellte einen entscheidenden Wendepunkt im Amerikanischen Bürgerkrieg dar. Der Verlust des Stützpunkts am Mississippi teilte die Konföderation in zwei Hälften.

Grants Feldzug zur Eroberung Vicksburgs, mit dem er der Unionsarmee den Zugang zum Mississippi sichern wollte, begann im Winter 1862; am Anfang musste Grant jedoch herbe Verluste einstecken. Das »Gibraltar des Westens« erwies sich als schwer zu knackende Nuss.

Im Sommer 1862 war Vicksburg das erste Mal angegriffen worden: Admiral David G. Farragut war mit der Unionsflotte von New Orleans den Mississippi hinaufgekommen und hatte die Stadt schwer bombardiert. Jefferson Davis, der Präsident der Konföderierten, reagierte schnell: Er befahl Generalleutnant John C. Pemberton, die Stadt um jeden Preis zu halten. Auch Lincoln erkannte die strategische Bedeutung Vicksburgs rasch: »Vicksburg ist der Schlüssel, und der Krieg ist erst dann vorüber, wenn wir den Schlüssel in unseren Händen halten.« Und der Mann, der ihm den Schlüssel aushändigen konnte, so entschied Lincoln, war der schweigsame, Whisky trinkende Grant.

Grant zieht nach Süden

Grants Feldzug begann im Dezember wenig vielversprechend. Zunächst teilte er seine Armee: Ein Teil marschierte unter seinem persönlichen Kommando von Grand Junction, Tennessee, über Land ins nördliche Mississippi; der andere Teil bewegte sich unter dem Kommando von William T. Sherman den Fluss hinab. Er wollte den Angriff auf die Stadt in zwei Wellen durchführen.

Grant zog an der Eisenbahnlinie entlang nach Süden, musste jedoch nach Memphis umkehren, als eine Reihe von konföderierten Kavallerieangriffen darin gipfelte, dass Holly Springs, sein Haupt-

> *Viele Politiker in Washington forderten Grants Kopf. Doch Lincoln vertraute ihm immer noch: »Ich kann auf diesen Mann nicht verzichten. Er kämpft. Ich werde es weiter mit ihm versuchen.«*

versorgungslager, eingenommen wurde. Sherman hatte auch nicht mehr Glück. Die Konföderierten schlugen ihn zurück, als er einen Angriff nordöstlich von Vicksburg am Ufer des Chickasaw Bayou startete. Er berichtete Grant: »Ich erreichte Vicksburg zum verabredeten Zeitpunkt, griff an und scheiterte.«

Weitere Versuche, Vicksburgs Verteidigungsanlagen zu umgehen und die Stadt im Rücken anzugreifen, blieben ebenfalls erfolglos. Im März 1863 forderten die Zeitungen im Norden und viele einflussreiche Politiker in Washington Grants Kopf. Doch Lincoln vertraute ihm immer noch: »Ich kann auf diesen Mann nicht verzichten. Er kämpft. Ich werde es weiter mit ihm versuchen.«

Ein neuer Angriffsplan

In der Zwischenzeit hatte Grant beschlossen, zum Westufer des Mississippi vorzurücken, einen geeigneten Übergang zu suchen und Vicksburg anschließend vom Süden und Osten aus anzugreifen. Der Erfolg des Unternehmens hing allerdings davon ab, ob es der Unionsflotte unter Konteradmiral David Dixon Porter gelingen würde, dem massiven Beschuss durch Vicksburgs Artillerie zu entkommen. Porter wartete auf eine Neumondnacht und rückte am 16. April mit seiner Flotte vor. Er verlor nur ein einziges Transportschiff.

Bei Bruinsberg traf er sich mit Grant und brachte anschließend dessen Truppen über den Fluss.

Auf der anderen Seite angekommen, ließ Grant seine Armee rasch landeinwärts marschieren. Sie schlugen die Konföderierten bei Fort Gibson, wandten sich nach Nordosten und blockierten die lebenswichtige Eisenbahnverbindung zwischen Jackson und Vicksburg. Die Konföderierten widersetzten sich tapfer bei Raymond, Jackson, Champion's Hill und am Big Black River, mussten sich aufgrund der Überzahl des Gegners jedoch immer weiter zurückziehen.

Zur Kapitulation ausgehungert

Am 17. Mai strömte der Rest von Pembertons Armee in die Stadt, am nächsten Tag trafen Grant und seine Männer bei Vicksburg ein. Er wollte einen raschen Sieg und befahl den sofortigen Angriff. Am Morgen des 19. Mai rückte er nach massivem Artilleriebeschuss vor. Pemberton wehrte den Angriff ab, und der ganze Prozess begann von Neuem. So blieb Grant nur noch die Belagerung.

Im Verlauf der nächsten Wochen dehnte die Unionsarmee ihre Reihen nach rechts und links aus, bis sie die gesamte Stadt umschlossen hatte. Auf Verstärkung oder Nachschub konnte Pemberton nun nicht mehr hoffen, und so begannen er und die

Einwohner von Vicksburg zu hungern. Am Ende des Monats aßen sie sogar Katzen, Hunde und Ratten. Unterdessen pirschten sich Grants Männer immer näher an die Verteidigungslinie der Konföderierten heran, bis sie unter den beiden Schlüsselfestungen zwei riesige Minen deponieren konnten.

Die erste Mine detonierte am 25. Juni, der Infanterieangriff danach scheiterte jedoch. Die zweite Mine folgte am 2. Juli. Mittlerweile wollte Pemberton den Gefechten und der Belagerung ein Ende setzen und so erbat er sich am folgenden Tag eine Unterredung, in der er mit dem Oberbefehlshaber der Unionsarmee über die Kapitulationsbedingungen verhandelte. Am 4. Juli wurden über den Befestigungen der Stadt weiße Flaggen gehisst, und die Konföderierten legten ihre Waffen nieder. Nach 47 Tagen Belagerung war Vicksburg fest in den Händen der Union.

Die Karte rechts zeigt die Bewegungen der Konföderierten und der Unionsarmee in der Schlacht um Vicksburg.

DATEN & FAKTEN

Schlacht um Vicksburg

Wann? 1862/63

Wo? Vicksburg, Mississippi

Historischer Kontext: Amerikanischer Bürgerkrieg (1861–1865)

Beteiligte Parteien: Union, Konföderation

Befehlshaber und Heerführer: General Ulysses S. Grant, Generalmajor William T. Sherman (Union); Generalleutnant John C. Pemberton (Konföderation)

Ausgang: Deutlicher Sieg für die Union

Folge: Die Niederlage teilte das Territorium der Konföderation in zwei Hälften.

1	Herbst/Winter 1862/1863: *Konföderierte errichten 14 km lange Erdwälle zum Schutz Vicksburgs auf der Landseite.*
2	17. Mai 1863: *Pemberton zieht sich mit zwei Konföderiertendivisionen nach Vicksburg zurück.*
3	17.–19. Mai: *Grants Armee nähert sich Vicksburg, Sherman über die Benton und Graveyard Road, McPherson über die Jackson Road und McClernand über die Baldwin's Ferry Road.*
4	18. Mai: *Die Konföderierten bauen Vicksburg zur Festung aus.*
5	19. Mai: *Grant greift an, wird aber zurückgeschlagen.*
6	20.–22. Mai, Morgengrauen: *Grant bringt Artillerie in Stellung und rückt näher an die Konföderierten heran.*
7	22. May, 6:10 Uhr: *Unionsartillerie und Porters Panzerschiffe bewegen sich flussaufwärts und beschießen Vicksburg.*
8	22. Mai: *Grant greift die Konföderierten von der Schanze des 26. Louisiana-Regiments bis zum Square Fort an. Porter greift das South Fort an. Schwere Verluste für die Unionstruppen.*
9	25. Mai: *Da sich die Verteidigungsanlagen als uneinnehmbar erweisen, ordnet Grant die Belagerung an.*
10	27. Mai: *Die USS Cincinnati wird beim Ausspähen des oberen Wasserspeichers versenkt.*
11	25. Mai–3. Juli: *Die Unionsarmee schließt Vicksburg ein.*

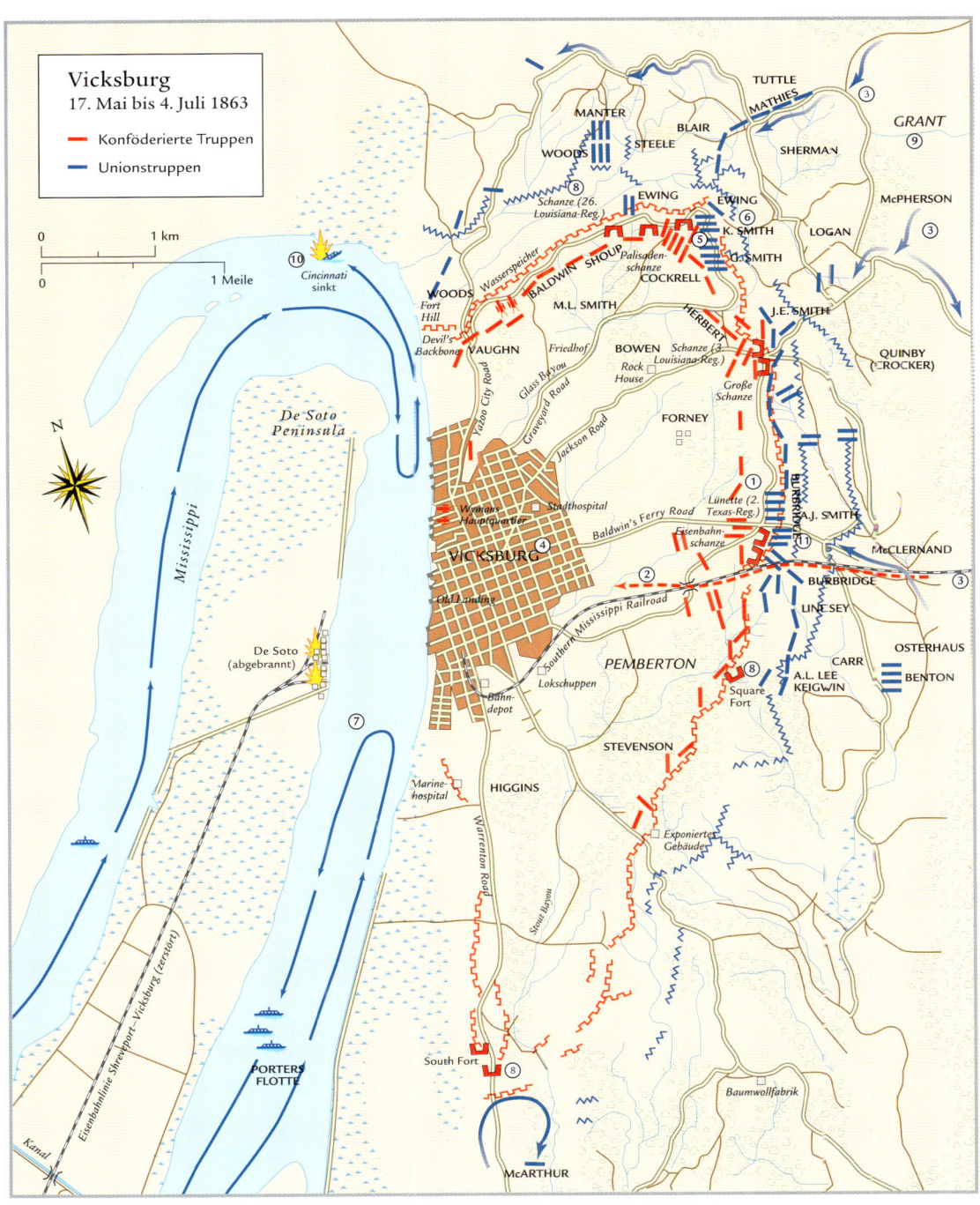

Vicksburg
17. Mai bis 4. Juli 1863

- Konföderierte Truppen
- Unionstruppen

0 — 1 km
0 — 1 Meile

N

MANTER
WOODS
STEELE
BLAIR
TUTTLE
MATHIES
SHERMAN
GRANT ⑨
③

Schanze (26. Louisiana-Reg.) ⑧
EWING
EWING ⑥
K. SMITH
O. SMITH ⑤
LOGAN
McPHERSON
③

Wasserspeicher
BALDWIN SHOUP
Palisaden-schanze
COCKRELL
HERBERT
J.E. SMITH

WOODS
Fort Hill
Devil's Backbone
VAUGHN
M.L. SMITH
Friedhof
Rock House
BOWEN
Schanze (3. Louisiana-Reg.)
Große Schanze
QUINBY (CROCKER)

Yazoo City Road
Class Bayou
Graveyard Road
Jackson Road
FORNEY
① Lünette (2. Texas-Reg.)
BURBRIDGE
A.J. SMITH ⑪

De Soto Peninsula

Stadthospital
④
Wymans Hauptquartier
Baldwin's Ferry Road
Eisenbahn-schanze
② McCLERNAND
③

Mississippi

VICKSBURG
Old Landing
Southern Mississippi Railroad
PEMBERTON
⑧ Square Fort
A.L. LEE KEIGWIN
LINDSEY
CARR
OSTERHAUS
BENTON

Cincinnati sinkt ⑩

De Soto (abgebrannt)

⑦

Bahndepot
Lokschuppen
STEVENSON
HIGGINS

Eisenbahnlinie Shreveport–Vicksburg (zerstört)

Marine-hospital
Stout Bayou
Warrenton Road
Exponiertes Gebäude

PORTERS FLOTTE

South Fort ⑧
Baumwollfabrik

Kanal

McARTHUR

Die Schlacht bei Königgrätz

Als die Österreicher und Preußen im Juni 1866 in Böhmen aufeinandertrafen, verlagerten sich durch den Sieg der Preußen die Machtverhältnisse in Europa erheblich. Die Schlacht ebnete den Weg für die Deutsche Reichsgründung 1871.

Die Schlacht bei Königgrätz – manchmal auch als Schlacht bei Sadowa bezeichnet – markierte den Wendepunkt im Deutschen Krieg zwischen Österreich und Preußen. Hinsichtlich der Truppenstärke war sie die bei Weitem größte Schlacht in Europa im 19. Jahrhundert; gemeinsam brachten die beiden Parteien mehr als 450 000 Mann auf das Schlachtfeld.

Der Konflikt war im Großen und Ganzen das Ergebnis der skrupellosen Ränkespiele Otto von Bismarcks. Als er 1862 Ministerpräsident von Preußen wurde, beschloss er, den österreichischen Einfluss in Deutschland zu beenden. Der Streit über die Herzogtümer Schleswig und Holstein lieferte ihm den Vorwand, den er brauchte, um Österreich zur Kriegserklärung zu provozieren. Die Österreicher konnten auf Unterstützung vom Deutschen Bund zählen, während Bismarck das gerade geeinte Italien als Verbündeten im Auge hatte.

Im Vorfeld der Schlacht

Graf Helmuth von Moltke der Ältere, Chef des preußischen Generalstabs, übernahm am 2. Juni 1866 das Kommando über die preußische Armee. Sein Gegenspieler war Feldmarschall Ludwig August von Benedek, den der österreichische Kaiser Franz Josef I. selbst ausgewählt hatte. Angesichts Benedeks vorheriger militärischer Erfolge sahen viele, darunter auch der Kaiser, in ihm den besten General Österreichs. Der Einzige, der diese Sicht der Dinge nicht teilte, war Benedek selbst. Er wollte ablehnen, doch Franz Josef bestand auf seiner Ernennung.

Zunächst positionierte Moltke seine drei Armeen in einem Bogen von Schlesien bis Sachsen: die Elbarmee um Halle und Zeitz an der sächsischen Grenze, die 1. Armee bei Torgau und Cottbus und die 2. bei Landshut und Reichenbach. Benedeks Truppen bezogen Stellung um die befestigte Stadt Olmütz in Mähren. Er wollte Wien vor einem Angriff der Preußen schützen, verspielte die strategische Initiative jedoch, indem er sich von Anfang an in die Defensive begab.

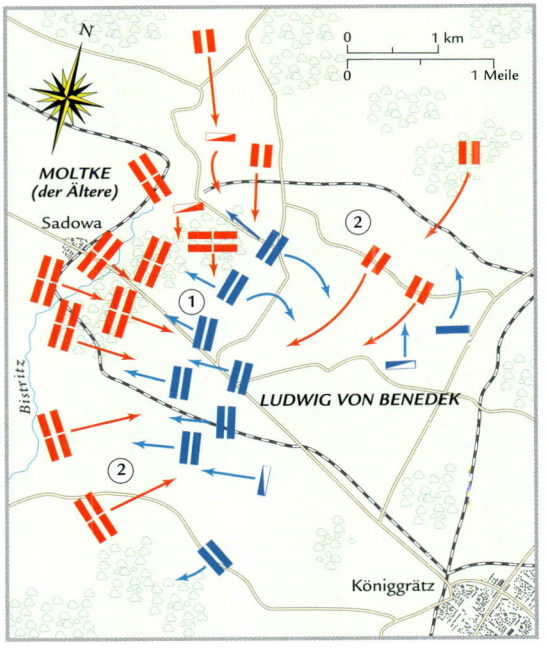

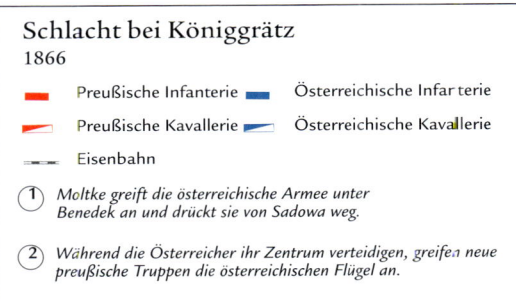

Schlacht bei Königgrätz
1866

▬ Preußische Infanterie **▬** Österreichische Infanterie

▬ Preußische Kavallerie **▬** Österreichische Kavallerie

┅┅ Eisenbahn

① Moltke greift die österreichische Armee unter Benedek an und drückt sie von Sadowa weg.

② Während die Österreicher ihr Zentrum verteidigen, greifen neue preußische Truppen die österreichischen Flügel an.

Moltke kümmerte sich zuerst um die deutschen Gegner. Am 15. Juni zwang General Vogel von Falkenstein den Kurfürsten von Hannover zur Kapitulation und isolierte Bayern, womit zwei wichtige Verbündete Österreichs aus dem Rennen waren. Am nächsten Tag marschierte die Elbarmee in Sachsen ein. Die Sachsen zogen sich über die Iser zurück, um sich mit dem österreichischen I. Korps zu treffen, konnten jedoch entgegen Benedeks Beteuerungen auf keine weitere Hilfe hoffen. Der preußische Vormarsch war nicht aufzuhalten.

Erst am 30. Juni erkannte Benedek, dass seine Schachzüge falsch gewesen waren. Per Telegramm drängte er Franz Josef zum Friedensschluss. Der österreichische Kaiser tat jedoch nichts dergleichen und befahl Benedek weiterzukämpfen. Widerstrebend gehorchte der General.

Der entscheidende Zusammenstoß
Benedek positionierte seine Armee im Halbkreis auf einem Hügel östlich des Flusses Bistritz, die Flanken ruhten an der

Die Karte zeigt die Bewegungen der preußischen und österreichischen Armeen in der Schlacht bei Königgrätz.

Elbe. Darauf reagierte Moltke mit einem ehrgeizigen Angriffsplan. Während die preußische 1. Armee auf die österreichische Mitte vorrücken und damit den Anschein eines Massenangriffs erwecken sollte, würde die 2. Armee die österreichische rechte Flanke von Norden aus angreifen. Die Elbarmee sollte sich die linke Flanke vornehmen.

Die Schlacht begann im Morgengrauen des 3. Juli, als die 1. Armee in dichtem Nebel vorrückte. Eine ihrer Divisionen griff den österreichischen Vorposten bei Sadowa an, eine weitere überquerte die Bistritz und marschierte nach Süden, um Benatek einzunehmen. Die Elbarmee war etwas langsamer, doch gegen 8 Uhr hatte ihre Vorhut den Fluss überquert und Neckanitz eingenommen. Die 2. Armee allerdings wurde aufgehalten.

Die nächste Gefechtsphase begann gegen 8.30 Uhr, als Generalleutnant Franseckys 7. Division gegen das österreichische II. und IV. Korps kämpfte, die sich dem Gegner ohne Befehl entgegengestellt hatten.

Um Mittag befahl Benedek seinen Männern, auf ihre ursprünglichen Posten zurückzukehren. Warum, ist bis heute unklar, jedenfalls war es die falsche Entscheidung. Als sich die Österreicher widerstrebend zurückzogen, traf die preußische 2. Armee ein und stieß auf eine unge-

schützte österreichische Flanke. Die Preußen zögerten nicht lange und nahmen die unerwartete Gelegenheit wahr. Gegen 16.30 Uhr war die rechte Flanke weitgehend durchbrochen, die linke wurde von der Elbarmee angegriffen. Benedek hatte genug und ordnete den allgemeinen Rückzug an. Die Schlacht war vorüber, und auch der Krieg näherte sich seinem Ende. Wenige Tage später wurde in Prag ein Friedensvertrag unterzeichnet.

DATEN & FAKTEN

Schlacht bei Königgrätz

Wann? 3. Juli 1866

Wo? Sadowa, Königgrätz (Böhmen)

Historischer Kontext: Deutscher Krieg (1866)

Beteiligte Parteien: Österreich, Sachsen; Preußen

Befehlshaber und Heerführer: Graf Helmuth von Moltke der Ältere, Friedrich Karl von Preußen, General Herwarth von Bittenfeld, Kronprinz Friedrich Wilhelm (Preußen); Feldmarschall Ludwig August von Benedek (Österreich)

Ausgang: Deutlicher Sieg für die Preußen

Folgen: Die Schlacht veränderte die Machtverhältnisse in Europa und ebnete den Weg für die Deutsche Reichsgründung 1871.

Der preußische Ministerpräsident Otto von Bismarck wollte dem österreichischen Einfluss auf Deutschland ein Ende setzen.

Die Schlacht von Sedan

Als Bismarck Napoleon III. im Juli 1870 dazu provozierte, Preußen den Krieg zu erklären, erwarteten Napoleon und seine Landsleute einen raschen Sieg. Stattdessen mussten sie eine verheerende Niederlage einstecken.

D ie Franzosen vertrauten so sehr auf einen Sieg Napoleons III. – Neffe und Erbe Napoleons I. –, als dieser Preußen im Juli 1870 den Krieg erklärte, dass alle damit rechneten, den Konflikt in wenigen Wochen beenden zu können. Nur wenige hielten es für möglich, dass die französische Rheinarmee, angeführt vom Kaiser selbst, auf dem Schlachtfeld geschlagen werden könne. Marschall Edmond Le Bœuf brüstete sich: »Der Krieg mit Preußen wird ein Spaziergang, mit dem Spazierstock in der Hand.« Diese Prophezeiung sollte sich nicht erfüllen. Eine Reihe von Niederlagen bei Wissembourg, Spicheren und Rezonville zwang Marschall Achille Bazaine, der von Napoleon das Oberkommando über die Rheinarmee übernommen hatte, sich nach Metz zurückzuziehen. Am 18. August wurde er in der Schlacht bei Gravelotte erneut geschlagen; nun wurde das

Preußische Soldaten inspizieren die erste erbeutete Mitrailleuse im Deutsch-Französischen Krieg.

schwer befestigte Metz von Teilen der preußischen 1. und 2. Armee belagert.

Marschall Marie de MacMahon, Bazaines Kokommandant, erging es nicht besser. Er wurde am 6. August bei Wörth geschlagen und musste sich ebenfalls zurückziehen. Er kam bis Châlons-sur-Marne, wo Verstärkung eintraf und hastig die Châlons-Armee zusammengestellt wurde. Auch Napoleon III. fand sich bei MacMahon ein, überließ ihm aber weiterhin das Kommando.

Mit dem Befehl, zu Bazaine durchzubrechen, marschierte MacMahons Armee am 21. August nach Nordosten in Richtung belgische Grenze. Dann sollte sie sich nach Süden in Richtung Metz wenden und

Die Karte zeigt die Angriffsrouten der Preußen und Franzosen im Deutsch-Französischen Krieg.

Schlacht von Sedan
1. September 1870

Deutscher Angriff

Kaiserlich-franzÖs. Angriff (vor Sedan)

Republik.-franzÖs. Angriff (nach Sedan)

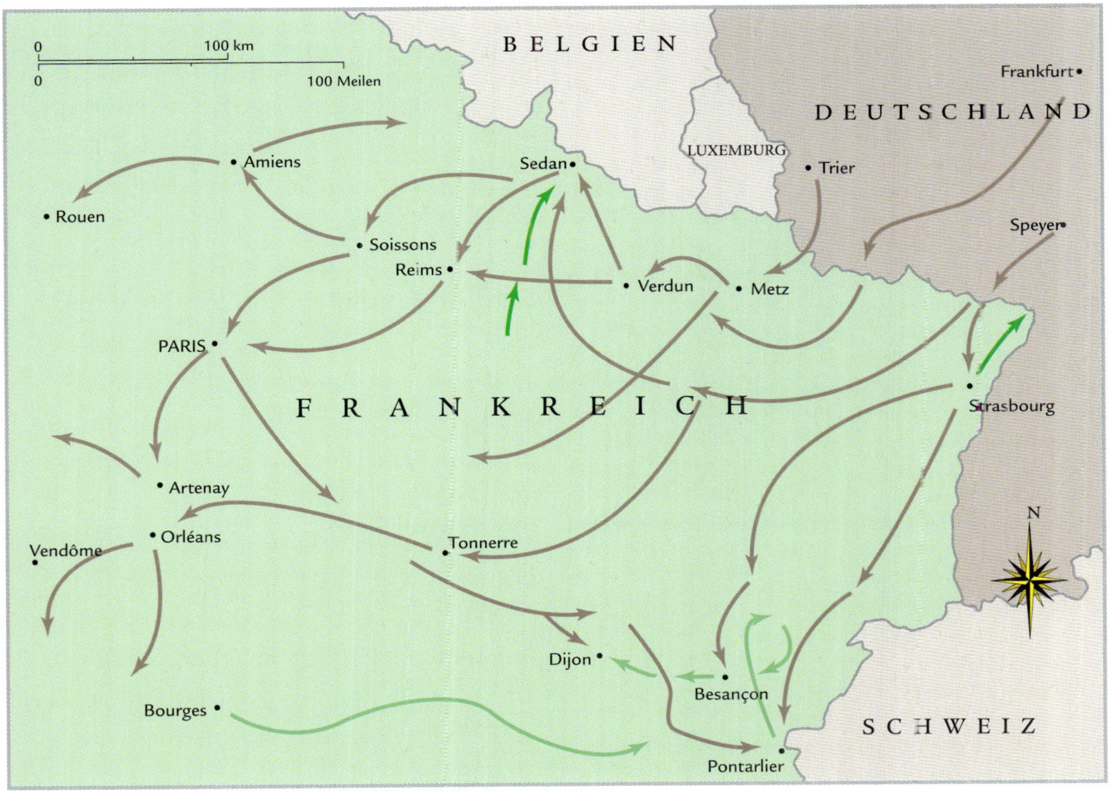

die Preußen in der Flanke angreifen.
Darauf reagierte Feldmarschall Helmuth
von Moltke, der preußische Oberbefehlshaber, allerdings sehr rasch: Er befahl der
Meuse-Armee und seiner 3. Armee, sich
der französischen Vorhut in den Weg zu
stellen. Nach mehreren heftigen Plänkeleien beschloss MacMahon, seine Truppen
um die Festung von Sedan herum
zusammenzuziehen.

Napoleon III. war der Neffe und Erbe Napoleons I. und wurde dazu
provoziert, Preußen 1870 den Krieg zu erklären.

Da Sedan inmitten von Hügeln und
von der Meuse und ihren Zuflüssen umgeben liegt, eignet sich der Ort nicht gerade
für eine Schlacht. Auch der Nachschub war
keineswegs gesichert, als sich MacMahons
Armee am 30. August zwischen der Meuse
und zwei weiteren Flüssen niederließ – in
der Stadt gab es gerade noch Lebensmittel
für zwei Tage.

Das war die Gelegenheit für Moltke,
den ohnehin angeschlagenen Franzosen
gewissermaßen den Rest zu geben. Die
Meuse-Armee sollte den Franzosen im
Osten den Fluchtweg abschneiden, während die 3. Armee das Zentrum und die
rechte Flanke von MacMahons Truppen
angriff. Durch seinen Rückzug nach Sedan
hatte es der französische Oberbefehlshaber
Moltke sogar noch leichter gemacht.

Drei Kommandeure in zwei Stunden

Die Schlacht begann am Morgen des
1. September, als eine Abteilung des
I. Bayerischen Armee-Korps die Eisenbahn-
brücke südlich von Bazeilles intakt vorfand. Sie überquerte sie, stieß dann jedoch
auf einen französischen Gegenangriff.
Bevor die Brücke gesprengt werden konnte,
griffen die Bayern erneut an und drangen
im dichten Nebel bis Bazeilles vor. Wieder
schlugen die Franzosen die Bayern zurück.

Dabei wurde MacMahon durch einen
Granatsplitter verwundet. Er übergab das

Kommando an General Alexandre Ducrot, den Kommandanten des I. Korps, der beschloss, sich aus Sedan auf einen besseren Posten im Norden zurückzuziehen. Dann mischte sich das Schicksal ein. General Emmanuel-Felix de Wimpffen, der am Vortag aus Paris gekommen war, wies einen Brief des Kriegsministers vor, in dem ihm das Kommando

Das war die Gelegenheit für Moltke, den ohnehin angeschlagenen Franzosen gewissermaßen den Rest zu geben.

übertragen wurde, sollte MacMahon unpässlich sein. Fast augenblicklich widerrief er Ducrots Befehle.

Wimpffen glaubte, an den Erfolg des französischen Gegenangriffs anknüpfen, die Preußen über die Meuse jagen und einen großen Sieg erringen zu können. Er irrte sich. Während die Augen der Franzosen auf die Schlacht um Bazeilles gerichtet waren, hatten Truppen von Moltkes 3. Armee die Meuse überquert und rückten bereits gen Norden vor. Gegen Mittag war die französische Armee umzingelt.

Nachdem verzweifelte Versuche der Kavallerie, einen Fluchtweg zu öffnen, gescheitert waren, griff Napoleon III. ein. Da weiterer Widerstand zwecklos war, ließ er die weiße Flagge hissen. Auch das ignorierte Wimpffen; er versuchte, nach Süden zu entkommen, womit er ebenfalls scheiterte. Napoleon ritt den Preußen entgegen und bat um einen Waffenstillstand. Am nächsten Tag traf er sich mit Bismarck auf dem Weg zu Moltkes Hauptquartier und kapitulierte offiziell. Dies führte zu einem Aufstand in Paris, zum Niedergang der Dynastie und zum Ausrufen der Dritten Republik. Der Krieg zog sich zwar noch bis Mai 1871 hin, doch nach Sedan stand der Ausgang fest.

DATEN & FAKTEN

Schlacht von Sedan

Wann? 1. September 1870

Wo? Festung Sedan an der Meuse

Historischer Kontext: Deutsch-Französischer Krieg (1870/71)

Beteiligte Parteien: Frankreich, Preußen

Befehlshaber und Heerführer: Napoleon III., General Auguste-Alexandre Ducrot, Marschall Marie de MacMahon, Marschall Emmanuel-Felix de Wimpffen (Frankreich); Wilhelm I., Ludwig Freiherr von der Tann, Feldmarschall Helmuth von Moltke der Ältere (Preußen)

Ausgang: Deutlicher Sieg für die Preußen

Folgen: Die Schlacht führte zu einem Aufstand in Paris, zum Niedergang der Dynastie und zum Ausrufen der Dritten Republik.

Die Schlacht von Omdurman

Als Kitchener auf Khartum vorrückte und die Mahdisten besiegte, die dort vor 13 Jahren General Gordon ermordet hatten, stellte er damit eindrucksvoll unter Beweis, dass Maschinengewehre mehr zählen als Kampfgeist.

Seit der Mahdi und seine fanatischen Derwische im Januar 1885 Khartum eingenommen hatten, war der Sudan für die britischen Imperialisten eine Eiterbeule, die besser früher als später aufgestochen werden sollte. Dieser Meinung waren auch Generalmajor Sir Herbert Kitchener, der 1892 zum Sirdar (Oberbefehlshaber) der ägyptischen Armee benannt worden war, und Sir Evelyn Baring, der Generalkonsul von Ägypten. Gemeinsam drängten die beiden Männer die britische Regierung zu einem Feldzug zur Rückeroberung des Sudans und damit zur Rache am Tod General Gordons. 1896 schließlich gab die Regierung nach.

Das Gebiet der Derwische lag rund 1600 Kilometer südlich von Kairo. Zunächst brachte Kitchener seine Truppen auf Dampfschiffen den Nil hinauf und nahm Dongola ein, eine strategisch wichtige Stadt knapp oberhalb des dritten Katarakts, 1029 Kilometer nördlich der Derwisch-Hauptstadt. Dort machte Kitchener Halt, wartete auf weitere Befehle und ordnete den Bau einer Eisenbahnlinie durch die Wüste von Wadi Halfa nach Abu Hamed am Zusammenfluss von Atbara und Nil an. Im April 1898 erhielt er Order vorzurücken.

Im Morgengrauen des 2. September begann die Schlacht – laut Augenzeugenbericht mit einem »furchtbaren Lärm« der heranrückenden Derwisch-Armee.

Weiter nach Omdurman

Das erste Gefecht zwischen Kitcheners angloägyptischer Armee und den Derwischen fand am 8. April 1898 bei Atbara statt und endete in einer Niederlage der Derwische. Während Kitchener erbarmungslos weiter vorrückte, versuchte die Hauptarmee der Derwische, ihm den Weg abzuschneiden. Am 1. September stand

Kitchener jedoch bereits kurz vor Khartum und Omdurman, der Hauptstadt der Derwische.

Nachdem er einige Kanonenboote flussaufwärts geschickt hatte, um die Verteidigungsanlagen von Omdurman zu bombardieren, ließ Kitchener den Großteil seiner Armee am Ufer des Weißen Nils biwakieren. Vor Überfällen schützten sich die Männer, indem sie sich hufeisenförmig mit dem Rücken zum Fluss anordneten und vor sich eine *zariba* errichteten – einen Wall aus Dornengestrüpp. Dennoch schliefen die Truppen unruhig, da Kavalleriepatrouillen nur etwa acht Kilometer vom Lager entfernt rund 50 000 Derwische gesichtet hatten.

Die Derwische greifen an

Im Morgengrauen des 2. September begann die Schlacht – laut Augenzeugenbericht mit einem »furchtbaren Lärm« der heranrückenden Derwisch-Armee. Bald konnte man sie auch sehen, wie Ronald Meiklejohn, Leutnant im Königlichen Warwickshire-Regiment, berichtet: »Überall auf den Bergkämmen zu unserer Rechten erschien eine schwarze Masse an Männern. Kurz darauf erschienen noch mehr Männer über dem Kamm des Signal Hill.« Die Derwische, fährt Meiklejohn fort, »bewegten sich ziemlich schnell vorwärts. Dann wurden sie plötzlich

langsamer, schwenkten geordnet nach rechts, formierten sich zu einer Reihe und hielten direkt auf uns zu.«

Zu Kitcheners Erstaunen griffen die Derwische seine gut ausgerüsteten und in der sicheren Defensive befindlichen Truppen frontal an. Daraufhin eröffnete Kitche-

In den Victoria Embankment Gardens in London erinnert ein Denkmal mit den Allegorien der Tapferkeit und der Treue an Gordon von Khartum. Es wurde 1887, zwei Jahre nach seinem Tod, enthüllt.

ners Artillerie das Feuer, gefolgt von der Infanterie. Die ununterbrochenen Salven, gestützt durch schnelles Maschinengewehrfeuer, rissen große Löcher in die Reihe der Derwische. George Steevens, einer der berühmtesten Kriegskorrespondenten seiner Zeit, schrieb einen dramatischen Bericht über das folgende Blutbad: »Sie kamen schnell und direkt auf uns zu, wurden aber bald aufgehalten. Mit einem lauten Krachen sprangen die Kugeln aus den britischen Gewehren. Es begann mit den Guards und Warwicks aus rund 200 Meter Entfernung, gefolgt von den Highlanders und den Lincolns bis zu Maxwells Brigade, als die Derwische nach Norden auswichen. Die Briten standen in Doppelreihen hinter der *zariba*, die Sudanesen lagen in ihren Schützengräben. Sie alle brachten den Tod, so schnell sie nur feuern und nachladen konnten. Überall hörte man Schrapnells pfeifen.«

Kitchener rückt vor

Als die besiegten Derwische zurück in Richtung Omdurman strömten, befahl Kitchener dem Regiment der 21st Lancers, ihnen den Rückweg abzuschneiden. Die Kavallerie stob davon und erspähte, was nach einer kleinen Derwisch-Kavallerie und einigen versprengten Fußsoldaten aussah. Die Lancers machten kehrt und griffen die Truppe an.

Doch es war eine Falle. Hinter den Derwischen hatten sich rund 2000 weitere Soldaten in einer kleinen Senke verborgen. Als den Lancers das klar geworden war, konnten sie nicht mehr umkehren. Es gelang ihnen, sich aus der Senke herauszukämpfen und sich rund 200 Meter entfernt zu sammeln. Die Aktion war zwar kurz – der junge Winston Churchill, der auch dabei war, schätzte, nur etwa zwei Minuten lang –, kostete die Lancers aber fast ein Viertel ihrer Männer.

Hinterher stritt man sich über die Klugheit der Attacke. Generalleutnant Francis Grenfell, der britische Truppen in Ägypten befehligte, schrieb, dass »die Aktion der britischen Kavallerie würdig war, trotz der vielen Toten und Verwunde-

DATEN & FAKTEN

Schlacht von Omdurman

Wann? 2. September 1898

Wo? Omdurman, Sudan

Beteiligte Parteien: Briten, sudanesische Mahdisten

Befehlshaber und Heerführer: Sir Herbert Kitchener (Briten); Abdullah al-Taashi (Mahdisten)

Ausgang: Deutlicher Sieg für die Briten

In der Schlacht von Omdurman besiegten angloägyptische Truppen eine Armee entschlossener Derwische.

ten«. Leutnant Meiklejohn dachte anders: »Der Angriff war ein großer Fehler. K. ist stinksauer.«

Doch das Schicksal hielt noch eine weitere Überraschung für Kitchener bereit. Als die Infanterie vorrückte, waren rechte Flanke und Rücken plötzlich schutzlos einem eventuellen Gegenangriff der Derwische ausgeliefert. Glücklicherweise erkannte Generalmajor Hector MacDonald, Kommandant der hinteren sudanesischen Brigade, die Gefahr früh. »Fighting Mac« – so sein Spitzname – gelang es, einen Angriff der Derwische abzuwehren und

seine Männer dann so in Position zu bringen, dass ein zweiter Angriff gar nicht mehr zustande kam.

Nach der Schlacht sagte Kitchener zu seinem Stab: »Gentlemen, ich glaube, die haben wir ordentlich abgestaubt.« Eine schöne Formulierung: Zwischen 10 000 und 11 000 Derwische kamen ums Leben, weitere 16 000 wurden verwundet und 5000 gefangen genommen. Auf angloägyptischer Seite gab es 28 Tote und 145 Verletzte. General Gordon war gerächt.

Der totale Krieg

Im 20. Jahrhundert war der sogenannte
totale Krieg die Norm der Kriegsführung zu
Lande, zu Wasser und in der Luft. In beiden
Weltkriegen waren Zivilisten davon ebenso
betroffen wie die Soldaten des Heers, der
Seestreitkräfte und der Luftwaffe.

Die Seeschlacht bei Tsushima

Als die japanische Flotte unter dem Kommando von Admiral Togo Heihachiro 1905 die russische Baltische Flotte in der Tsushima-Straße angriff, war dies der Auftakt für eine der bedeutendsten Seeschlachten in der Geschichte.

Zu Beginn des Russisch-Japanischen Kriegs 1904 glaubte kaum ein Außenstehender daran, dass die Japaner diesen Krieg gewinnen könnten. Ende Mai hatte General Nogi Maresuke Port Arthur umzingelt. Nun lag der Großteil der russischen Pazifikflotte in diesem wichtigsten Militärstützpunkt der Russen im Fernen Osten hilflos vor Anker – das Ergebnis eines überraschenden Torpedoangriffs, den Admiral Togo Heihachiro im Februar befohlen hatte. Wie später bei Pearl Harbor gaben sich die Japaner nicht erst lange mit Kriegserklärungen ab.

Daraufhin befahl Zar Nikolaus II. der Baltischen Flotte, die japanische Blockade zu durchbrechen und die Vormachtstellung der Russen im Pazifik wiederherzustellen. Das Kommando darüber erteilte er Vizeadmiral Sinowi Roschestwenski, der zwar wenig kampferprobt war, aber als einer der besten Admirale Russlands galt. Innerhalb von drei Monaten sollte er die Baltische Flotte kampfbereit machen und sie dann um die halbe Welt verlegen.

Der Zwischenfall in der Nordsee

Die Reise begann nicht gerade vielversprechend. Auf ihrem Weg nach Süden durch die Nordsee funkte die *Kamtschatka*, ein Reparaturschiff, sie würde von japanischen Torpedobooten angegriffen. Die mysteriösen Boote waren zwar bald darauf verschwunden, doch wartete der Rest der Flotte immer noch nervös auf einen Angriff der Japaner.

Gegen Mitternacht traf die Flotte auf eine Gruppe britischer Trawler. Die Fischer versuchten, durch Leuchtraketen auf sich aufmerksam zu machen – zu viel für die strapazierten Nerven von Roschestwenskis Crew. Die Russen eröffneten das Feuer auf die Trawler, wobei einer versenkt und drei weitere schwer beschädigt wurden. Drei Fischer kamen ums Leben, viele andere wurden verletzt. Das ohnehin projapanisch eingestellte Großbritannien entsandte umgehend selbst Schiffe, um die russische Flotte zu beschatten. Nur knapp konnte ein weiterer Krieg abgewendet werden.

Doch das war noch nicht alles. Die Briten verweigerten Roschestwenski die Durchfahrt durch den Suez-Kanal, und so musste die russische Flotte den langen Weg um das Kap der Guten Hoffnung nehmen. Nach einem längeren Aufenthalt vor Madagaskar steuerte die Flotte Cam Ranh Bay in Indochina an, wo sie sich mit der

3. Pazifik-Schwadron vereinigen sollte, einer bunten Ansammlung veralteter Schiffe, die die Regierung Roschestwenski ungebeten zur Unterstützung geschickt hatte. Als das Geschwader im April 1905 in Indochina ankam, brachte es neue Befehle.

Nach elfmonatiger Belagerung hatte sich Port Arthur den Japanern ergeben. Nun sollte Roschestwenski nach Wladiwostok fahren, das sich als einziger Pazifik-

Japanische Schiffe greifen die russische Flotte in der Seeschlacht bei Tsushima an, die für die Russen in einer Katastrophe endete.

stützpunkt noch in russischer Hand befand. Roschestwenski wählte den kürzesten Weg: durch die Tsushima-Straße zwischen der Insel Tsushima und dem japanischen Festland. Dies hatte der japanische Admiral erwartet und Späher ausgesandt. In der Nacht zum 16. Mai versuchte Roschestwenski, die Straße von den Spähern unbemerkt zu befahren, wurde am Morgen aber von dem Handelsschiff *Shinano Maru* gesichtet, die den

Unter Kaiser Meiji kam es in Japan zu großen sozialen, politischen und wirtschaftlichen Veränderungen. Während seiner Regentschaft gewannen die Japaner den Russisch-Japanischen Krieg (1904/05).

Japanern die Position des Feindes durchgab. Sofort stach Admiral Togo Heihachiro in See. Gegen 13.40 Uhr sichteten die Japaner die Russen, die sich immer noch in zwei langen Reihen vorwärtsbewegten. Um auf ihre Luvseite zu gelangen, änderte Togo Heihachiro den Kurs, zunächst nach Westen, dann nach Südwesten. Dann machte er mitsamt seiner Flotte kehrt – ein riskantes Manöver, da innerhalb der Reichweite russischer Kanonen.

Die Russen eröffneten das Feuer und trafen die *Mikasa,* Togo Heihachiros Flaggschiff, die dennoch weitestgehend unbeschädigt blieb. Nun erwiderten die Japaner das Feuer, wobei die *Suworow,* Roschestwenskis Flaggschiff, getroffen und ernsthaft beschädigt wurde. Das alte Schlachtschiff *Osljabja* manövrierte sich aus der Schusslinie, kenterte und sank, ebenso die *Alexander III.,* die *Borodino* und die *Suworow.*

Roschestwenski ging nicht mit seinem Schiff unter – er war schwer verletzt bereits auf den Zerstörer *Buiny* gebracht worden. Konteradmiral Nikolai Nebogatow übernahm das Kommando über den Rest der angeschlagenen Flotte, die den ungeordneten Rückzug antrat. Sechs Schlachtkreuzer wurden bei Manila interniert, ein Kreuzer und zwei Zerstörer schafften es bis Wladiwostok. Nebogatows sechs Schiffe ergaben sich am nächsten Morgen – ein großer Sieg für Admiral Togo Heihachiro.

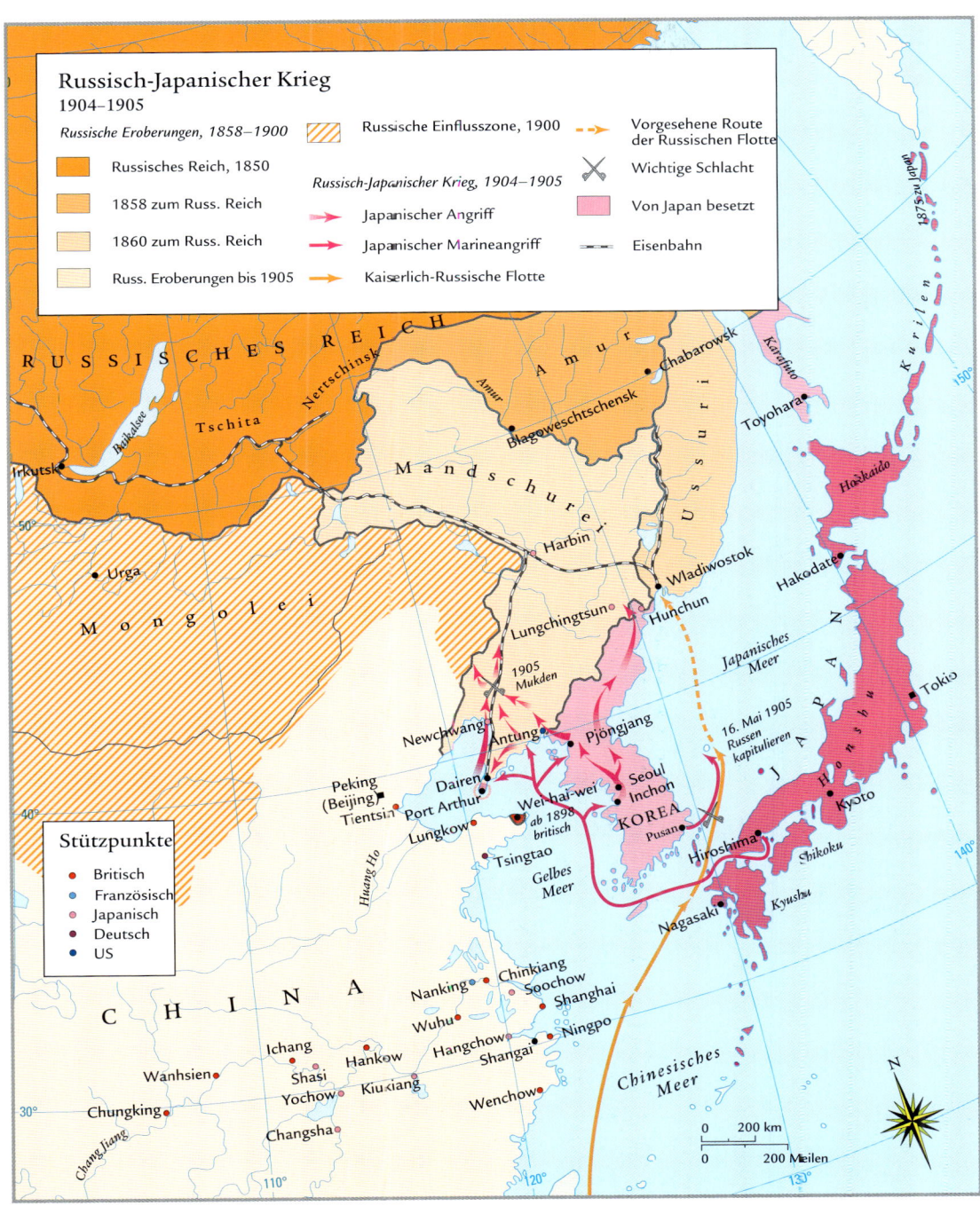

Russisch-Japanischer Krieg
1904–1905

Russische Eroberungen, 1858–1900

- Russisches Reich, 1850
- 1858 zum Russ. Reich
- 1860 zum Russ. Reich
- Russ. Eroberungen bis 1905

Russische Einflusszone, 1900

Russisch-Japanischer Krieg, 1904–1905

- Japanischer Angriff
- Japanischer Marineangriff
- Kaiserlich-Russische Flotte

Vorgesehene Route der Russischen Flotte

✕ Wichtige Schlacht

Von Japan besetzt

Eisenbahn

Stützpunkte

- Britisch
- Französisch
- Japanisch
- Deutsch
- US

RUSSISCHES REICH

Baikalsee
Tschita
Nertschinsk
Irkutsk

Amur
Chabarowsk
Blagoweschtschensk
Karafuto
Toyohara

Mandschurei
Ussuri
Harbin
Wladiwostok
Hakodate

Mongolei
Urga
Lungchingtsun
Hunchun

Japanisches Meer

1905 Mukden

16. Mai 1905 Russen kapitulieren

Newchwang
Antung
Pjöngjang

Peking (Beijing)
Tientsin
Dairen
Port Arthur
Lungkow
Wei-hai-wei *ab 1898 britisch*
Seoul
Inchon
KOREA
Pusan
Hiroshima
Kyoto

Tsingtao
Gelbes Meer
Nagasaki
Kyushu
Shikoku

Huang Ho

CHINA

Nanking
Chinkiang
Soochow
Shanghai
Wuhu
Hangchow
Ningpo
Ichang
Hankow
Shangai
Wanhsien
Shasi
Yochow
Kiukiang
Wenchow
Chungking
Changsha

Chang Jiang

Chinesisches Meer

JAPAN
Honshu
Tokio
Kurilen

Hokkaido

0   200 km
0   200 Meilen

Die Schlacht bei Tannenberg

Die Schlacht bei Tannenberg endete mit dem vielleicht spektakulärsten Sieg der Deutschen im Ersten Weltkrieg und hielt den russischen Vormarsch auf. Gleichzeitig bedeutete sie die schlimmste Niederlage der Russen in diesem Krieg.

Die deutsche Militärstrategie zu Beginn des Ersten Weltkriegs basierte auf dem Schlieffen-Plan. Dieser war 1905 von Generalfeldmarschall Alfred Graf von Schlieffen aufgestellt worden und sah einen Angriff der deutschen Streitkräfte im Westen vor, mit dem Frankreich ausgeschaltet werden sollte. Schlieffen hatte errechnet, die Franzosen in den sechs Wochen, die die Russen zur Mobilisierung ihrer Armee bräuchten, schlagen zu können. Danach hätten die Deutschen Zeit genug, sich im Osten um eine mögliche russische Bedrohung zu kümmern.

Zudem sah der Plan vor, dass General Maximilian von Prittwitz mit seiner 8. Armee Ostpreußen verteidigt, wenn der Krieg ausbricht. Zu seiner Überraschung fand sich von Prittwitz zwei respekteinflößenden

> *Rennenkampf hatte es nicht für nötig gehalten, Samsonow von seinem Tun zu unterrichten – die Deutschen wussten, dass sich die beiden Russen nicht leiden konnten ...*

russischen Armeen gegenüber: der 1. unter General Pawel Rennenkampf und der 2. unter General Alexander Samsonow. Die Russen hatten keineswegs die Mobilisierung ihrer Armee abgeschlossen, bevor sie angriffen, da die Franzosen sie um sofortige Unterstützung gebeten hatten. So marschierten sie also in Ostpreußen ein und rückten nördlich und südlich der Masurischen Seenplatte vor. Rennenkampf überschritt die Grenze am 15. August und wandte sich nach Westen, um Königsberg einzunehmen und dann tiefer in deutsches Kerngebiet vorzudringen. Samsonow erreichte die Grenze fünf Tage später.

Der russische Vormarsch

Am 20. August schlug Rennenkampf acht von Prittwitz' Divisionen bei Gumbinnen,

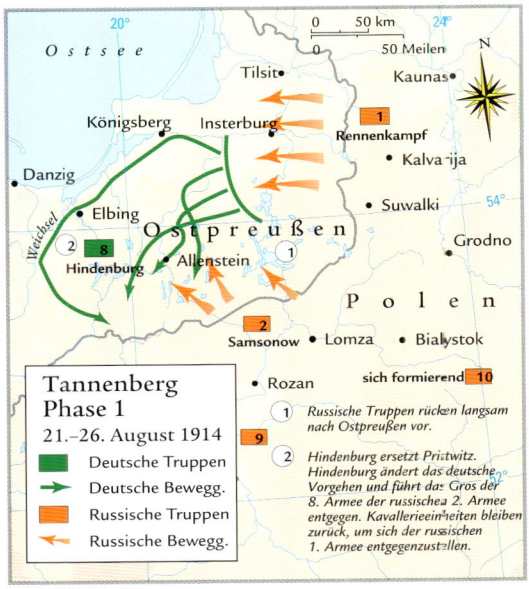

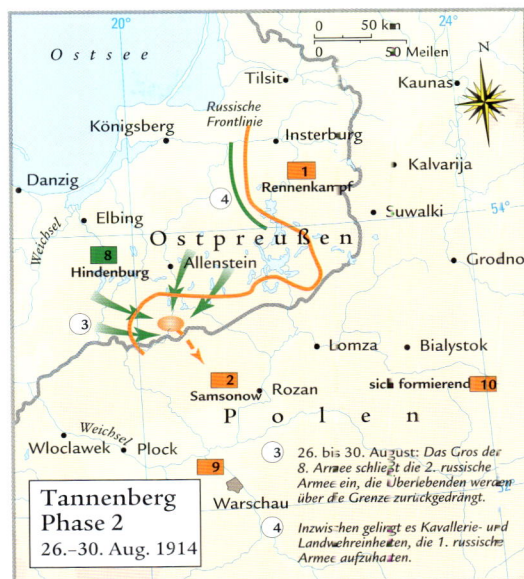

während Samsonows Truppen die Deutschen im Rücken bedrohten. Das war dem deutschen Kommandanten zu viel: Er kündigte an, Ostpreußen aufgeben und sich hinter die Weichsel zurückziehen zu wollen. Die Reaktion darauf kam umgehend. Bevor Prittwitz seine Ankündigung wahr machen konnte, wurden er und sein Stellvertreter hastig nach Berlin zurückbeordert und durch das gefürchtete Duo Paul von Hindenburg und Erich Ludendorff ersetzt, wobei Ludendorff zum Generalstabschef ernannt wurde.

Als die beiden Männer am 23. August an der Ostfront ankamen, sah es nach einem möglichen Erfolg der russischen Offensive aus. Tatsächlich hatte der deutsche Ober-

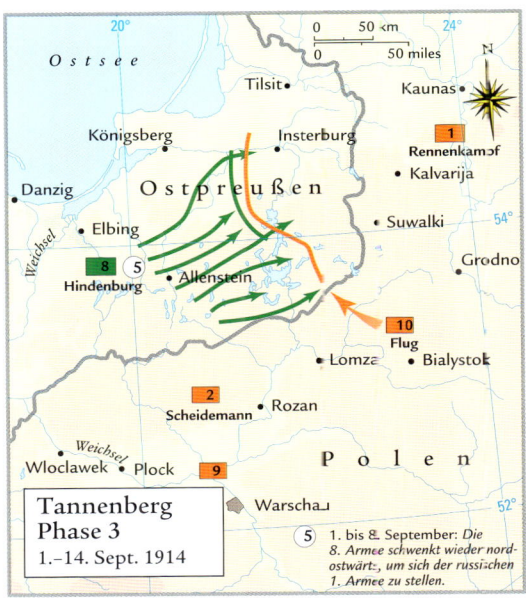

Die Phasen 1, 2 und 3 der Schlacht bei Tannenberg zeigen die Bewegungen der deutschen und russischen Streitkräfte.

befehlshaber Helmuth von Moltke der Jüngere bereits zwei Armee-Korps aus dem Westen zur Unterstützung der 8. Armee angefordert. Davon ließen sich die beiden neuen Kommandanten jedoch nicht entmutigen. Statt auf die von Moltke angeforderte Verstärkung zu warten, beschlossen sie, sofort anzugreifen.

Oberst Max Hoffmann, Prittwitz' stellvertretender Stabschef und Einsatzleiter, hatte schon einen Plan für einen kühnen Gegenschlag erarbeitet. Dieser sah vor, dass das Gros der 8. Armee gegen Samsonow zum Einsatz kommen sollte; nur eine einzige Kavalleriedivision sollte sich Rennenkampf entgegenstellen, der seinen Vormarsch vorübergehend unterbrochen hatte. Rennenkampf hatte es nicht für nötig gehalten, Samsonow von seinem Tun zu unterrichten – die Deutschen wussten, dass sich die beiden Russen nicht leiden konnten und einmal sogar handgreiflich gegeneinander geworden waren. Außerdem konnten die Deutschen die gegnerischen Funksprüche abhören – die unglaublicherweise alle im Klartext und nicht verschlüsselt waren. Hindenburg und Ludendorff befürworteten Hoffmanns Plan.

Am 24. August stieß der allzu selbstsichere Samsonow, der ohne Späher vorrückte, auf das XX. Korps, das sich sicher bei Orlau-Frankenau verschanzt

Der deutsche General Erich Ludendorff befürwortete Hoffmanns Schlachtplan.

hatte. Er brauchte einen Tag, um sich von dieser Begegnung zu erholen. Als er sich Tannenberg näherte, wurde seine rechte Flanke vom XVII. Korps angegriffen und zurückgedrängt. Am Abend hatten die Deutschen damit begonnen, die rechte Flanke der Russen zu umgehen. Am nächsten Tag durchbrach das I. Korps bei Usdau die linke Flanke der Russen und begann ebenfalls damit, sich um diese Flanke herumzuarbeiten.

Samsonow begriff zu langsam, in welcher Gefahr er schwebte: Als er Befehl gab zurückzuweichen, war es bereits zu spät. Am Abend des 29. August hatten die Deutschen das Gros seiner Truppen umgangen. Panisch und unorganisiert versuchten die Russen, der Falle zu entkommen, wurden jedoch niedergemetzelt. Samsonow brachte es nicht über sich, Zar Nikolaus II. die Nachricht seiner Niederlage und Schande zu überbringen, und erschoss sich. Nun war die 2. Armee führerlos – am 31. August gab es sie nicht mehr.

Als Rennenkampf, dessen größte Sorge es war, ebenfalls auf den Flanken umgangen zu werden, von Samsonows Niederlage erfuhr, befahl er seiner Armee den kämpfenden Rückzug. Dies führte zur Schlacht an den Masurischen Seen zwischen dem 9. und dem 14. September 1914. Obwohl es Rennenkampf gelang, sich aus der Umzingelung zu befreien, bezahlte er einen hohen Preis dafür: Er verlor 125 000 Mann und 150 Kanonen. Alexander Samsonow hatte bei Tannenberg ebenso viele Männer und 500 Kanonen verloren.

DATEN & FAKTEN

Schlacht bei Tannenberg

Wann? August–September 1914

Wo? Tannenberg, Ostpreußen

Historischer Kontext: Erster Weltkrieg (1914–1918)

Beteiligte Parteien: Russland, Deutschland

Befehlshaber und Heerführer: Paul von Hindenburg, Erich Ludendorff (Deutschland); General P. K. Rennenkampf, Alexander Samsonow (Russland)

Ausgang: Deutlicher Sieg für die Deutschen

Folgen: Die Schlacht bei Tannenberg beendete den russischen Vormarsch und bedeutete die schlimmste Niederlage der Russen im Ersten Weltkrieg.

Die Schlacht an der Marne

Als es den Franzosen und Briten im September 1914 gelang, den deutschen Vormarsch auf Paris an der Marne aufzuhalten, konnte Deutschland nicht mehr auf einen raschen Sieg im Westen hoffen.

Hätten sich die Deutschen an ihren ursprünglichen Plan gehalten, als sie Frankreich im August 1914 angriffen, wäre es vermutlich nie zur Schlacht an der Marne gekommen. Angesichts der zunehmenden Wahrscheinlichkeit, an zwei Fronten kämpfen zu müssen, setzte Alfred Graf von Schlieffen, nach dem der Schlieffen-Plan benannt ist, alles auf einen schnellen Sieg im Westen. Binnen sechs Wochen wollte er die Franzosen zur Kapitulation zwingen, bevor die Russen ihre Armee vollständig mobilisieren und im Osten angreifen konnten.

Der Schlieffen-Plan sah Folgendes vor: Schlieffen wollte das Gros der französischen Armee zu einer Offensive am Rhein verleiten, während die deutsche Hauptarmee durch das neutrale Holland, Belgien und Luxemburg marschiert und damit die Franzosen auf der Flanke umgeht. Dann sollten die Deutschen zum Westen von Paris schwenken und die französische Armee schließlich an der Schweizer Grenze im Rücken stellen. Ein ausgesprochen kühner Plan – doch Schlieffen war davon überzeugt, dass sein Land damit die beste Chance auf einen Sieg hätte. Angeblich sollen seine letzten Worte vor seinem Tod im Jahr 1906 gewesen sein: »Macht nur die rechte Flanke stark.«

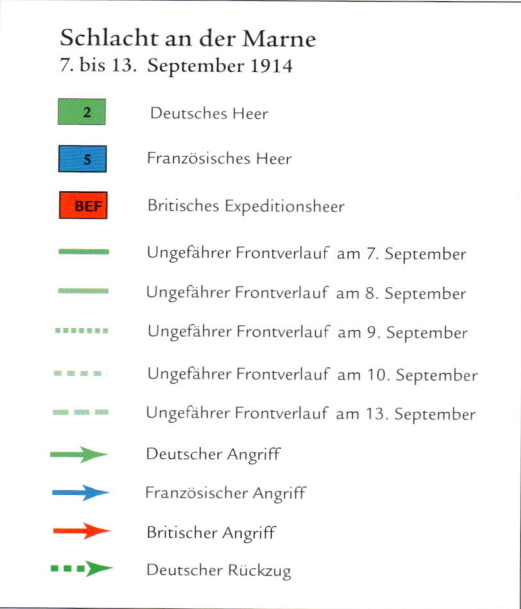

Schlacht an der Marne
7. bis 13. September 1914

2	Deutsches Heer
5	Französisches Heer
BEF	Britisches Expeditionsheer
———	Ungefährer Frontverlauf am 7. September
———	Ungefährer Frontverlauf am 8. September
·······	Ungefährer Frontverlauf am 9. September
– – – –	Ungefährer Frontverlauf am 10. September
– – –	Ungefährer Frontverlauf am 13. September
→	Deutscher Angriff
→	Französischer Angriff
→	Britischer Angriff
▪▪▪▶	Deutscher Rückzug

Die Phasen 1 und 2 der Schlacht an der Marne verdeutlichen die
Bewegungen der französischen, britischen und deutschen Truppen.

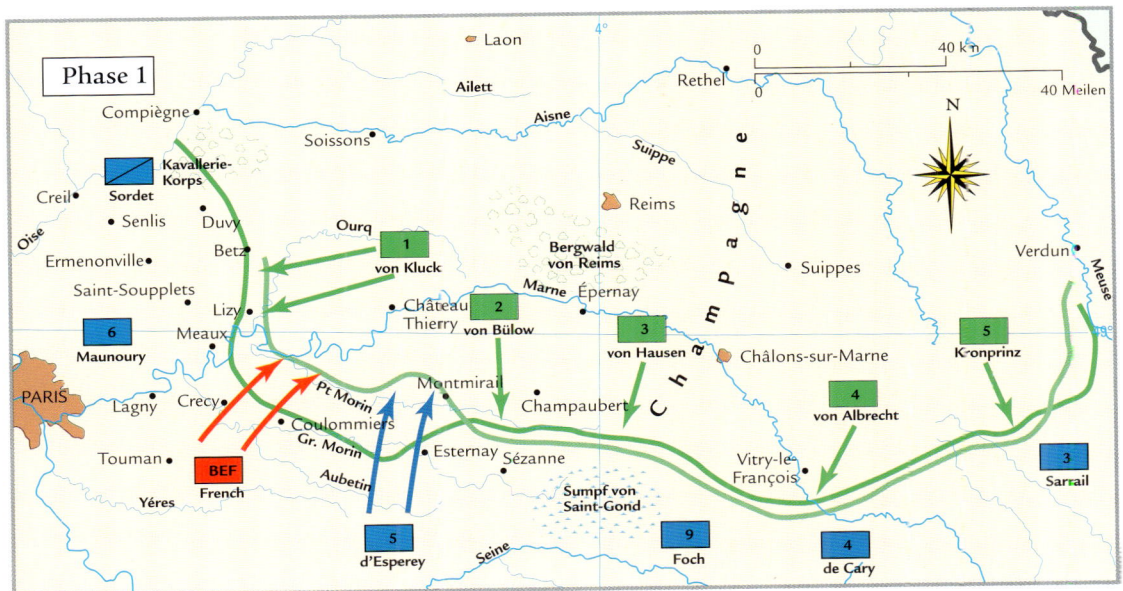

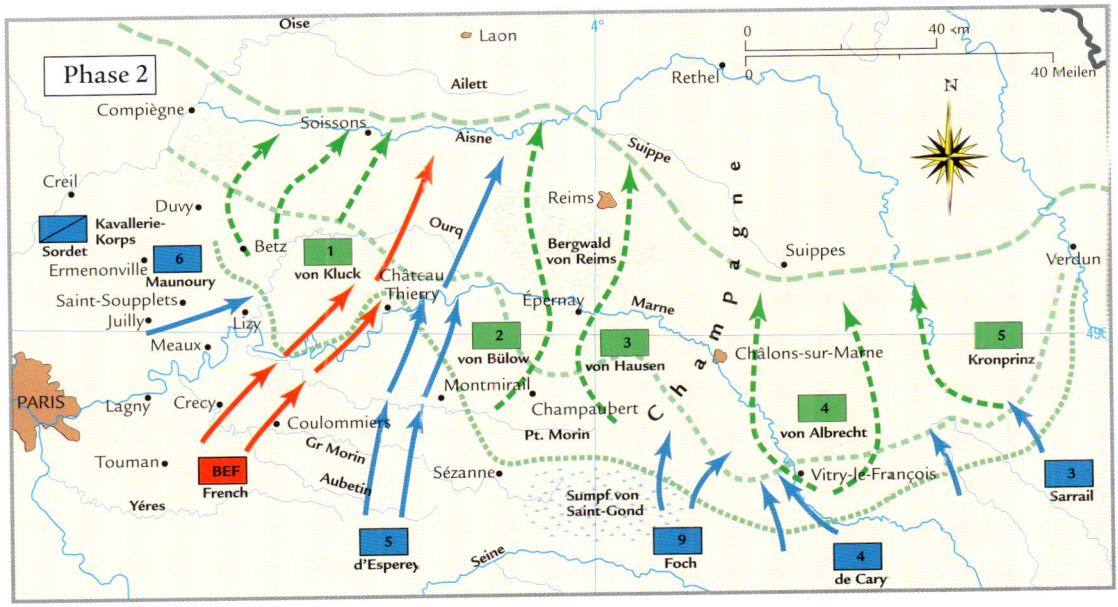

Zum Glück für die Alliierten änderte Helmuth von Moltke der Jüngere, Schlieffens unentschlossener Nachfolger, den Plan und entschied sich gegen einen Einmarsch in Holland. Als ihm mehr Truppen zur Verfügung standen, verstärkte er den deutschen linken Flügel, nicht den rechten. Nach Kriegsausbruch verlegte er zwei Armee-Korps von der Westfront für den Fall einer russischen Offensive in den Osten. Schlieffens Traum der Flankenumgehung erfüllte sich nie.

Die Eröffnung

Dennoch kamen die Deutschen rasch voran, insbesondere General Alexander von Klucks 1. Armee. Während sich die Franzosen bei einer fruchtlosen Offensive in Lothringen verausgabten, marschierte die 1. mit der 2. und 3. Armee via Belgien in Nordfrankreich ein. Störaktionen der Belgier, des BEF (British Expeditionary Force, Britisches Expeditionskorps) und der französischen 5. Armee waren zwar heldenhaft, hielten die Deutschen aber nur vorübergehend auf.

Am 30. August rückte Kluck auf Paris vor. Er war den Truppen zu seiner Linken weit voraus und begegnete dem Feind weder vor sich noch an den Flanken. Ohne ausdrücklichen Befehl verlagerte er seinen Vormarsch nach Südosten, um die 2. Armee unter dem Kommando des etwas vorsichtigeren Generals Karl von Bülow zu unterstützen. Gemeinsam, so dachte Kluck, könnten sie den Rest der französischen 5. Armee mühelos schlagen.

Joffre greift an

Es war diese letzte Veränderung des Schlieffen-Plans, die sich für die Deutschen letztlich als fatal erweisen sollte. Marschall Joseph Joffre, der Oberste Befehlshaber der französischen Armee, durchschaute die Absichten der Deutschen rasch. Als die Franzosen in Richtung Paris zurückwichen, zog er Truppen von der rechten Flanke ab und stellte zwei neue Armeen auf. Die 9. Armee unter dem Kommando von General Ferdinand Foch sollte das Zentrum verstärken. Die 6. Armee unter dem Kommando von General Michel-Joseph Maunoury sollte die Hauptstadt verteidigen.

Am 5. September ging Maunoury zum Gegenangriff über. Dank Joffres Voraussicht hatte er die ideale Position, um Klucks ungeschützte rechte Flanke anzugreifen. Kluck brauchte zwei Tage, um die Gefahr, in der er schwebte, zu begreifen.

> *Am 5. September ging der französische General Maunoury zum Gegenangriff über. Dank Joffres Voraussicht hatte er die ideale Position, um Klucks ungeschützte rechte Flanke anzugreifen.*

Dann zog er sich rasch ans Nordufer der Marne zurück und machte kehrt, um Maunoury zurückzudrängen. Zum Glück für die Franzosen reagierte General Gallieni, der Militärgouverneur von Paris, darauf sofort: Er schickte Reservetruppen an die Front, und zwar auf recht unorthodoxe Weise, teilweise mit dem Taxi.

Zeitgleich mit Maunourys Angriff gingen auch die französische 9. und 5. Armee in die Offensive und attackierten von Bülows 2. Armee. Auch das Britische Expeditionskorps rückte vor. Zu Beginn war sein Kommandeur, General Sir John French, noch zögerlich gewesen, ins Kampfgeschehen einzugreifen, doch nun bedrohte er Klucks linke Flanke. Als sich die Lücke zwischen ihm und von Bülow auf 40 Kilometer ausdehnte, marschierten die Briten und Franzosen einfach durch.

Das »Wunder an der Marne«

Zu diesem Zeitpunkt beschloss Moltke einzugreifen; am 8. September sandte er Oberstleutnant Richard Hentsch, den Leiter der Aufklärung, um herauszufinden, was genau da eigentlich geschah. Hentsch ging zuerst zu von Bülow, der unter schwerem Beschuss der 5. Armee stand. Er befürwortete die Entscheidung des Generals, sich zurückzuziehen. Am nächsten Tag befahl er dem zögernden Kluck ebenfalls den Rückzug. Daraufhin ordnete

Moltke den allgemeinen Rückzug an das 64 Kilometer entfernte Nordufer des Flusses Aisne an.

Das war das Ende der Marneschlacht. Paris war gerettet, die Deutschen mussten ihre Westpläne aufgeben. Die Schlacht zerstörte alle Hoffnungen der Deutschen auf einen schnellen Sieg in diesem Krieg, der sich ohne Aussicht auf einen weiteren Vormarsch zu einem Stellungs- und Grabenkrieg entwickelte.

DATEN & FAKTEN

Schlacht an der Marne

Wann? 7.–13. September 1914

Wo? Am Fluss Marne, Frankreich

Historischer Kontext: Erster Weltkrieg (1914–1918)

Beteiligte Parteien: Deutschland, Frankreich, Großbritannien

Befehlshaber und Heerführer: General Alexander von Kluck, General Karl von Bülow (Deutschland); Marschall Joseph Joffre, General Ferdinand Foch, General Michel-Joseph Maunoury (Frankreich); General Sir John French (Großbritannien)

Ausgang: Deutlicher Sieg für die Briten und Franzosen

Folgen: Paris war gerettet; die Schlacht zerstörte alle Hoffnungen der Deutschen auf einen schnellen Sieg.

Die Schlacht um Verdun

Die Schlacht um Verdun war die größte und längste Schlacht im Ersten Weltkrieg. Die Franzosen kämpften mit Zähnen und Klauen, um den Vormarsch der Deutschen aufzuhalten, bezahlten für den Sieg jedoch einen schrecklich hohen Preis.

Als General Erich von Falkenhayn, der Moltke nach dem Debakel an der Marne als Generalstabschef ablöste, beschloss, Verdun anzugreifen, wollte er vermutlich nicht den großen Durchbruch, sondern setzte auf einen Abnutzungskampf. Falkenhayn rechnete damit, dass der Nationalstolz die Franzosen dazu zwingen würde, Verdun zu verteidigen – koste es, was es wolle.

Die Deutschen setzten auf ihre Artillerie, die ein riesiges Loch in die französische Verteidigung schießen sollte. Erst dann sollte die Infanterie vorrücken.

Die Deutschen bereiten sich vor

Seit Ende 1914 war es um Verdun herum recht friedlich gewesen. Das französische Oberkommando vertraute so sehr darauf, dass dies auch so blieb, dass es einen Teil der Kanonen von den Befestigungsanlagen Verduns abzog, da diese an der Front dringender gebraucht wurden. Leider stellte sich diese Entscheidung als höchst bedauerlicher Akt der Torheit heraus.

An Weihnachten 1915 begannen die Deutschen unter höchster Geheimhaltung mit der Vorbereitung. Die 5. Armee unter dem Kommando des Kronprinzen höchstpersönlich sollte den Angriff durchführen und war am 1. Februar schon fast bereit. Über 1200 Kanonen standen am rechten Ufer der Meuse – eine solche Waffenkonzentration für eine Front, die sich über kaum mehr als zwölf Kilometer erstreckte, hatte es vorher noch nicht gegeben.

Die Deutschen setzten auf ihre Artillerie, die ein riesiges Loch in die französische Verteidigung schießen sollte. Erst dann sollte die Infanterie aus ihren unterirdischen Befestigungen vorrücken, die überall im Angriffsgebiet angelegt worden waren. Wenn dann Verstärkung eingetroffen war, sollte der Angriff wiederholt werden. Theoretisch hatten die Franzosen gegen das Sperrfeuer der Deutschen keine Chance.

Erst jetzt brachte das französische Oberkommando eiligst Truppen nach Verdun; sie sollten am 12. Februar ankommen, am gleichen Tag, an dem der deutsche Kronprinz das Bombardement eröffnen wollte. Hätte er seinen Plan ausführen können, hätte die Schlacht unweigerlich in einer Katastrophe für die Franzosen geendet. Doch das Schicksal griff ein: Es begann so heftig zu schneien, dass die Sicht erheblich eingeschränkt war. Mit einer dergestalt »blinden« Artillerie musste der Kronprinz den Angriff verschieben, bis wieder besseres Wetter herrschte. Das verschaffte den Franzosen eine Atempause.

Die Schützengräben aus dem Ersten Weltkrieg bei Douaumont in der Nähe von Verdun machen die grausame Realität des Kriegs bewusst.

Fort Douaumont fällt

Am 21. Februar hatte das Wetter sich gebessert. Genau um 7.15 Uhr eröffneten die Deutschen das Feuer, um 16 Uhr machte sich der erste deutsche Spähtrupp auf den Weg. Am nächsten Tag folgte das Gros der deutschen Infanterie. Obwohl die überlebenden Franzosen heldenhaft Widerstand leisteten, befand sich praktisch die gesamte erste französische Verteidigungslinie gegen Mitternacht in deutscher Hand.

Es schien, als ob die Franzosen dem Druck der Deutschen nicht lange würden standhalten können. Am 24. Februar war die gesamte zweite Stellung binnen Stunden eingenommen. Am folgenden Tag fiel Fort Douaumont, der Eckstein der Verteidung von Verdun, praktisch kampflos.

Als General de Castelnau, Joffres Stellvertreter, aus dem Hauptquartier auf dem Schlachtfeld ankam, traf er eine harte, aber einfache Entscheidung: Das rechte Ufer der Meuse musste unter allen Umständen gehalten werden. Und General Philippe Pétain, dessen 2. Armee schon auf dem Weg in die Stadt war, sollte die Verantwortung für die gesamte Schlacht übernehmen.

»Sie werden nicht durchkommen!«

Pétains Ankunft zeigte sofort Wirkung. Der französische Widerstand zog an, als der neue Kommandeur die Artillerie wiederbelebte und sich um Versorgungs-

Die endlosen Reihen der Kreuze auf dem Militärfriedhof von Verdun
veranschaulichen, wie viele Menschenleben die Schlacht kostete.

probleme kümmerte. Nun rollte der
Nachschub wieder – die Versorgungsstraße
wurde später als »Voie Sacrée«, heiliger
Weg, bezeichnet –, und auch frische Truppen trafen ein.

　Daraus schlossen die Deutschen, dass sie
von beiden Meuse-Ufern aus angreifen
mussten, wollten sie die Stadt einnehmen
– die Offensive hatte also auf einmal zwei
taktische Aufgaben abzuarbeiten. Ende Mai
hatten die Deutschen Le Mort Homme und
Côte 304 erobert, die beiden strategisch
wichtigsten Hügel am linken Ufer. Am
1. Juni griffen sie wieder auf der rechten
Seite an. Obwohl Fort Vaux vom Rest der
Truppen abgeschnitten und umzingelt war,
hielt man dort eine entscheidende Woche

DATEN & FAKTEN

Schlacht um Verdun

Wann? Februar–Dezember 1916

Wo? Verdun, an der Meuse, Frankreich

Historischer Kontext: Erster Weltkrieg (1914–1918)

Beteiligte Parteien: Frankreich, Deutschland

Befehlshaber und Heerführer: General Erich von
Falkenhayn, Kronprinz Wilhelm (Deutschland);
General Philippe Pétain und General Robert Nivelle
(Frankreich)

Ausgang: Sieg der Franzosen

Folge: Der größte im Ersten Weltkrieg errungene Sieg
kostete auf beiden Seiten unzählige Menschenleben:
Frankreich hatte 170 000, Deutschland 150 000 Tote
zu verzeichnen.

durch, bevor man kapitulierte. Am 22. Juni begannen die Angriffe von Neuem. In dieser Zeit gab Pétains Nachfolger General Robert Nivelle den berühmten Tagesbefehl »Sie werden nicht durchkommen!« aus.

Dann ließ der Impetus der Deutschen plötzlich nach. Falkenhayn musste Verstärkung für die Österreicher an die Ostfront schicken. Haig zog an die Somme. Am 15. Juli gaben die Deutschen Verdun auf, Falkenhayn wurde durch Hindenburg und Ludendorff ersetzt. Sie beorderten den Kronprinzen in die Defensive.

Daraufhin startete Nivelle eine Reihe von Gegenoffensiven. Der entscheidende Moment kam im Oktober, als es Nivelle gelang, Fort Douaumont zurückzuerobern, wobei die Truppen hinter einer Feuerwalze vorrückten. Dann machten sie sich daran, Fort Vaux wieder einzunehmen. Im Dezember hatten sie die Deutschen bis fast zu ihrem Ausgangspunkt zurückgedrängt. Verdun war gerettet – doch der Preis dafür war sehr hoch.

Die Karte zeigt die Bewegungen der Deutschen und Franzosen in der Schlacht um Verdun.

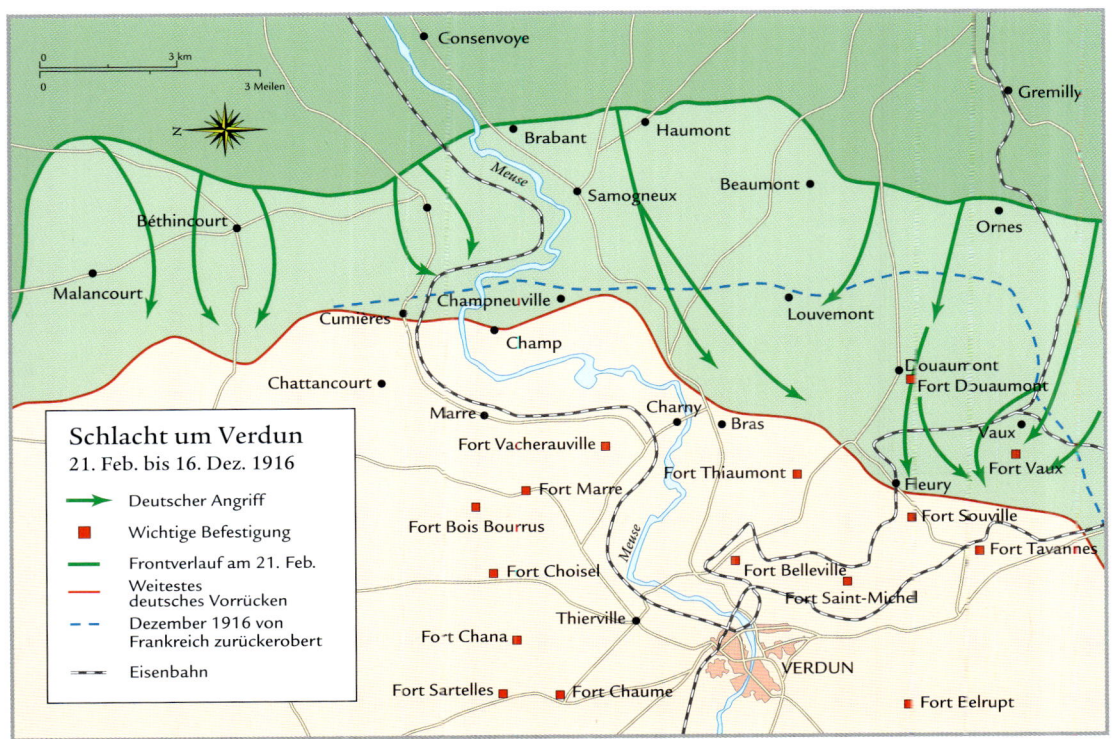

Schlacht um Verdun
21. Feb. bis 16. Dez. 1916

→ Deutscher Angriff

■ Wichtige Befestigung

— Frontverlauf am 21. Feb.

— Weitestes deutsches Vorrücken

- - - Dezember 1916 von Frankreich zurückerobert

-■-■- Eisenbahn

Der Westfeldzug

Nachdem Deutschland im Mai 1940 im Westen angegriffen hatte, brachte Hitlers Kriegsmaschinerie Frankreich innerhalb von sechs Wochen zu Fall. Der »Blitzkrieg« der Deutschen basierte auf schnell beweglichen Panzerverbänden.

Als Hitlers Wehrmacht am 10. Mai 1940 im Westen zuschlug, schien es zunächst so, als ob sich der Schlieffen-Plan, mit dem Deutschland bereits 1914 in den Krieg gezogen war, wiederholte. Zumindest war General Maurice Gamelin, der Oberbefehlshaber der Alliierten, davon überzeugt und schickte seine am besten motorisierten Einheiten – das Britische Expeditionskorps (BEF) und die französische 7. Armee – über die französisch-belgische Grenze. Das BEF sollte so schnell wie möglich am Fluss Dyle Stellung beziehen, während Einheiten der 7. Armee nach Norden Richtung Breda vorrückten.

Überraschung in den Ardennen

Hätte Hitler früher angegriffen, wäre das der Plan gewesen, den die Wehrmacht verfolgt hätte. Doch inzwischen hatte der Führer seine Meinung geändert. Im Januar 1940 musste ein Flugzeug der Luftwaffe mit einer Kopie der Angriffsbefehle an Bord in Belgien notlanden. Da die Sicherheit nun aufs Äußerste gefährdet war, fragte Hitler General Erich von Manstein um Rat.

Der Querdenker war beim Oberkommando der Wehrmacht in Ungnade gefallen, da er es gewagt hatte, den ursprünglichen Angriffsplan zu kritisieren. Er hatte stattdessen für eine kühne Umverteilung der deutschen Streitkräfte plädiert: Heeresgruppe B sollte immer noch über Holland und Belgien angreifen, um die Aufmerksamkeit der Alliierten auf diesen Abschnitt

Die Karte rechts zeigt das Vorrücken der deutschen Streitkräfte in Frankreich, das nach nur sechs Wochen zusammenbrach.

Niederlage Frankreichs
Juni bis Juli 1940

Deutsches Heer		Weitestes deutsches Vorrücken am 22. Juni
Deutsche Division oder Armeekorps		Italienischer Angriff am 10. Juni
Französisches Heer		Alliiertes Territorium
Deutsche Bewegung		Deutschland und dt. Besetzungen
Alliierter Rückzug		Vichy-Territorium
Frontverlauf am 12. Juni		

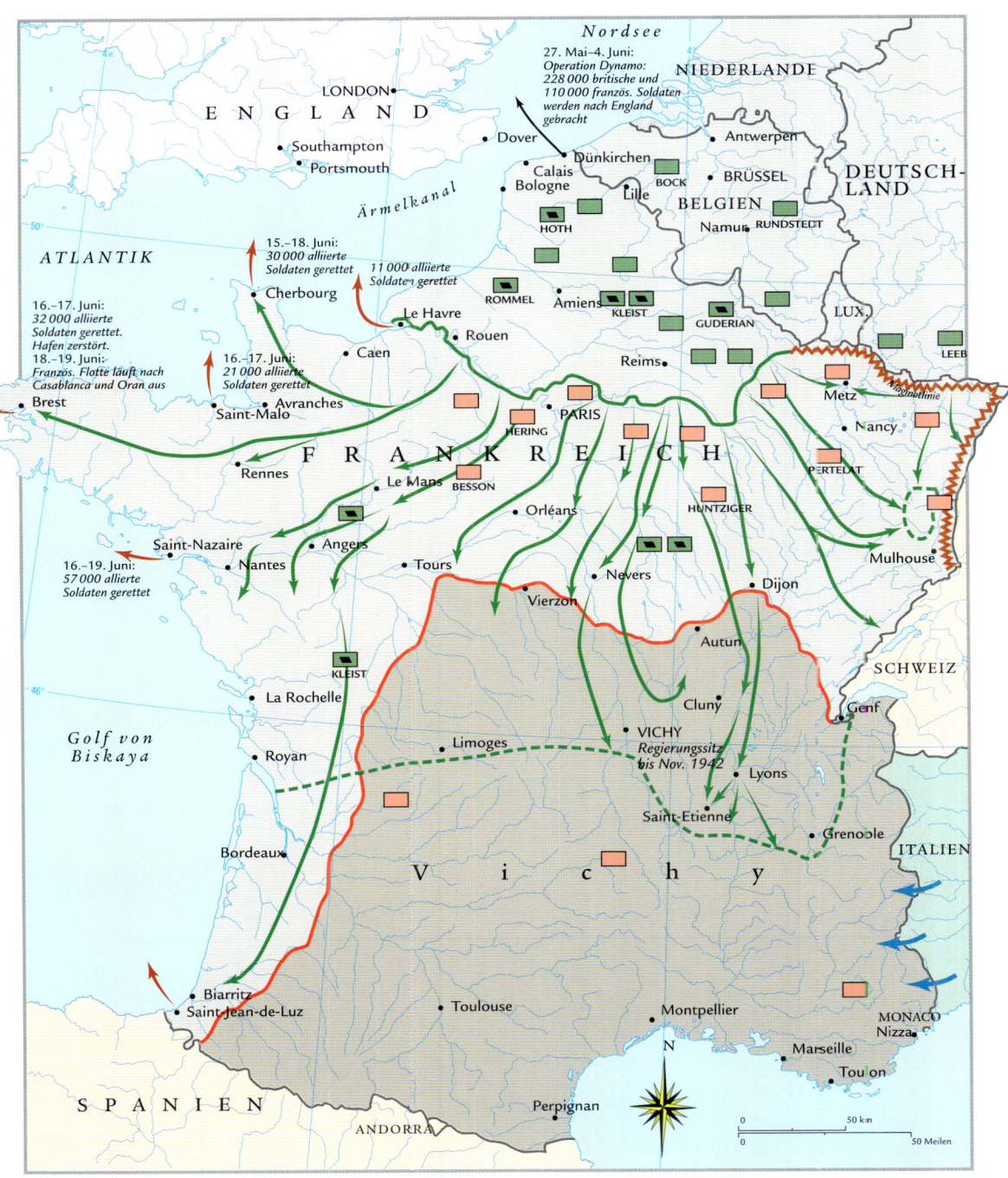

Nordsee

ENGLAND

27. Mai–4. Juni:
Operation Dynamo:
228 000 britische und
110 000 französ. Soldaten
werden nach England
gebracht

NIEDERLANDE

LONDON

Southampton

Portsmouth

Dover

Antwerpen

DEUTSCH-
LAND

Ärmelkanal

Calais

Bologne

Dünkirchen

BOCK

BRÜSSEL

Lille

BELGIEN

Namur

RUNDSTEDT

LUX.

50

ATLANTIK

15.–18. Juni:
30 000 alliierte
Soldaten gerettet.

11 000 alliierte
Soldaten gerettet

HOTH

Cherbourg

ROMMEL

Amiens

KLEIST

GUDERIAN

LEEB

16.–17. Juni:
32 000 alliierte
Soldaten gerettet.
Hafen zerstört.

18.–19. Juni:
Französ. Flotte läuft nach
Casablanca und Oran aus

Le Havre

Rouen

Metz

Nancy

16.–17. Juni:
21 000 alliierte
Soldaten gerettet

Caen

Reims

Brest

Saint-Malo

Avranches

HERING

PARIS

BESSON

PERTELAT

Rennes

FRANKREICH

Le Mans

HUNTZIGER

Mulhouse

Orléans

Saint-Nazaire

Angers

Nantes

Tours

Nevers

Dijon

16.–19. Juni:
57 000 alliierte
Soldaten gerettet

KLEIST

Vierzon

Autun

SCHWEIZ

La Rochelle

Cluny

Genf

Golf von
Biskaya

Royan

Limoges

VICHY
Regierungssitz
bis Nov. 1942

Lyons

46

Bordeaux

Vichy

Saint-Etienne

Grenoble

ITALIEN

Biarritz

Saint-Jean-de-Luz

Toulouse

Montpellier

MONACO
Nizza

SPANIEN

Perpignan

Marseille

Toulon

ANDORRA

N

0   50 km

0   50 Meilen

der Front zu lenken. Der Schwerpunkt des Hauptangriffs sollte jedoch weiter im Süden liegen und über die hügeligen und dicht bewaldeten Ardennen erfolgen.

Nach Meinung des französischen Oberkommandos war die Region für Panzer unpassierbar; dennoch wollte von Manstein das Gros von Hitlers Panzern genau dort sehen. Der Blitzangriff, versicherte von Manstein Hitler, würde die Alliierten verwirren und effektive Gegenangriffe verhindern. Daraufhin befürwortete Hitler den neuen Plan.

> *Von Manstein war beim Oberkommando der Wehrmacht in Ungnade gefallen. Er hatte den ursprünglichen Angriffsplan kritisiert und stattdessen für eine Umverteilung der Streitkräfte plädiert.*

Alles verlief so, wie von Manstein es vorhergesehen hatte. Während die Alliierten gebannt nach Norden blickten, wühlte sich Heeresgruppe A unbemerkt durch die Ardennen. Am 12. Mai gelangte sie in der Nähe von Sedan an die Meuse. In einer zweitägigen Schlacht kämpften sich die Panzer über den Fluss und schlugen eine 80 Kilometer breite Schneise in die Front der Alliierten.

Panzereinheiten spielten eine Schlüsselrolle im Westfeldzug 1940, bei dem Frankreich binnen sechs Wochen überrollt wurde.

Mit Unterstützung von Stukas der Luftwaffe rangen die Panzereinheiten den französischen Widerstand nieder.

Nun war die Frage, in welche Richtung sich die Panzer wenden würden. Direkt nach Paris? Nein, sie fuhren nach Westen durch das Tal der Somme, um einen Korridor zur Ärmelkanalküste zu öffnen.

Das »Wunder von Dünkirchen«

Am 19. Mai wurde Gamelin entlassen und durch General Maxime Weygand ersetzt, der eine äußerst verzweifelten Lage vorfand: Die Niederländer hatten kapituliert, die Belgier standen kurz davor. Das Britische Expeditionskorps und die französische 1. Armee waren eingekesselt.

Der neue Oberbefehlshaber plante einen Zangenangriff, um den Korridor der Deutschen zu blockieren; das BEF sollte im Norden, die Franzosen im Süden angreifen. Die Briten griffen auch bei Arras an, die Franzosen jedoch nicht. Anstatt sich zu den französischen Verbündeten durchzukämpfen, zog sich das BEF unter Lord Gort nach Dünkirchen zurück; von dort aus, so hoffte er, konnte sich zumindest ein Teil des BEF in Sicherheit bringen.

Hätten die Panzer ihren Vorteil ausgenutzt, wäre die Evakuierung im Keim erstickt worden. Doch am 26. Mai befahl Hitler den Panzern haltzumachen; Göring hatte ihm versichert, die Luftwaffe könne die Evakuierung alleine unterbinden. So kam die deutsche Kriegsmaschinerie erst fünf Tage später wieder in Gang – zu spät. 338 226 britische und französische Soldaten konnten aus Dünkirchen gerettet werden, allerdings ohne Ausrüstung.

Der Schlussakt

Weygand versuchte, entlang der Somme eine neue Verteidigungslinie aufzubauen, hatte damit aber wenig bis gar keinen Erfolg. Die Divisionen, die eine Wende hätten herbeiführen können, hielten die Maginotlinie, und die französischen Panzerdivisionen waren schon lange von den deutschen Panzern geschlagen. Es erwies sich sogar als problematisch, die Soldaten in Stellung zu bringen.

Am 5. Juni schwärmte die Heeresgruppe B über die Somme aus und erreichte vier Tage später die Seine westlich von Paris. Am nächsten Tag gelang Heeresgruppe A der Durchbruch im Osten. Die französische Regierung floh nach Süden und erklärte Paris zur offenen Stadt, in die die Deutschen am 14. Juni einmarschierten. Auch der Rest der französischen Armee löste sich rasch auf. Am 17. Juni übernahm Marschall Pétain von Paul Reynaud das Amt des Ministerpräsidenten. Seine erste Amtshandlung bestand darin, Hitler um einen Waffenstillstand zu bitten. Am 22. Juni kapitulierten die Franzosen.

Die Luftschlacht um England

Göring brüstete sich, seine Luftwaffe sei unbesiegbar, wurde aber von den Piloten des Royal Air Force Jagdwaffenkommandos in jenem langen heißen Sommer im Jahr 1940 eines Besseren belehrt. David siegte über Goliath.

Nachdem sich die Briten nach der Niederlage Frankreichs im Juni 1940 geweigert hatten, mit Hitler Frieden zu schließen, ordnete dieser die Durchführung des »Unternehmens Seelöwe« an – die Invasion Großbritanniens. Dafür war es allerdings zwingend notwendig, dass die Luftwaffe die Luftherrschaft über den Ärmelkanal und den Süden Englands erlangte. Das wiederum bedeutete die Zerstörung der britischen Jagdflieger am Boden und in der Luft.

Hitlers Befehle an Reichsmarschall Hermann Göring waren unmissverständlich: Die Royal Air Force, so der Führer, musste geschlagen werden, und zwar so, dass sie keine nennenswerten Angriffe gegen die Deutschen mehr durchführen konnte. Göring war davon überzeugt, Hitlers Befehlen Folge leisten zu können, und kündigte an, der britischen Luftwaffe binnen vier Tagen den Garaus zu machen.

Der Luftwaffe standen 1100 kampfbereite Jagdmaschinen und 1500 Bomber zur Verfügung, die in Frankreich, den Niederlanden und in Norwegen auf ihren Einsatz warteten. Generaloberst Sir Hugh Dowding, der Befehlshaber der Jagdwaffe, konnte gerade einmal 1300 Flugzeuge in die Luft bringen. Dennoch war die Luftwaffe weit weniger überlegen, als man annehmen könnte.

Die Messerschmitt Bf 109, das wichtigste Jagdflugzeug der Deutschen, war so gut wie die Spitfires und besser als die Hurricanes der britischen Jagdwaffe, konnte sich aber nur minutenlang in britischem Luftraum aufhalten, zum Auftanken nach Hause fliegen musste.

Darüber hinaus verfügte die Jagdwaffe über Radar, das vor den Angriffen der

> *Die Royal Air Force, so der Führer, musste geschlagen werden, und zwar so, dass sie keine nennenswerten Angriffe gegen die Deutschen mehr durchführen konnte.*

Deutschen warnte. Insgesamt gab es 21 Radarstationen, die sich in einem langen Bogen die Küste entlang erstreckten. Sie wurden von 30 000 Freiwilligen des Royal Observer Corps unterstützt, die 1000 Observationsposten im Inneren des Landes besetzten. Ihre Nachrichten gingen im Jagdwaffenhauptquartier in Stanmore, Middlesex, ein und wurden von dort an alle Einsatzgruppen weitergeleitet.

Die Schlacht beginnt

Hitler und Göring schienen es mit ihrem Luftangriff nicht eilig zu haben. Im Juli kam es zwar zu sporadischen Gefechten

über dem Ärmelkanal, doch erst am 2. August folgte der lange erwartete Befehl, die »englische Luftwaffe in der kürzest möglichen Zeit zu vernichten«. Die deutsche Luftwaffe machte sich abflugbereit.

Görings Strategie war einfach. Er wollte die Royal Air Force in Kämpfe verwickeln, indem er Ziele angreifen ließ, die die Jagdwaffe verteidigen musste. Ab dem 13. August flogen die Deutschen mehr als 1000 Einsätze täglich. Die Jagdwaffe zitterte unter dem Beschuss, hielt aber durch. Von

Die Spitfire leistete ihren Beitrag dazu, dass die deutsche Luftwaffe in der Luftschlacht um England geschlagen werden konnte.

Anfang an hatte die deutsche Luftwaffe die größeren Verluste zu beklagen.

Eine andere Taktik

Als Reaktion darauf änderte Göring seine Taktik. Nun sollten die Messerschmitts nicht mehr großräumig über das Schlachtfeld fliegen, sondern in der Nähe der verletzlichen Bomber bleiben und diese schützen. Zudem konzentrierte er sich darauf, die Jägerstützpunkte am Boden auszuschalten. Das zahlte sich allmählich aus – obwohl die Verluste der Royal Air Force an Jagdflugzeugen und vor allem Piloten immer noch geringer waren als die der Deutschen. Daraufhin änderte die Luftwaffe ihre Taktik erneut.

Hitler hatte befohlen, London nicht zu bombardieren; am 24. August warf ein verirrter Luftwaffenbomber jedoch versehentlich Bomben über der Hauptstadt ab. Am nächsten Abend griff die Royal Air Force Berlin an – obwohl Göring den Berlinern versichert hatte, dies werde nie geschehen. Also befahl auch Hitler der Luftwaffe, das Ziel zu ändern: Am Nachmittag des 7. September hagelte es Bomben über London, und auf den Flugplätzen hatte man Zeit, sich von den Angriffen zu erholen.

Das Blatt wendet sich

Am 15. September, der heute noch als »Battle of Britain Day« gefeiert wird, setzte die Luftwaffe zu dem, wie sie meinte, vernichtenden Schlag an. Über 1000 Bomber, begleitet von 700 Jagdflugzeugen, flogen einen Angriff auf den Norden Englands. Er endete in einer Katastrophe, selbst wenn die Behauptung der Royal Air Force, 185 feindliche Flugzeuge abgeschossen zu haben, übertrieben war. Sie verlor nur 26 Jagdflugzeuge und 13 Piloten. Fünf Tage später verschob Hitler das »Unternehmen Seelöwe« auf unbestimmte Zeit. Im Laufe der folgenden zehn Tage – der letzte große Angriff bei Tag fand am 30. September statt – schoss die Jagdwaffe mehr als doppelt so viele Flieger ab, wie sie selbst verlor.

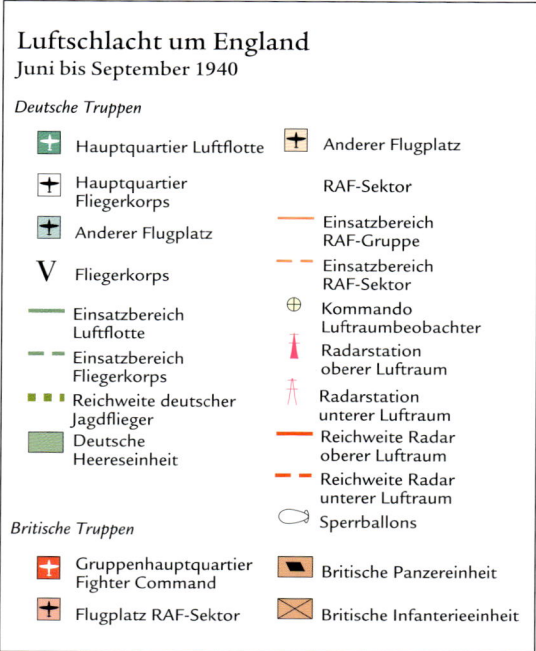

Luftschlacht um England
Juni bis September 1940

Deutsche Truppen

Hauptquartier Luftflotte	Anderer Flugplatz
Hauptquartier Fliegerkorps	RAF-Sektor
Anderer Flugplatz	Einsatzbereich RAF-Gruppe
V Fliegerkorps	Einsatzbereich RAF-Sektor
Einsatzbereich Luftflotte	Kommando Luftraumbeobachter
Einsatzbereich Fliegerkorps	Radarstation oberer Luftraum
Reichweite deutscher Jagdflieger	Radarstation unterer Luftraum
Deutsche Heereseinheit	Reichweite Radar oberer Luftraum
	Reichweite Radar unterer Luftraum

Britische Truppen

Gruppenhauptquartier Fighter Command	Sperrballons
Flugplatz RAF-Sektor	Britische Panzereinheit
	Britische Infanterieeinheit

Die Karte rechts zeigt die Positionen der britischen und deutschen Luftwaffenstreitkräfte während der Luftschlacht um England.

Wrexham
Hucknall
L
Derby
Nottingham
Shrewsbury
The Wash
Sheringham
Stamford
J
Norwich
K
Birmingham
Coventry
G
Cambridge
Bury St Edmunds
F
Bedford
Ipswich
Bletchley
Felixstowe
Harwich
E
Gloucester
Oxford
W
Z
Brentwood
London
Southend-on-Sea
Y
Bath
Tilbury
Dartford
Chatham
Canterbury
D
Sevenoaks
Deal
Salisbury
A
Horsham
B
C
Dover
Folkestone
Yeovil
Winchester
Southampton
Brighton
Eastbourne
Newhaven
Portsmouth
Bognor Regis
Isle of Wight
Bournemouth
Portland
Shanklin

Nordsee
Southwold

Ostende
Nieuwpoort
De Panne
Dünkirchen
Calais
Saint-Omer
Ypres
Boulogne
Etaples
Berck
Saint-Pol
Arras
Abbeville
Albert
Le Tréport
Péronne
Dieppe
Montdidier
Fécamp
Beauvais
I
Alderney
Cherbourg
Baie de la Seine
Le Havre
Deauville
Guernsey
Sark
Kanalinseln
Carentan
Bayeux
Caen
Jersey
Saint-Lô
Evreaux
Saint-Germain
Paris
Versailles
VIII
Granville
Saint-Malo
Avranches
Dreux
V
Golfe de St Malo
Saint-Brieuc
Alençon
Dinan

Straße von Dover

Ärmelkanal

0   50 km
0   50 Meilen

Atlantikschlacht

Der lange Kampf um die Vorherrschaft über die Schifffahrtswege im Atlantik begann fast augenblicklich nach Ausbruch der Feindseligkeiten 1939 und war eine der entscheidenden Schlachten im gesamten Zweiten Weltkrieg.

Schon im Ersten Weltkrieg hatten die Deutschen versucht, die britischen Versorgungslinien über den Atlantik zu kappen. Doch als Deutschland im September 1939 Polen überfiel, hatte der spätere Großadmiral Karl Dönitz, der Befehlshaber der U-Boot-Waffe der Kriegsmarine, lediglich 57 U-Boote, von denen nur acht fähig waren, im Atlantik zu kreuzen und in den Heimathafen zurückzukehren. Für einen erfolgreichen Atlantikfeldzug, so Dönitz zu Hitler, brauche er 300 hochseetaugliche U-Boote.

Dennoch begannen die deutschen U-Boot-Fahrer den Krieg mit einem großen Auftakt. Nur wenige Stunden nach den ersten Kampfhandlungen versenkte U-30 das Passagierschiff *Athenia* auf seinem Weg nach Montreal; 93 Passagiere und 19 Mitglieder der Crew kamen ums Leben. 14 Tage später versenkte U-29 den Flugzeugträger *HMS Courageous*. Am 13. Oktober gelang es U-47, zur Bucht Scapa Flow durchzudringen, dem Hauptankerplatz der Royal Navy, und das Schlachtschiff *HMS Royal Oak* zu versenken. Dem U-Boot-Kommandanten Günther Prien und seiner Crew bereitete man bei ihrer Rückkehr nach Kiel einen frenetischen Empfang.

In den folgenden Monaten verloren die Briten trotz Konvoisystem immer mehr Handelsschiffe. Im August 1940 beliefen sich die Verluste auf 2,5 Millionen Bruttoregistertonnen. Nach der Niederlage Frankreichs hatte Dönitz zahlreiche U-Boote in den Golf von Biskaya abkommandiert, von wo aus sie ihre Angriffe intensivieren konnten.

Allein im April 1941 versenkten die U-Boote rund 700 000 Tonnen, im Juni über fünf Millionen. Die britischen Werften konnten davon nur etwa 800 000 Tonnen ersetzen.

Die »Wolfsrudel« in Aktion

Die Hauptursache des Problems waren zu wenige Begleitschiffe. Obwohl die Vereinigten Staaten Großbritannien 50 antiquierte

Zerstörer überließen, konnten diese wenig ausrichten. Und die Reichweite der Flugzeuge war zu kurz, als dass sie mitten im Nordatlantik, wo die meisten Gefechte stattfanden, Luftunterstützung hätten geben können.

Außerdem hatte Dönitz seine Taktik geändert. Statt seine U-Boote einzeln ins Gefecht zu schicken, ließ er sogenannte Wolfsrudel bilden. Wenn ein einzelnes U-Boot einen Konvoi sichtete, griff es nicht wie eigentlich üblich an, sondern beschattete ihn und gab Position und Kurs an andere U-Boote im näheren Umkreis durch. Die U-Boote griffen erst an, wenn sie sich zu einem Rudel versammelt hatten – meist bei Nacht an der Wasseroberfläche.

Als die Vereinigten Staaten im Dezember 1941 in den Krieg eintraten, weiteten die U-Boote den Konflikt umgehend auf die Ostküste der USA aus. Darauf war die US-Kriegsmarine nicht vorbereitet – der Verlust an Schiffen war enorm. Zwischen Januar und April 1942 wurden 80 Schiffe versenkt; im April und Mai war die Zahl der versenkten Schiffe dreimal so hoch wie noch zu Beginn des Jahres. Doch nach und nach griffen die Gegenmaßnahmen der USA, insbesondere der Begleitschutz in Form von Flugzeugträgern für die Konvois. Allmählich änderte sich die Situation zugunsten der Alliierten; immer mehr deutsche U-Boote wurden versenkt.

Die Kryptologen von Bletchley Park knackten den Code der Engma und trugen damit zum siegreichen Ausgang der Atlantikschlacht bei.

Der Höhepunkt der Krise

Doch noch gab Dönitz sich nicht geschlagen. Im Januar 1943 waren rund 116 U-Boote im Einsatz, die im März fast ebenso viele Schiffe versenkten wie 1942. Als sich Churchill und Roosevelt im Januar 1943 trafen, machten sie die Vernichtung der U-Boote zu ihrer obersten Priorität.

Im Mai wendete sich schließlich das
Blatt. Konvoi ONS2–42 musste vom
28. April bis zum 6. Mai zwar gegen
51 U-Boote kämpfen, konnte davon jedoch
fünf versenken, während er selbst nur 13
von 42 Handelsschiffen einbüßte. Drei
U-Boote fielen dem Begleitschutz zum
Opfer, die anderen beiden Langstrecken-
Flugbooten – neben den Liberator-Bom-
bern eine neue Waffe der Alliierten.

Im gleichen Monat startete das RAF-
Küstenkommando eine gemeinsame Offensive der Luft- und Seestreitkräfte; im Juni
beteiligte sich auch die US-Kriegsmarine
daran und entsandte »Hunter-Killer-
Groups« von Flugzeugträgern und Zerstörern. In der Zwischenzeit hatten die
Kryptologen von Bletchley Park den Code
der deutschen Chiffriermaschine Enigma
geknackt, und durch die Einführung des
Flugradars konnten die U-Boote auch bei
Nacht aufgespürt werden. In einem einzigen Monat wurden im Golf von Biskaya
38 U-Boote versenkt; 43 weitere sanken.
Bald darauf ordnete Dönitz den Rückzug
der U-Boot-Flotte aus dem Nordatlantik
an. Sie kämpfte zwar bis in die letzten
Stunden des Krieges hinein, in der Altlan-
tikschlacht war sie jedoch empfindlich
geschlagen.

Die Karte rechts zeigt die an der Atlantikschlacht beteiligten Territo-
rien, die Luftsicherung und die wichtigsten Konvoirouten.

Atlantikschlacht
Mai bis September 1943

— Durch Flugzeuge gesichert

Wichtige Konvoiroute

• Alliiertes Versorgungsschiff
durch dt. U-Boot versenkt

U-Boot versenkt

Gebiet unter alliierter Kontrolle

Gebiet unter Kontrolle der
Achsenmächte

Neutrales Gebiet

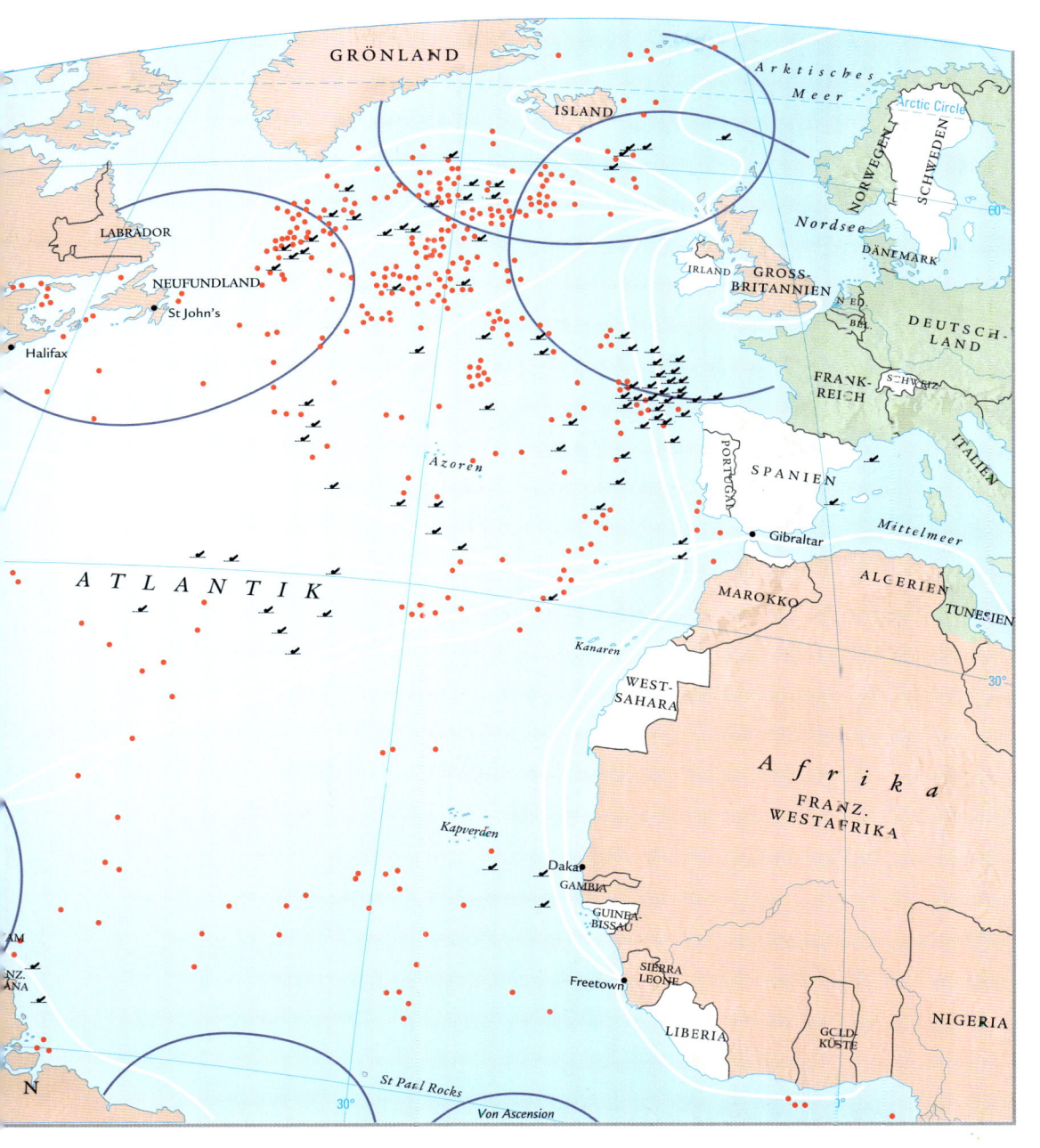

GRÖNLAND

ISLAND

Arktisches Meer

Arctic Circle

NORWEGEN

SCHWEDEN

Nordsee

DÄNEMARK

IRLAND GROSS-BRITANNIEN

N·ED
BE.

DEUTSCH-LAND

60°

LABRADOR

NEUFUNDLAND

St John's

Halifax

FRANK-REICH

SCHWEIZ

ITALIEN

PORTUGAL

SPANIEN

Azoren

Gibraltar

Mittelmeer

A T L A N T I K

MAROKKO

ALGERIEN

TUNESIEN

Kanaren

WEST-SAHARA

30°

A f r i k a

FRANZ. WESTAFRIKA

Kapverden

Dakar

GAMBIA

GUINEA-BISSAU

AM

NZ.
NA

SIERRA LEONE

Freetown

LIBERIA

GOLD
KÜSTE

NIGERIA

N

St Paul Rocks

30°

0°

Von Ascension

Pearl Harbor

Der Angriff der Japaner auf Pearl Harbor ging als größter Überraschungsangriff aller Zeiten in die Geschichte ein. Dabei wurde der Großteil der Pazifikflotte der Vereinigten Staaten kampfunfähig gemacht, die Flugzeugträger jedoch entkamen.

Seit König Kalakaua, der Herrscher von Hawaii, den Vereinigten Staaten von Amerika 1887 das Recht erteilt hatte, dort eine Bekohlungsanlage zu errichten, hatte sich Pearl Harbor zu einem Knotenpunkt der US-Seemacht im Pazifik entwickelt. 1941 machten die Amerikaner Pearl Harbor zum neuen Heimatstandort ihrer Pazifikflotte – und damit zum logischen Angriffspunkt für die Japaner. Deren Ziel war zwar ehrgeizig, aber recht simpel: Durch einen verheerenden Überraschungsangriff wollten sie die noch nicht auf den Krieg vorbereiteten US-Seestreitkräfte im Pazifik vernichten.

Yamamoto ist vorbereitet

Die Beziehungen zwischen den beiden Großmächten hatten sich seit Monaten verschlechtert, seit die Vereinigten Staaten wegen Japans Expansionspolitik ein Embargo über Japan verhängt hatten, das das Land von der Versorgung mit Kriegsmaterial abschnitt. Als sie dann noch den Verkauf von Öl und Flugzeugtreibstoff an die Japaner verboten, war das Maß voll. Persönlich war Admiral Yamamoto Isoroku, Oberkommandierender der Vereinigten Flotte, zwar gegen einen Krieg mit den USA, dennoch beschäftigte er sich bereits mit den Vorbereitungen für den Angriff auf Pearl Harbor. Genda Minoru, Japans führender Lufttaktiker, wurde mit der Einsatzplanung betraut, Fuchida Mitsuo, das Fliegerass der Japanischen Marineluftstreitkräfte, mit der Leitung des eigentlichen Angriffs.

Die erste Schwierigkeit waren Pearl Harbors relativ flache Gewässer. Bei einer durchschnittlichen Tiefe von 13,7 Metern galt es als torpedobombersicher, denn die japanischen Torpedos brauchten eine Tiefe von über 23 Metern. Die Japaner lösten das Problem mit der Entwicklung eines sehr flach verlaufenden Torpedos, der von einem niedrig fliegenden Flugzeug abgeschossen wurde. Nach monatelangem Training waren Fuchidas Piloten so weit, der Krieg rückte immer näher.

»Erklimmt den Berg Niitaka«

Im Spätherbst 1941 traf sich die Einsatz-
gruppe Pearl Harbor unter größter Geheimhaltung in der Tankan-Bucht in
Nordjapan. Sie umfasste 32 Schiffe: die
Flugzeugträger *Akagi, Hiryu, Soryu, Kaga,
Zuikaku* und *Shokaku,* zudem Schlachtschiffe, schwere Kreuzer, Zerstörer und eine
Flotille von U-Booten. Das Kommando
hatte Vizeadmiral Nagumo Chuichi. Am
26. November lichtete seine Flotte den
Anker und fuhr über die Nordroute in
Richtung Hawaii. Wetter und See waren
zwar rau, doch nutzten die Japaner die
Winterstürme,um ihr Nahen zu verschlei-
ern und den Feindkontakt zu verzögern.

Aus demselben Grund hielt man strikte
Funkstille. Am 2. Dezember erhielt Nagumo jedoch eine verschlüsselte Nachricht
aus Tokio: »Erklimmt den Berg Niitaka«.
Es war das Angriffssignal.

»Tora, Tora, Tora!«

Am 6. Dezember befanden sich die Japaner
370 Kilometer nördlich von Oahu und
damit schon in Angriffsnähe von Pearl
Harbor. Punkt 6 Uhr am folgenden Morgen drehten sich die Flugzeugträger in
den Wind und starteten die erste Welle
Kampfflugzeuge. Der Angriff wurde von
Fuchida selbst angeführt. Die zweite Welle
folgte eine Stunde später; zu der Zeit hatte
Fuchida sein Ziel schon fast erreicht.

Die US-Streitkräfte in Pearl Harbor
waren auf den Angriff an diesem Sonntag-
morgen komplett unvorbereitet. Die Flotte
lag friedlich vor Anker, die zum Schutz
abgestellten Jagdmaschinen standen Flügel
an Flügel auf den nahe gelegenen Flugplätzen. Man hatte Fuchidas Kommen zwar per
Radar entdeckt, doch hielt man die Flugzeuge fälschlicherweise für B-17-Bomber,
deren Ankunft aus Kalifornien man an
diesem Morgen erwartete. Pearl Harbor war
völlig ungeschützt.

Um 7:55 Uhr griff Fuchida mit dem
Kommando »Tora, Tora, Tora!« an. Binnen
15 Minuten versenkten seine Torpedobomber fünf US-Schlachtschiffe und beschädigten drei weitere schwer. Gleichzeitig griffen
seine Jagdmaschinen und Sturzkampfflugzeuge die Flugplätze bei Kaneohe, Hickam,
Ewa, Bellows und Wheeler an, wo sie die
Flugzeuge der Amerikaner am Boden
zerstörten. Die zweite Angriffswelle erfolgte gegen 8:50 Uhr und traf immer noch
kaum auf Widerstand. Um 9:45 Uhr been-
deten die Japaner den Angriff. Insgesamt
hatten sie nur 29 der 360 von Nagumos
Flugzeugträgern gestarteten Flugzeuge
verloren. Nagumo beschloss, es gut sein zu
lassen, sagte die geplante dritte Angriffswelle ab und befahl der Einsatzgruppe,
nach Hause zurückzukehren.

Obwohl es einen anderen Anschein
erweckte, war der Angriff kein voller Erfolg

für die Japaner. Die drei Flugzeugträger der US-Pazifikflotte, auf die es die Japaner eigentlich abgesehen hatten, waren zum Zeitpunkt des Angriffs auf See und blieben deshalb unbeschädigt. Wäre es zu einer dritten Angriffswelle gekommen, wie Fuchida und Genda es wollten, hätte man vielleicht auch dieses drei Flugzeugträger aufgespürt und versenkt. Außerdem griffen die Japaner auch nicht die Öltanks der Amerikaner in Pearl Harbor an und verpassten so die Chance, die US-Pazifikflotte monatelang außer Gefecht zu setzen. Für diese beiden Fehler mussten sie später einen hohen Preis bezahlen.

Im Dezember 1941 griffen japanische Flugzeuge Pearl Harbor an – der größte Überraschungsangriff aller Zeiten.

Japanischer Angriff auf Pearl Harbor
7. Dezember 1941

1. 15 Kate-Torpedobomber, gestartet von der *Akagi*, bilden die erste Welle von insgesamt 49 angreifenden Flugzeugen.
2. Kate-Torpedobomber von der *Soryu*
3. Kate-Torpedobomber von der *Hiryu*
4. Erste Welle Kate-Torpedobomber von *Akagi* und *Kaga*
5. Zweite Welle Kate-Torpedobomber von *Soryu* und *Hiryu*

1. Versorgungsschiff *Whitney* und Zerstörer *Tucker, Conyngham, Reid, Case* und *Selfridge*
2. Zerstörer *Blue*
3. Leichter Kreuzer *Phoenix*
4. Zerstörer *Aylwin, Farragut, Dale* und *Monaghan*
5. Zerstörer *Patterson, Ralph, Talbot* und *Henley*
6. Versorgungsschiff *Dobbin* und Zerstörer *Worden, Hull, Dewey, Phelps* und *MacDonough*
7. Hospitalschiff *Solace*
8. Zerstörer *Allen*
9. Zerstörer *Chew*
10. Minenleger *Gamble* und *Montgomery* und Leichter Minenleger *Ramsay*
11. Minenleger/Minensucher *Trever, Breese, Zane, Perry* und *Wasmuth*
12. Werkstattschiff *Medusa*
13. Flugbootversorger *Curtiss*
14. Leichter Kreuzer *Detroit*
15. Leichter Kreuzer *Raleigh*
16. Hilfsschiff *Utah*
17. Flugbootversorger *Tangier*
18. Schlachtschiff *Nevada*
19. Schlachtschiff *Arizona*
20. Werkstattschiff *Vestal*

21. Schlachtschiff *Tennessee*
22. Schlachtschiff *West Virginia*
23. Schlachtschiff *Maryland*
24. Schlachtschiff *Oklahoma*
25. Tankschiff *Neosho*
26. Schlachtschiff *California*
27. Flugbootversorger *Avocet*
28. Zerstörer *Shaw*
29. Zerstörer *Downes*
30. Zerstörer *Cassin*
31. Schlachtschiff *Pennsylvania*
32. U-Boot *Cachalot*
33. Minenleger *Oglala*
34. Leichter Kreuzer *Helena*
35. Hilfsschiff *Argonne*
36. Kanonenboot *Sacramento*
37. Zerstörer *Jarvis*
38. Zerstörer *Mugford*
39. Flugbootversorger *Swan*
40. Werkstattschiff *Rigel*
41. Tankschiff *Ramapo*
42. Schwerer Kreuzer *New Orleans*
43. Zerstörer *Cummings* und Leichte Minenleger *Preble* und *Tracy*
44. Schwerer Kreuzer *San Francisco*
45. Minensucher *Grebe*, Zerstörer *Schley* und Leichte Minenleger *Pruitt* und *Sicard*
46. Leichter Kreuzer *Honolulu*
47. Leichter Kreuzer *St. Louis*
48. Zerstörer *Bagley*
49. U-Boote *Narwhal, Dolphin* und *Tautog*; Versorgungsschiffe *Thornton* und *Hulbert*
50. U-Boot-Versorger *Pelias*
51. Hilfsschiff *Sumner*
52. Hilfsschiff *Castor*

Östliches Becken

Pearl City

Mittleres Becken

US Marine-
fliegerbasis

Ford Island

Kontroll-
turm

Südöstliches Becken

Öltanks

US-Marine

Öltanks

zum Meer

N

50 Meter

55 Yard

Die Schlacht um Midway

In einer der entscheidendsten Seeschlachten der Geschichte gelang es zwei US-Marine-Einsatzgruppen, die Vorherrschaft der Japaner im Pazifikraum zu beenden, obwohl sie den Japanern waffentechnisch weit unterlegen waren.

Noch trunken von ihrem Triumph bei Pearl Harbor setzte die flugzeugträgergestützte japanische Flotte ihren Siegeszug durch den Pazifik fort, bis sie im Korallenmeer aufgehalten wurde. In der ersten Flugzeugträgerschlacht des Pazifikkriegs verlor sie mehr Flugzeuge als die Amerikaner, während Letztere jedoch mehr Schiffe einbüßten als die Japaner. Der Flugzeugträger *Lexington* sank, die *Yorktown* wurde schwer beschädigt.

Eigentlich hätten die japanischen Flugzeugträger zum Überholen nach Hause zurückkehren müssen. Das mag auch Yamamotos Absicht gewesen sein, doch dann änderte er durch einen unvorhergesehenen Zwischenfall seine Meinung. Am 18. April 1942 griffen 16 B-25-Mitchell-Bomber unter dem Kommando von Lieutenant-Colonel James Doolittle Tokio an.

Der eigentliche Schaden hielt sich zwar in Grenzen, doch der psychische Schock war enorm. Der gedemütigte Yamamoto begann umgehend mit der Planung eines neuen Angriffs. Dieses Mal war das Ziel Midway, eine strategisch wichtige Insel im Mittleren Pazifik.

Ein Racheangriff

Yamamotos Plan war komplex. Ein Kampfverband sollte einen Ablenkungsangriff auf die Aleuten durchführen. Die Midway-Besatzungsflotte sollte von den Marianen aus nach Midway fahren und sich dort mit der Hauptstreitmacht unter Yamamotos Kommando treffen. Der Erste Trägerkampfverband des Vizeadmirals Nagumo Chuichi sollte vor Yamamoto nach Midway fahren und für Unterstützung aus der Luft sorgen. Und schließlich sollten U-Boote

> *Der eigentliche Schaden hielt sich zwar in Grenzen, doch der psychische Schock war enorm. Der gedemütigte Yamamoto begann umgehend mit der Planung eines neuen Angriffs.*

zwischen Midway und Pearl Harbor eventuelle amerikanische Streitkräfte abfangen.

Da die Japaner so weit verstreut waren, konnten nur die Flugzeugträger und die Hauptstreitmacht einander unterstützen. Zudem musste Yamamoto seine Befehle per Funk durchgeben. Er wusste allerdings

nicht, dass US-Kryptologen den japanischen Marinecode geknackt und Midway als Angriffsziel identifiziert hatten. Admiral

Die Karte zeigt die Bewegungen der amerikanischen und japanischen Streitkräfte in der Schlacht um Midway.

Schlacht um Midway
4. bis 5. Juni 1942

US-Flottenbewegung

US-Luftangriff

Japanische Flottenbewegung

Japanischer Luftangriff

Schiff beschädigt

Schiff versenkt

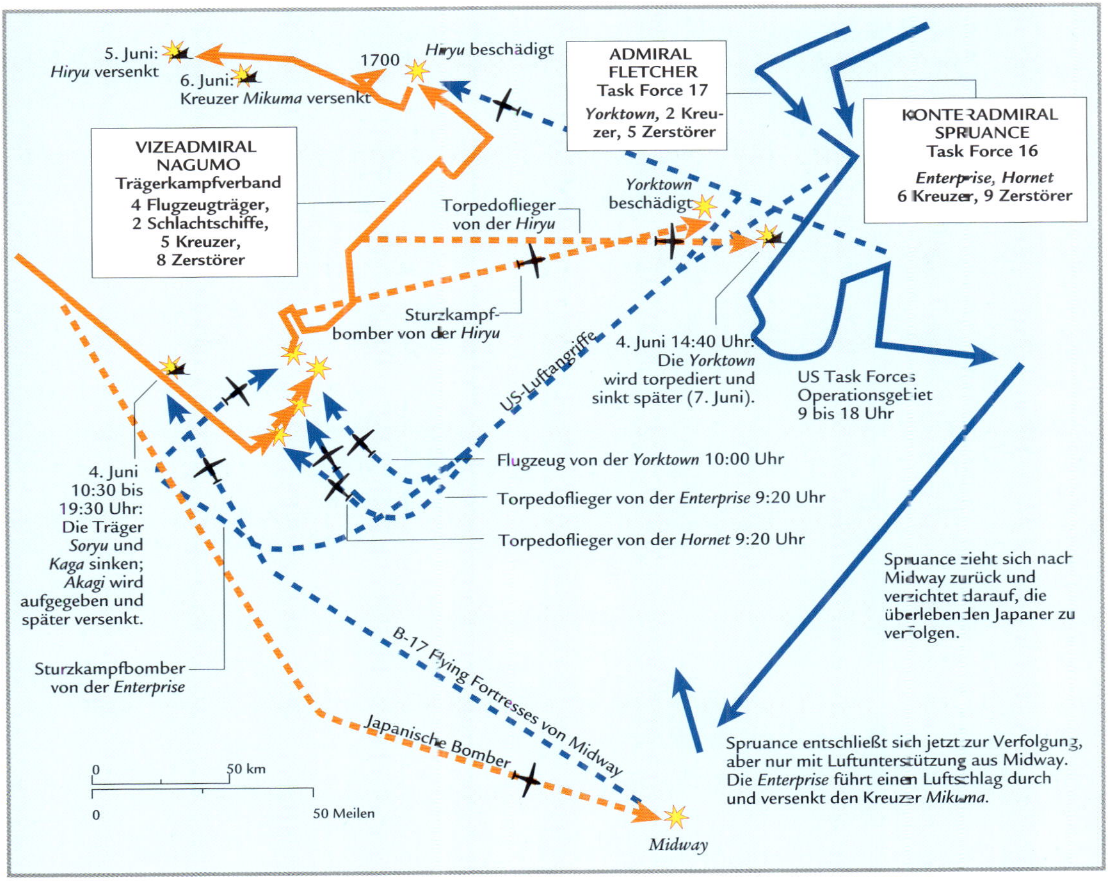

---

5. Juni: *Hiryu* versenkt

6. Juni: Kreuzer *Mikuma* versenkt

Hiryu beschädigt

1700

ADMIRAL FLETCHER Task Force 17
Yorktown, 2 Kreuzer, 5 Zerstörer

KONTERADMIRAL SPRUANCE Task Force 16
Enterprise, *Hornet* 6 Kreuzer, 9 Zerstörer

VIZEADMIRAL NAGUMO Trägerkampfverband
4 Flugzeugträger, 2 Schlachtschiffe, 5 Kreuzer, 8 Zerstörer

Yorktown beschädigt

Torpedoflieger von der *Hiryu*

Sturzkampf-bomber von der *Hiryu*

US-Luftangriffe

4. Juni 14:40 Uhr: Die *Yorktown* wird torpediert und sinkt später (7. Juni).

US Task Forces Operationsgebiet 9 bis 18 Uhr

Flugzeug von der *Yorktown* 10:00 Uhr

Torpedoflieger von der *Enterprise* 9:20 Uhr

Torpedoflieger von der *Hornet* 9:20 Uhr

4. Juni 10:30 bis 19:30 Uhr: Die Träger *Soryu* und *Kaga* sinken; *Akagi* wird aufgegeben und später versenkt.

Sturzkampfbomber von der *Enterprise*

B-17 Flying Fortresses von Midway

Japanische Bomber

Spruance zieht sich nach Midway zurück und verzichtet darauf, die überlebenden Japaner zu verfolgen.

Spruance entschließt sich jetzt zur Verfolgung, aber nur mit Luftunterstützung aus Midway. Die *Enterprise* führt einen Luftschlag durch und versenkt den Kreuzer *Mikuma*.

0   50 km

0   50 Meilen

Midway

Chester Nimitz, der Oberbefehlshaber der US-Pazifikflotte, traf seine Vorbereitungen entsprechend. Seine Schiffe – aufgeteilt in zwei Task Forces unter dem Kommando von Konteradmiral Raymond Spruance bzw. Konteradmiral Frank Fletcher – brachen aus Pearl Harbor auf, bevor die Japaner ihre Abfang-U-Boote in Stellung bringen konnten. Die Task Forces sollten sich nordöstlich von Midway positionieren und den japanischen Flugzeugträgern einen überraschenden Empfang bereiten.

Nagumo greift an

Nagumo startete seinen ersten Angriff auf Midway am 4. Juni 1942 gegen 4:30 Uhr. Er glaubte, die Verteidigung mit nur einem Angriff lahmlegen zu können, wurde aber bald eines Besseren belehrt. Als seine Flugzeuge auf ihr Ziel losstürmten, wurden sie von US-Jagdmaschinen abgefangen, während sich die landgestützten Bomber um die japanische Flotte kümmerten.

Bald darauf ordnete der Befehlshaber der japanischen Luftstreitkräfte einen zweiten Landangriff an, und Nagumo ließ seine verbleibenden Flugzeuge mit Brand- und Splitterbomben bestücken.

Der Gegenangriff der Amerikaner

Nagumo wusste immer noch nicht, dass sich amerikanische Flugzeugträger näherten, doch hatten seine Spähflugzeuge in rund 320 Kilometer Entfernung amerikanische Schiffe gesichtet. Erst gegen 8:20 Uhr erhielt er genauere Nachrichten: »Die feindliche Streitmacht scheint von einem Flugzeugträger begleitet zu werden.« Das war Fletchers Task Force, die sich einsatzbereit machte.

Immer noch zögerte Nagumo. Die Wiederbewaffnung war fast abgeschlossen. Nun mussten die Flugzeuge nochmals neu bewaffnet werden. Außerdem ging seinen Jagdmaschinen allmählich der Treibstoff aus. Verwirrung machte sich breit. Als Nagumo den Kurs in Richtung Osten änderte, um sich der neuen Bedrohung zu stellen, herrschte an Deck seiner Flugzeugträger das pure Chaos.

Um 9:30 Uhr machte die erste Welle amerikanischer Torpedobomber Nagumos Flugzeugträger aus. Eine zweite Welle folgte zehn Minuten später. Beide wurden von Nagumos Jagdfliegerschirm abgefangen und fast vollständig abgeschossen, bevor sie auch nur einen Treffer landen konnten. Doch dann erschienen die amerikanischen Sturzkampfflugzeuge auf der Bildfläche. Um 10:22 Uhr griffen sie die *Kaga* und dann die *Soryu* und die *Akagi* an. Binnen Minuten waren die Flugzeugträger kampfunfähig und sanken schließlich.

Die Karte zeigt die Bewegungen der japanischen und der amerikanischen Flotte und Flugzeuge während der Schlacht um Midway.

Nun konnte nur noch die *Hiryu* die Schlacht fortführen. Da Nagumo dachte, nur gegen einen US-Flugzeugträger zu kämpfen, ordnete er einen Angriff auf die *Yorktown* an. Sie wurde so stark beschädigt, dass Fletcher sie aufgeben musste. Sie wurde später von einem japanischen U-Boot versenkt. Doch auch die *Hiryu* entkam nicht. Am späten Nachmittag wurde sie von US-Sturzkampfflugzeugen attackiert und in Brand gesteckt. Am nächsten Tag wurde sie von ihrer Mannschaft versenkt.

Die Niederlage war verheerend. An einem Tag hatten die Japaner alle Träger-kampfverbände und die Vorherrschaft im Pazifik verloren.

Midway
27. Mai bis 5. Juni 1942

→ Bewegungen der US-Flotte

→ Bewegungen der japanischen Flotte

- - - Reichweite der LS-Luft-überwachung

━━ US-Flugzeugträger

━━ Japanischer Flugzeugträger

UdSSR

Alaska

Beringsee

Attu

Kiska

Aleuten

Kurilen

VIZEADMIRAL HOSOGAYA
Nördliche Flotte

KONTERADMIRAL KAKUTA
Zweiter Trägerkampfverband

PAZIFIK

JAPAN

Akagi
Kaga
Soryu
Hiryu

VIZEADMIRAL NAGUMO
Erster Trägerkampfverband

ADMIRAL FLETCHER
Task Force 17

ADMIRAL YAMAMOTO
Hauptstreitmacht

Midway

Enterprise
Hornet

Yorktown

KONTERADMIRAL KONDO
Zweite Flotte

US-U-Boote

KONTERADM. SPRUANCE
Task Force 16

Pearl Harbor

Hawaii

KONTERADM. TANAKA
Transportflotte

KONTERADM. KURITA
Versorgungsflotte

Wake-Inseln

Japanische Aufklärungs-U-Boote

...nen

Zweite Schlacht von El Alamein

Montgomerys Sieg über Rommel in Nordafrika im Oktober 1942 entschied den Wüstenkrieg zugunsten der Briten. Das Deutsche Afrikakorps wurde aus Ägypten vertrieben und zu einem überstürzten Rückzug gezwungen.

Es war die dunkelste Stunde Großbritanniens in dem nicht enden wollenden Nordafrikafeldzug, den die 8. Armee seit dem Eintritt Italiens in den Krieg 1940 ausfocht: Zwischen Januar und Juli 1942 trieben die vereinten deutsch-italienischen Streitkräfte unter dem Kommando General Erwin Rommels die Briten erbarmungslos nach Ägypten zurück, bis die 8. Armee schließlich bei El Alamein Stellung bezog. Wenn es Rommel gelang, wieder durchzubrechen, würde er mühelos Kairo und den Suez-Kanal erreichen. Die Briten hatten nunmehr nur noch die Wahl: den »Wüstenfuchs« aufzuhalten oder den Feldzug für gescheitert zu erklären.

Was die Briten jedoch nicht wussten, war, dass Rommel allmählich die Vorräte ausgingen. Generalfeldmarschall Albert Kesselring, der das Oberkommando über den Mittelmeerraum hatte, hatte Rommel befohlen, seinen Vormarsch zu stoppen, was Rommel allerdings ignorierte – er wandte sich direkt an Hitler. Der Führer erlaubte ihm, weiterzumachen wie bisher.

> Wenn es Rommel gelang durchzubrechen, würde er Kairo und den Suez-Kanal erreichen. Die Briten hatten die Wahl: den »Wüstenfuchs« aufzuhalten oder den Feldzug für gescheitert zu erklären.

Die Befehlshaber werden ausgetauscht

Feldmarschall Sir Claude Auchinleck, der britische Oberbefehlshaber im Nahen Osten, entschloss sich, bei Alam el Halfa südlich von El Alamein Widerstand zu leisten. Als Rommel dort angriff, gelang es ihm zwar nicht durchzubrechen, doch das reichte nicht aus, um Auchinleck und General Neil Ritchie, den Feldkommandeur der 8. Armee, vor den Konsequenzen einer Niederlage zu bewahren. Churchill, der nach Kairo geflogen war, um sich selbst ein Bild der Lage zu machen, entließ sie beide. Für Auchinleck kam Feldmarschall Sir Harold

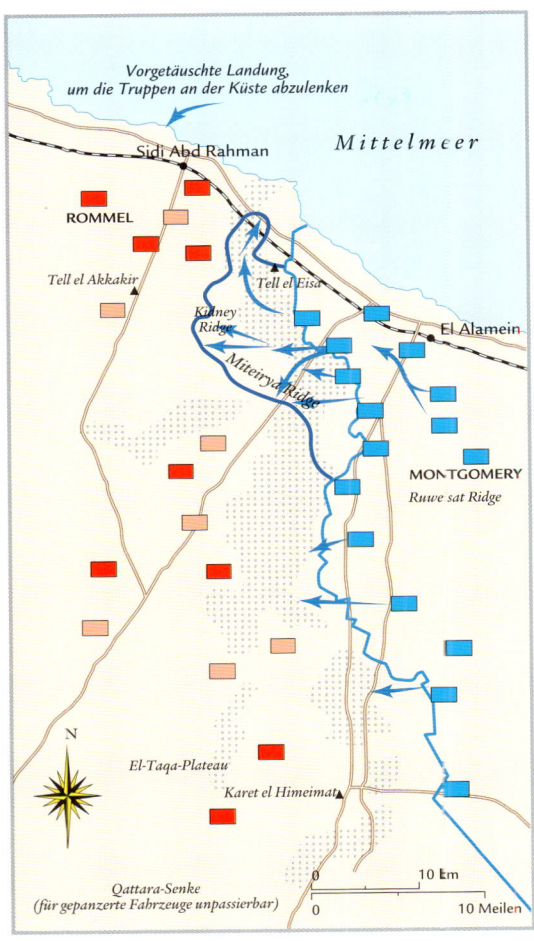

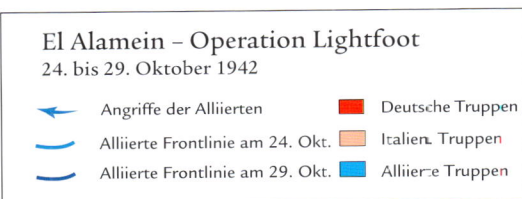

El Alamein – Operation Lightfoot
24. bis 29. Oktober 1942

Angriffe der Alliierten

Alliierte Frontlinie am 24. Okt.

Alliierte Frontlinie am 29. Okt.

Deutsche Truppen

Italien. Truppen

Alliierte Truppen

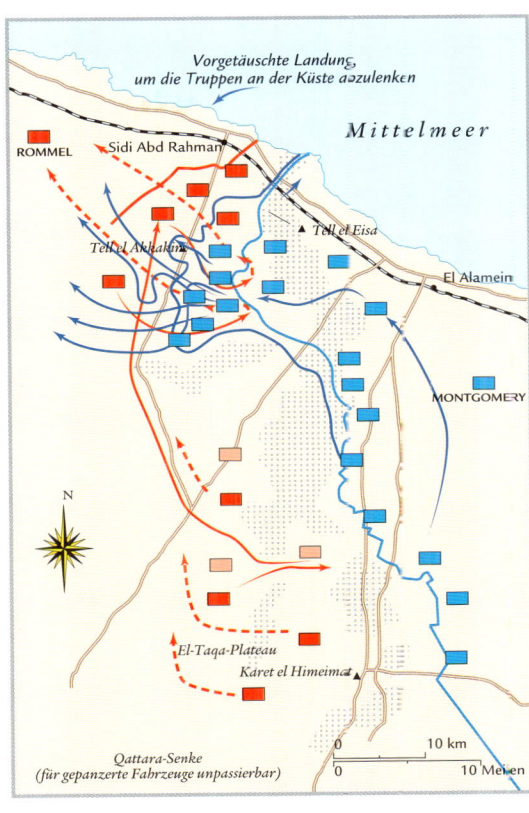

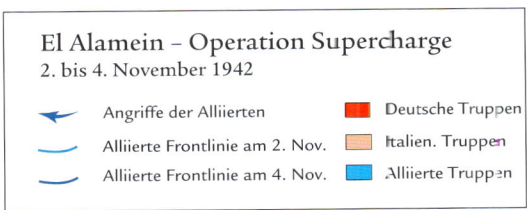

El Alamein – Operation Supercharge
2. bis 4. November 1942

Angriffe der Alliierten

Alliierte Frontlinie am 2. Nov.

Alliierte Frontlinie am 4. Nov.

Deutsche Truppen

Italien. Truppen

Alliierte Truppen

Alexander, für Ritchie kam General Sir Bernard Montgomery.

Eigentlich war Montgomery Churchills zweite Wahl nach Generalleutnant William »Strafer« Gott, der auf dem Weg nach Ägypten abgeschossen worden und ums

Die Karten zeigen die Positionen der deutschen, italienischen und alliierten Einheiten sowie die Angriffe der Alliierten auf El Alamein 1942.

Leben gekommen war. Montgomery hatte bislang noch keine Erfahrungen in einem Wüstenkrieg gesammelt. Trotzdem platzte er schier vor Selbstvertrauen: Er sagte seinen Truppen, fortan werde es kein Bauchgrimmen und keine Rückzüge mehr geben. Nachdem es ihm gelungen war, Ende August einen zweiten Angriff der Achsenmächte auf Alam el Halfa abzuwehren, bereitete sich Montgomery auf seine eigene Offensive vor.

Langsame Fortschritte

Obwohl Churchill ihn täglich zu einem Angriff drängte, weigerte sich Montgomery loszuschlagen, bevor er nicht absolut bereit dazu war. Im Oktober hatte er 150 000 kampfbereite Soldaten und 1114 Panzer. Rommel hatte 110 000 Soldaten, aber nur 600 feldtaugliche Panzer.

Die Schlacht begann am späten Abend des 23. Oktober, als Montgomerys Artillerie entlang einer zehn Kilometer langen Front das Feuer eröffnete. Laut Plan sollte das XIII. Korps einen Ablenkungsangriff im Süden durchführen, um die 21. Panzerdivision und die italienische Ariete-Division in Gefechte zu verwickeln. Kurz darauf sollte die Infanterie des XXX. Korps im Norden vorrücken und zwei schmale Korridore durch die Minenfelder vor den Stellungen der Deutschen und Italiener schaffen. Die Panzerdivisionen des

Rommel, der »Wüstenfuchs«, war einer der charismatischsten von Hitlers Generälen und wurde auch von seinen Feinden bewundert.

X. Korps sollten sich anschließend durch diese Korridore bewegen.

Man kam nur langsam voran. Statt eines raschen Durchbruchs erlebte die 8. Armee eine erste Niederlage. Nun war Montgomerys Ziel, die besten Achseneinheiten an eine Stelle des Schlachtfelds zu locken, an der sie durch den konstanten Druck seiner Streitkräfte zermürbt werden sollten. Er nannte das »Zerbröseln«.

Als Rommel aus Deutschland zurückkehrte – er war auf Genesungsurlaub gewesen –, leistete er den Briten erbitterten Widerstand. Daraufhin warf Montgomery alle Truppen, die er hatte, in das Schlachtfeld an der Küste. Doch inzwischen hatten die Deutschen mit wachsenden Problemen zu kämpfen: Die Alliierten beherrschten den Luftraum, der Treibstoff wurde knapp, es gab weder Maschinenersatzteile noch Munition, noch Lebensmittelnachschub.

Das Afrikakorps wird geschlagen

Der entscheidende Durchbruch gelang den Alliierten schließlich am 2. November, als die 2. Neuseeland-Division und die 1. Panzerdivision im Norden bei Kidney Ridge angriffen. Sie durchbrachen die Verteidigung der Achsenmächte und zwangen Rommel, seine letzten Reserven zu mobilisieren. In dem darauffolgenden Panzergefecht verloren die Achsenmächte über 100 Panzer; mittlerweile blieben Rommel nur noch 35 einsatzbereite Panzer.

Rommel wusste, dass die Schlacht verloren war, und bat Hitler um die Erlaubnis zum Rückzug. Der Führer befahl ihm, die Stellung zu halten und bis zum letzten Mann zu kämpfen. Doch mit einer 19 Kilometer breiten Schneise in seinen Reihen ignorierte Rommel Hitlers Befehl. Das Afrikakorps verließ seine Verbündeten und zog sich nach Westen zurück.

Das war der Wendepunkt im Nordafrikafeldzug. Montgomerys Sieg rettete nicht nur Ägypten und den Suez-Kanal, sondern bescherte der Wehrmacht auch die größte Niederlage außerhalb Russlands seit Kriegsbeginn. Der »Wüstenfuchs« war geschlagen. Später stellte man Rommel wegen seiner Bekanntschaft zu einigen der Attentäter vom 20. Juli 1944 vor die Wahl: Militärgericht und Schande oder Freitod. Er entschied sich für Letzteres – im Tausch gegen das Leben seiner Frau und seines Sohnes.

DATEN & FAKTEN

Zweite Schlacht von El Alamein

Wann? Oktober–November 1942

Wo? El Alamein, Ägypten

Historischer Kontext: Zweiter Weltkrieg (1939–1945)

Beteiligte Parteien: Großbritannien, Deutschland, Italien

Befehlshaber und Heerführer: Harold Alexander, Bernard Montgomery (Großbritannien); Erwin Rommel, Georg Stumme, Ettore Bastico (Deutschland/Italien)

Ausgang: Deutlicher Sieg für die Alliierten

Folgen: Die Schlacht entschied den Wüstenkrieg schließlich zugunsten Großbritanniens; das Deutsche Afrikakorps wurde aus Ägypten vertrieben.

Stalingrad

Als sich Generalfeldmarschall Friedrich Paulus und der Rest der schwer angeschlagenen 6. Armee den Russen nach einer langen Belagerung ergaben, wendete
sich das Blatt an der Ostfront.

Trotz der grauenvollen Verluste, die
seine Armeen im Winter 1941 an
der Ostfront erlitten, war Hitler
entschlossen, die Offensive im nächsten
Sommer fortzusetzen. Statt erneut Moskau
anzugreifen, wandte er sich nach Süden,
um die kaukasischen Ölfelder und die
strategisch wichtige Stadt Stalingrad an
der Wolga einzunehmen. Seine Generäle
warnten ihn: Die deutschen Streitkräfte
seien nicht stark genug, um beide Ziele zu
erreichen. Hitler
verwarf ihre Einwände
– die Ölfelder waren
lebenswichtig. Ohne
sie würde er den Krieg
nicht fortführen
können. Und was
Stalingrad anbelangte: Die Stadt war nicht
nur ein wichtiger Verkehrsknotenpunkt
und ein bedeutendes Industriezentrum. Sie
war auch nach dem russischen Diktator
Josef Stalin benannt, und ihr Fall würde die
Moral der Russen mehr als schwächen.

> *Viele waren der Meinung, Paulus sollte
> versuchen, sich aus der Einkesselung zu
> befreien. Hitler dachte anders. Er lehn-
> te einen Rückzug strikt ab.*

Der Zug an die Wolga

Die Offensive begann im Juni 1942. Am
Anfang lief alles so, wie Hitler es voraus-
gesagt hatte. Zuerst fiel Sewastopol auf der
Halbinsel Krim, dann Rostow. Doch dann
machte der allzu zuversichtliche Führer
den ersten einer Reihe von Fehlern, die
schließlich in einer katastrophalen Niederlage enden sollten.

Hitler war wütend über das zu langsame
Vorrücken und teilte die Heeresgruppe Süd
in Heeresgruppe A
und Heeresgrup-
pe B. Erstere sollte
die Ölfelder ein-
nehmen, Letztere
Stalingrad; außer-
dem sollte Letztere
die Flanke der Heeresgruppe A schützen.
Problematisch war jedoch, dass der Führer
sich nicht entscheiden konnte, welches Ziel
Priorität hatte; so wurde die 4. Panzerarmee von einer Front an die andere
geschickt. Und zu allem Überfluss beorder-

te Hitler die 11. Armee, die einzige wirkliche Reserve, nach Norden zur Verstärkung der Leningrad-Front.

Die Deutschen greifen an

Trotz all dieser Schwierigkeiten erreichte die 6. Armee am 23. August die Wolga nördlich von Stalingrad. Doch erst am 13. September war ihr Kommandeur Friedrich Paulus so weit, nach Stalingrad selbst vorzudringen. Dabei wurde er von der 4. Panzerarmee unterstützt, die die südlichen Vororte der Stadt angriff.

Die Deutschen trafen auf massive Gegenwehr. Marschall Wassili Tschuikow, der Kommandeur der 62. Armee, organisierte einen zermürbenden Straßenkampf. Doch angesichts des anhaltenden Drucks vonseiten der Deutschen wichen die Russen allmählich zurück. Am 12. Oktober hatte Paulus das Stadtzentrum erreicht – oder das, was davon übrig war. Dann griff er das nördliche Fabrikviertel an. Er brauchte bis zum 18. November, bis er auch dort die Wolga erreicht hatte.

Nun kontrollierte Paulus 90 Prozent der Stadt – allerdings zu einem hohen Preis. Um die 6. Armee zu verstärken, wurde eine fatale Entscheidung getroffen: Die rumänischen Truppen wurden ersetzt und zur Verteidigung an die Flanken geschickt. Die Russen beschlossen, dass die Zeit für einen Gegenangriff reif war.

Die russische Offensive

Am 19. und 20. November führten die Russen massive Angriffe nördlich und südlich von Stalingrad durch. Drei Armeen rückten über den Fluss Don vor. Sie durchbrachen die Reihen der glücklosen Rumänen und kesselten die 6. Armee ein. Die Belagerer wurden nun selbst belagert.

Viele waren der Meinung, Paulus sollte versuchen, sich aus der Einkesselung zu befreien. Hitler dachte anders. Er lehnte einen Rückzug strikt ab und befahl Paulus, die Stellung zu halten und auf Verstärkung zu warten. Göring versicherte Hitler, die Luftwaffe könne Paulus aus der Luft versorgen.

Der laute, aber inkompetente Reichsmarschall irrte sich. Die Luftwaffe konnte diese Aufgabe nicht erfüllen. Die maximale Luftfrachtkapazität betrug 117 Tonnen pro Tag – Paulus aber benötigte rund 800 Tonnen. Als die Russen den Druck erbarmungslos weiter verstärkten, begannen die Deutschen, zu hungern und ohne Winterkleidung zu erfrieren. Hitler befahl Generalfeldmarschall Erich von Manstein, die Belagerung zu durchbrechen. Manstein kam bis auf 48 Kilometer an die Stadt heran, musste sich am 19. Dezember jedoch zurückziehen.

Am 8. Januar 1943 starteten die Russen ihre letzte Großoffensive. Hitlers Befehl lautete: Kämpfen bis zum letzten Mann.

Am 30. Januar – fünf Tage nachdem der letzte Landeplatz innerhalb der deutschen »Igelstellung« gestürmt worden war – ernannte Hitler Paulus zum Generalfeldmarschall. Da sich bis jetzt noch kein Wehrmachtsoffizier dieses Ranges ergeben hatte, forderte er ihn damit indirekt zum Selbstmord auf. Doch am nächsten Tag kapitulierte die 6. Armee, der letzte deutsche Widerstand endete am 2. Februar. Die langen und bitteren Monate des Kämpfens waren endlich vorbei.

DATEN & FAKTEN

Stalingrad

Wann? 23. August 1942–2. Februar 1943

Wo? Stalingrad, Sowjetunion

Historischer Kontext: Zweiter Weltkrieg (1939–1945)

Beteiligte Parteien: Sowjetunion, Deutschland

Befehlshaber und Heerführer: Georgi Schukow, Nikolai Woronow (Sowjetunion); Erich von Manstein, Friedrich Paulus (Deutschland)

Ausgang: Deutlicher Sieg für die Russen

Folgen: Mit dieser Schlacht wendete sich das Blatt im Zweiten Weltkrieg; ab da errang Deutschland keine nennenswerten strategischen Siege mehr im Osten.

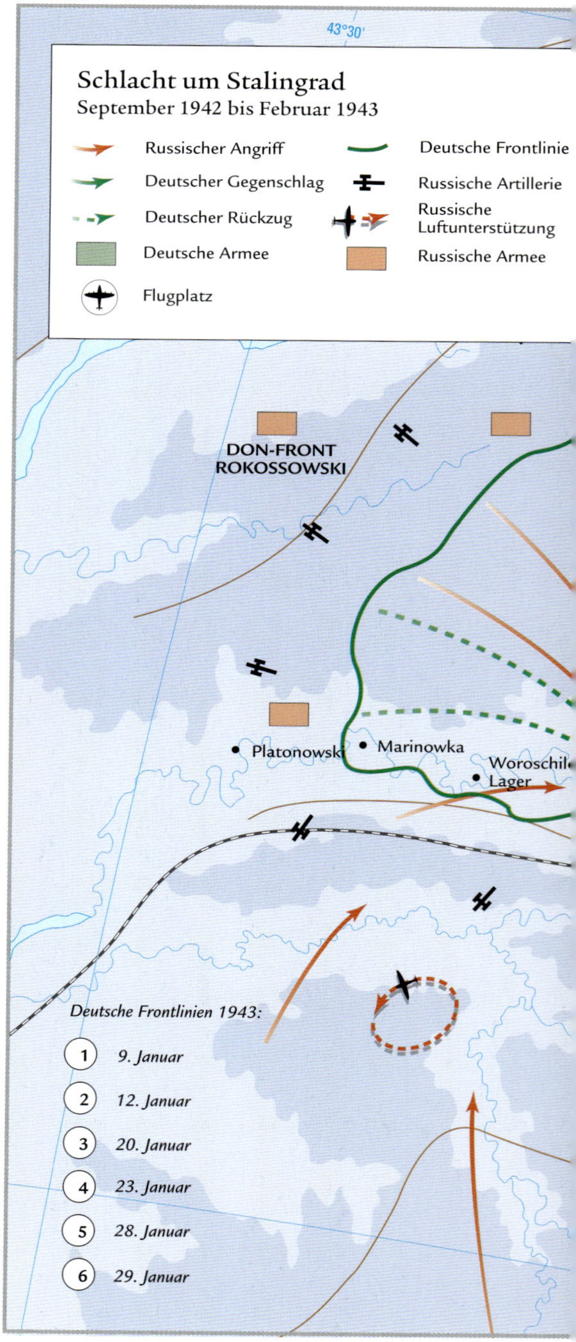

Die Karte zeigt die Bewegungen der Deutschen und Russen während der Schlacht um Stalingrad.

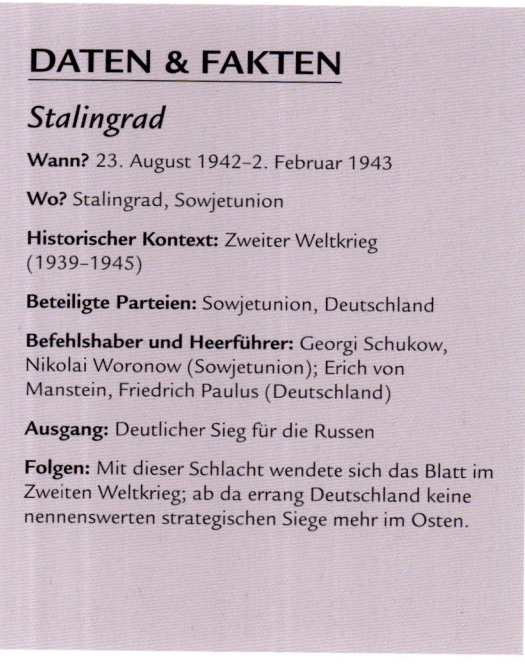

Schlacht um Stalingrad
September 1942 bis Februar 1943

- Russischer Angriff
- Deutscher Gegenschlag
- Deutscher Rückzug
- Deutsche Armee
- Flugplatz
- Deutsche Frontlinie
- Russische Artillerie
- Russische Luftunterstützung
- Russische Armee

DON-FRONT
ROKOSSOWSKI

Platonowski • Marinowka

Woroschil
Lager

Deutsche Frontlinien 1943:

1. 9. Januar
2. 12. Januar
3. 20. Januar
4. 23. Januar
5. 28. Januar
6. 29. Januar

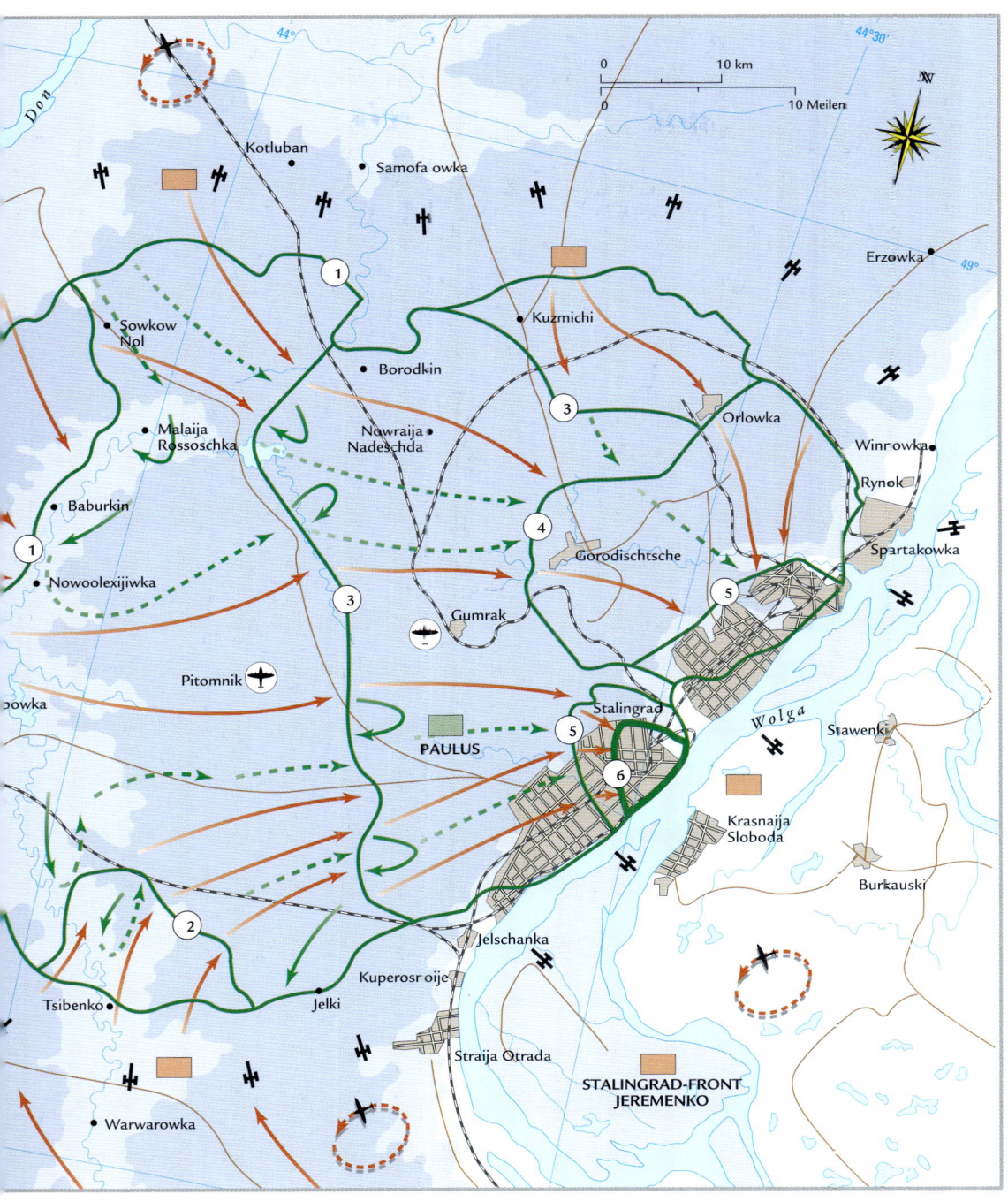

Don

Kotluban

Samofa owka

Erzowka

Sowkow
Nol

Kuzmichi

Borodkin

Malaija
Rossoschka

Nowraija
Nadeschda

Orlowka

Winrowka

Rynok

Baburkin

Spartakowka

Nowoolexijiwka

Gorodischtsche

Gumrak

Pitomnik

Stalingrad

PAULUS

Wolga

Stawenki

Krasnaija
Sloboda

Burkauski

Jelschanka

Kuperosroije

Jelki

Tsibenko

Straija Otrada

**STALINGRAD-FRONT
JEREMENKO**

Warwarowka

»Unternehmen Zitadelle«

Der Angriff auf Kursk – Deckname »Unternehmen Zitadelle« – war die größte Panzerschlacht aller Zeiten und die letzte Großoffensive von Hitlers Wehrmacht an der Ostfront im Zweiten Weltkrieg. Er endete mit dem totalen Sieg der Russen.

Nach der verheerenden Niederlage bei Stalingrad und dem anschließenden Vormarsch der Russen gen Westen debattierten Hitler und seine Generäle darüber, wie sie die strategische Initiative an der Ostfront wiedererlangen könnten. Manche – etwa Guderian und von Manstein – votierten für eine bewegliche Verteidigung, mit der die Wehrmacht den Russen immer noch große Verluste beibringen konnte. General Kurt Zeitzler, Generalstabschef des Heeres, hingegen forderte eine weitere Großoffensive im Sommer. Er glaubte an einen überwältigenden Sieg der deutschen Panzerdivisionen.

Als Ort für die große Schlacht schlug Zeitzler Kursk vor, eine riesige Landzunge an der Ostfront, die sich in deutschbesetztes Gebiet bis fast auf halbem Wege zwischen Moskau und dem Schwarzen Meer hinein erstreckte. Dort wollte er die Rote Armee mit Panzern in die Zange nehmen, indem er von Norden und Süden gleichzeitig angriff. »Unternehmen Zitadelle« taufte er den Schlachtplan. Hitler befürwortete den Plan Anfang Mai 1943; exakt zwei Monate später begann die Offensive.

Vorbereitungen für die Offensive

Das Oberkommando der Wehrmacht bereitete sich akribisch auf den Angriff vor. Die 9. Armee unter dem Kommando von Walter Model bestand aus vier Panzer- sowie einem Infanteriekorps und sollte den Vorstoß im Norden anführen. Den südlichen Teil übernahmen die 4. Panzerarmee unter Generaloberst Hermann Hoth und die Armee-Abteilung »Kempf«. Die Deutschen brachten 2700 Panzer und Sturmgeschütze, 1800 Flugzeuge und 900 000 Soldaten auf das Schlachtfeld.

Diese Zahlen waren zwar eindrucksvoll, doch waren die Deutschen immer noch im Nachteil. Die neuen Panzerkampfwagen V Panther und VI Tiger, mit denen sie die acht russischen Verteidigungslinien durchbrechen wollten, waren noch nie in der Schlacht zum Einsatz gekommen. Die

Luftwaffe hatte eine solch Respekt einflö-
ßende Panzerabwehr entdeckt, dass ein
deutscher General ausdrücklich vor einem
direkten Angriff warnte. Außerdem waren
die Russen zahlenmäßig überlegen: Sie
hatten 3600 Panzer, 2400 Flugzeuge,
20 000 Artilleriegeschütze und unvorstell-
bare 1 300 000 Soldaten.

Davon ließ sich Hitler nicht abschrecken. Er bestand auf einem Angriff. Vielleicht hätte er anders entschieden, wenn er
gewusst hätte, dass das »Unternehmen
Zitadelle« in Moskau bereits bis ins kleins-
te Detail bekannt war.

Ein Kampf bis zum Letzten

Die Schlacht begann am 4. Juli. Bald war
die 9. Armee im Norden in Schwierigkeiten.
Sie steckte in einem fatalen Zermürbungskrieg fest, den sie schlicht nicht gewinnen
konnte. Am 10. Juli war sie nur zehn Kilometer weit vorangekommen, hatte aber in
den tief gestaffelten Verteidigungslinien
der Roten Armee 25 000 Soldaten, 200 Panzer und 200 Flugzeuge verloren. Obwohl
die Heeresgruppe Mitte alle verfügbaren
Reserven schickte, gelang es Models
Männern nicht, die russische Verteidigung
zu durchbrechen.

Für von Manstein lief es im Süden etwas
besser. Er konnte eine 40 Kilometer breite
Schneise in die Landzunge schlagen. Am
11. Juli sicherte Hoths 4. Panzerarmee

einen Brückenkopf an der Psel, nahm die
Stadt Prochorowka ein und drang weiter
nach Obojan und Kursk vor.

Den Angriff auf Prochorowka führte
der SS-Generaloberst Paul Hausser mit
seiner 2. SS-Panzer-Division, die aus drei
Panzergrenadierdivisionen bestand. Ihm
gegenüber stand die gerade angekommene
5. Gardepanzerarmee unter Hauptmar-
schall Pawel Rotmistrow. Die darauffolgen-
de Schlacht endete in einem Remis mit
hohen Verlusten auf beiden Seiten.

Nun schritt Hitler ein. von Manstein
wollte den Angriff zwar fortführen, doch
Hitler befahl der 2. SS-Panzer-Division,
sich zu zerstreuen, da er andernorts russische Gegenangriffe erwartete. Dann sagte
er die Offensive ganz ab, da die Alliierten
am selben Tag, an dem Hausser seinen
Angriff begonnen hatte, in Sizilien einmarschiert waren. Sofort gingen die Russen
zum Gegenangriff über. Am 23. Juli hatten
sie die Deutschen bis zu ihrem Ausgangspunkt zurückgedrängt, am 5. August
hatten die Russen große Gebiete zu beiden
Seiten der Landzunge zurückerobert. Nun
traten die Deutschen den ungeordneten
Rückzug an. Am 23. August befreite die
Rote Armee Charkow, am 18. August war
Orjol zurückerobert. Für den Rest des
Krieges schlich sich die Wehrmacht im
Osten von Niederlage zu Niederlage.

Die Karte unten zeigt die Bewegungen der Deutschen und der Russen
während des Angriffs auf Kursk – Deckname »Unternehmen Zitadelle«.

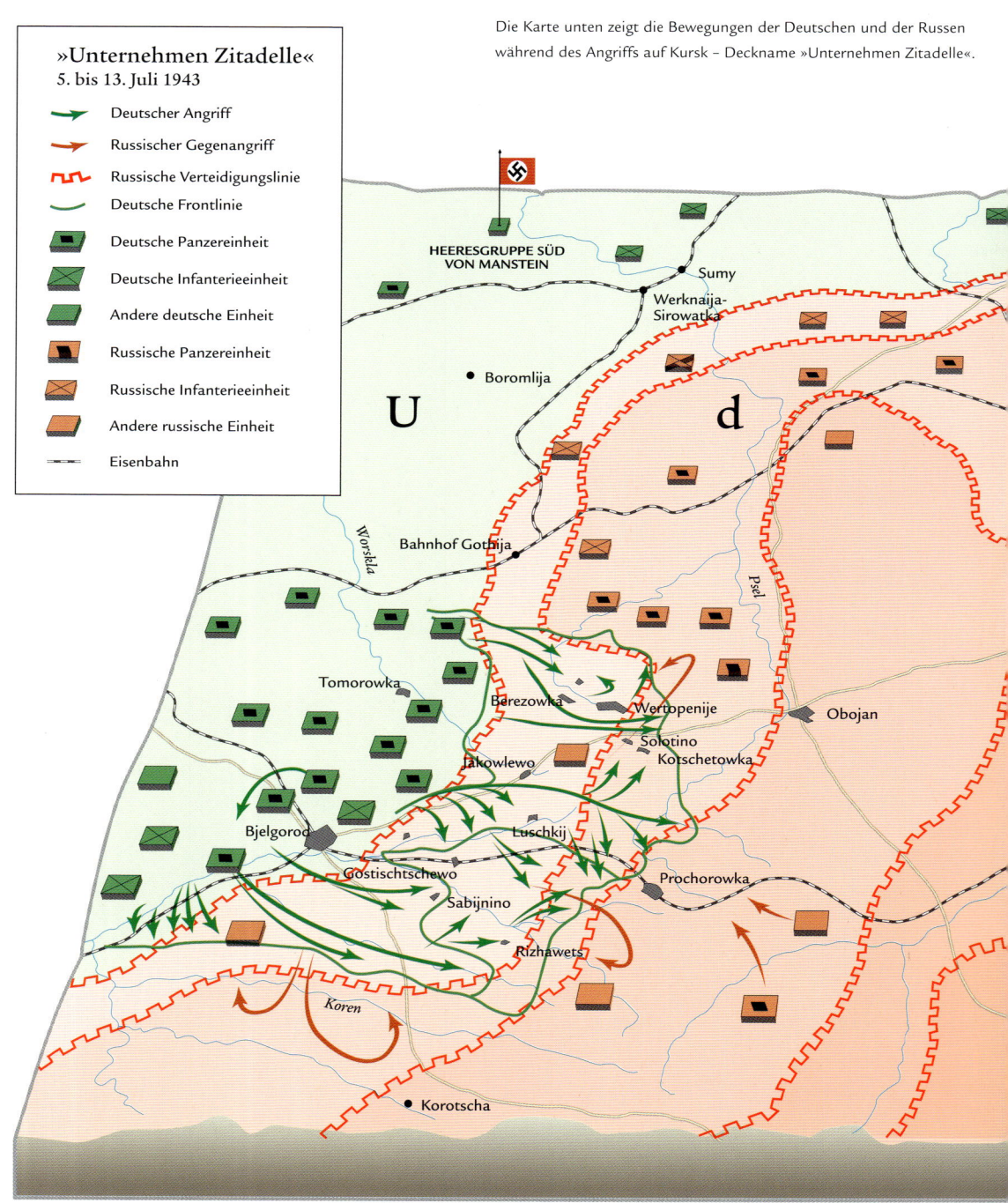

»Unternehmen Zitadelle«
5. bis 13. Juli 1943

Deutscher Angriff
Russischer Gegenangriff
Russische Verteidigungslinie
Deutsche Frontlinie
Deutsche Panzereinheit
Deutsche Infanterieeinheit
Andere deutsche Einheit
Russische Panzereinheit
Russische Infanterieeinheit
Andere russische Einheit
Eisenbahn

HEERESGRUPPE SÜD
VON MANSTEIN

Sumy
Werknaija-
Sirowatka

Boromlija

U

d

Worskla

Bahnhof Gothija

Psel

Tomorowka

Berezowka
Wertopenije

Solotino
Kotschetowka

Obojan

Jakowlewo

Bjelgorod

Luschkij

Prochorowka

Gostischtschewo

Sabijnino

Rizhawets

Koren

Korotscha

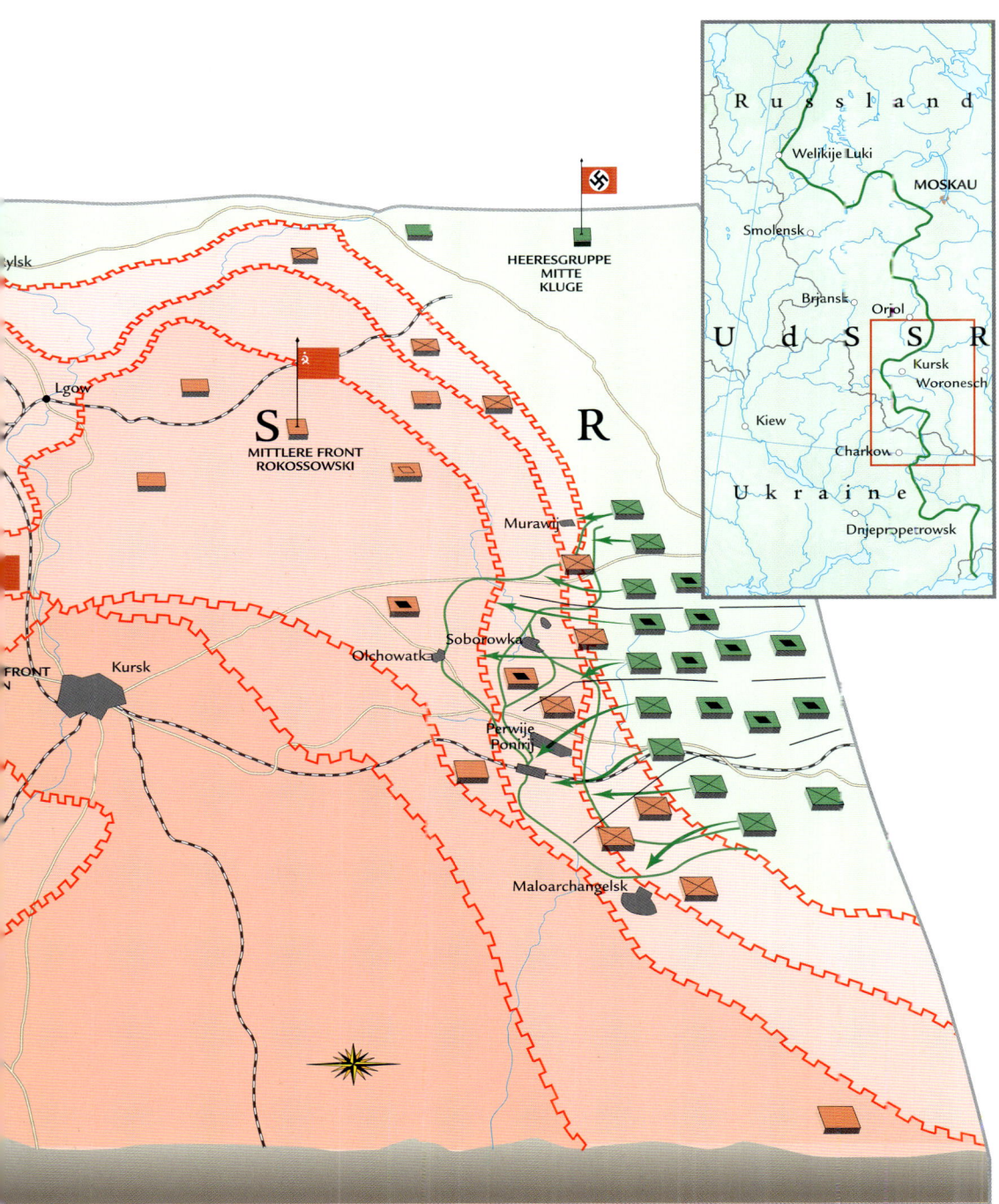

D-Day

Nachdem die Briten 1940 das europäische Festland über Dünkirchen hatten verlassen müssen, begannen sie sofort mit der Planung ihrer Rückkehr. Im Januar 1943 landeten die Alliierten schließlich in Frankreich.

Auf die Landung in Frankreich hatte man sich unter Druck der USA geeinigt; nun nahm sie allmählich Form an. Unter dem Decknamen »Operation Overlord« liefen die Vorbereitungen auf Hochtouren. Die Landungen würden die größte amphibische Militäroperation sein, die es je gegeben hatte. Da man die direkte Invasionsroute über die Straße von Dover meiden wollte, entschied man sich für eine Landung in der Normandie. Das Département lag zwar weiter von Deutschland entfernt als das Département Pas de Calais, doch waren die langen Sandstrände durch den Cotentin vor den Südwestwinden geschützt. Zudem gab es dort zwei große Häfen: Cherbourg und Le Havre.

Der Plan der Alliierten

Geplant war die Landung an fünf Stränden an der normannischen Küste, an denen man vorher Fallschirmjäger absetzen wollte, um die Flanken des Landekopfs zu sichern. General Omar Bradley sollte mit der 1. US-Armee am Utah und Omaha Beach landen, General Miles Dempsey mit der britischen 2. Armee und der 3. kanadischen Division am Juno, Sword und Gold Beach, etwas weiter die Küste entlang.

Das Oberkommando hatte General Dwight D. Eisenhower, General Sir Bernard Montgomery war für die Bodentruppen verantwortlich. Die Gesamttruppenstärke betrug 45 Divisionen und fast eine Million Soldaten. Eine weitere Million Menschen besetzte die logistischen Posten, die für die Operation nötig waren. Die Landungstruppen würden durch massive See- und Lufteinheiten gestützt, die eine weitere Million Männer umfassten.

Um die Landung zu verhindern, hatte Generalfeldmarschall Gerd von Rundstedt, der Oberbefehlshaber West, zehn Panzer-, zwölf Infanterie- und 31 Küstenverteidigungsdivisionen. Da klingt zwar beeindruckend, doch verteidigten nur wenige davon das eigentliche Invasionsgebiet, darunter drei Panzerdivisionen, zwei

Infanteriedivisionen, vier Küstenverteidigungsdivisionen und die Besatzung von Cherbourg. Der Rest der Heeresgruppe B unter dem Kommando von Feldmarschall Erwin Rommel verteidigte das Département Pas de Calais, da Hitler davon überzeugt war, der eigentliche Angriff würde dort erfolgen. Außerdem verfügte er, dass weder von Rundstedt noch Rommel ohne seine persönliche Autorisierung auf die Panzerreserven zugreifen konnten. Zwei Dinge standen fest: Die Alliierten hatten die Lufthoheit, und die deutsche Kriegsmarine würde die Invasionsflotte im Ärmelkanal nicht angreifen können.

»Der längste Tag«

Vom sogenannten Atlantikwall, den die Deutschen seit dem Spätsommer 1942 errichteten, hielt Rommel wenig. Er teilte seinen Stabsoffizieren mit, dass die Invasion nur an den Stränden aufgehalten werden könne. Die ersten 24 Stunden der Schlacht würden die entscheidenden sein. »Für uns und für die Alliierten«, so Rommel, »wird dies der längste Tag«. Anfang Juni berichteten deutsche Spione, die Landung stehe kurz bevor. Dann wurde das Wetter plötzlich schlecht – Rommel hielt eine Landung für so unwahrscheinlich, dass er am Morgen des 5. Juni auf Heimaturlaub fuhr, um den Geburtstag seiner Frau zu feiern. In der folgenden Nacht

nutzte Eisenhower ein »Wetterfenster« und schlug zu. Damit hatten die Deutschen nicht gerechnet.

Der Kampf um die Strände

Über 9000 Flugzeuge der Alliierten flogen Einsätze gegen Ziele auf oder hinter den Stränden und warfen rund 10 000 Tonnen Bomben ab. Die Résistance unterstützte sie. Gegen 2 Uhr morgens waren die luftgestützten Divisionen an ihrem Einsatzort. Nach einem ausgedehnten Seebombardement stürmten um 6:30 Uhr die ersten Wellen der Hauptstreitkräfte an den Strand.

Am Utah Beach landete als Erstes die 4. US-Division; sie hatte nur leichte Verluste zu beklagen. Am Omaha Beach stießen die 29. und 1. US-Division von Anfang an auf heftigen Widerstand. Bald war der Strand von Toten übersät. Schließlich gelang es den Amerikanern, die Deutschen zurückzudrängen.

Die Briten und Kanadier konnten rascher ins Landesinnere vordringen. Die britische 3. Division wurde erst fünf Kilometer vor Caen von der deutschen Verteidigung aufgehalten.

Als die Nacht hereinbrach, hatten die Alliierten den Landekopf gesichert. Und wie Rommel befürchtet hatte, hatten die Deutschen ihre Chance vertan, die Alliierten ins Meer zurückzudrängen.

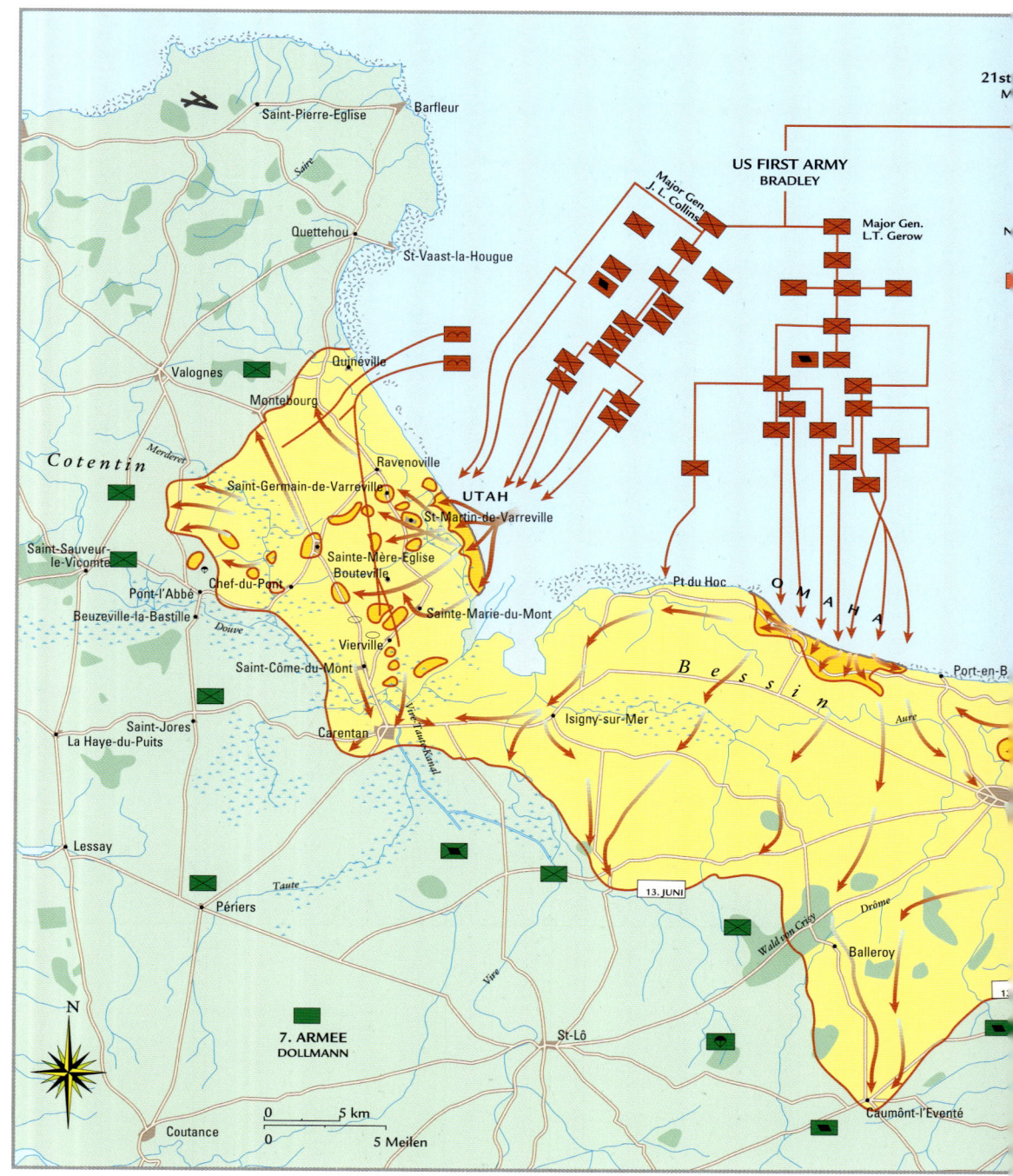

Barfleur
Saint-Pierre-Eglise
Saire
Quettehou
St-Vaast-la-Hougue

21st
M

US FIRST ARMY
BRADLEY

Major Gen.
J. L. Collins

Major Gen.
L.T. Gerow

N

Valognes
Quineville
Montebourg
Cotentin
Merderet
Ravenoville
Saint-Germain-de-Varreville
UTAH
St-Martin-de-Varreville
Saint-Sauveur-le-Vicomte
Sainte-Mère-Eglise
Bouteville
Pont-l'Abbè
Chef-du-Pont
Beuzeville-la-Bastille
Douve
Sainte-Marie-du-Mont
Pt du Hoc
O M A H A
Port-en-B
Vierville
B e s s i n
Saint-Côme-du-Mont
Aure
Saint-Jores
La Haye-du-Puits
Carentan
Vire-Taute-Kanal
Isigny-sur-Mer

Lessay
Taute
13. JUNI
Drôme
Périers
Vire
Wald von Criqy
Balleroy

N

7. ARMEE
DOLLMANN
St-Lô
1

Caumônt-l'Eventé

0   5 km
0   5 Meilen
Coutance

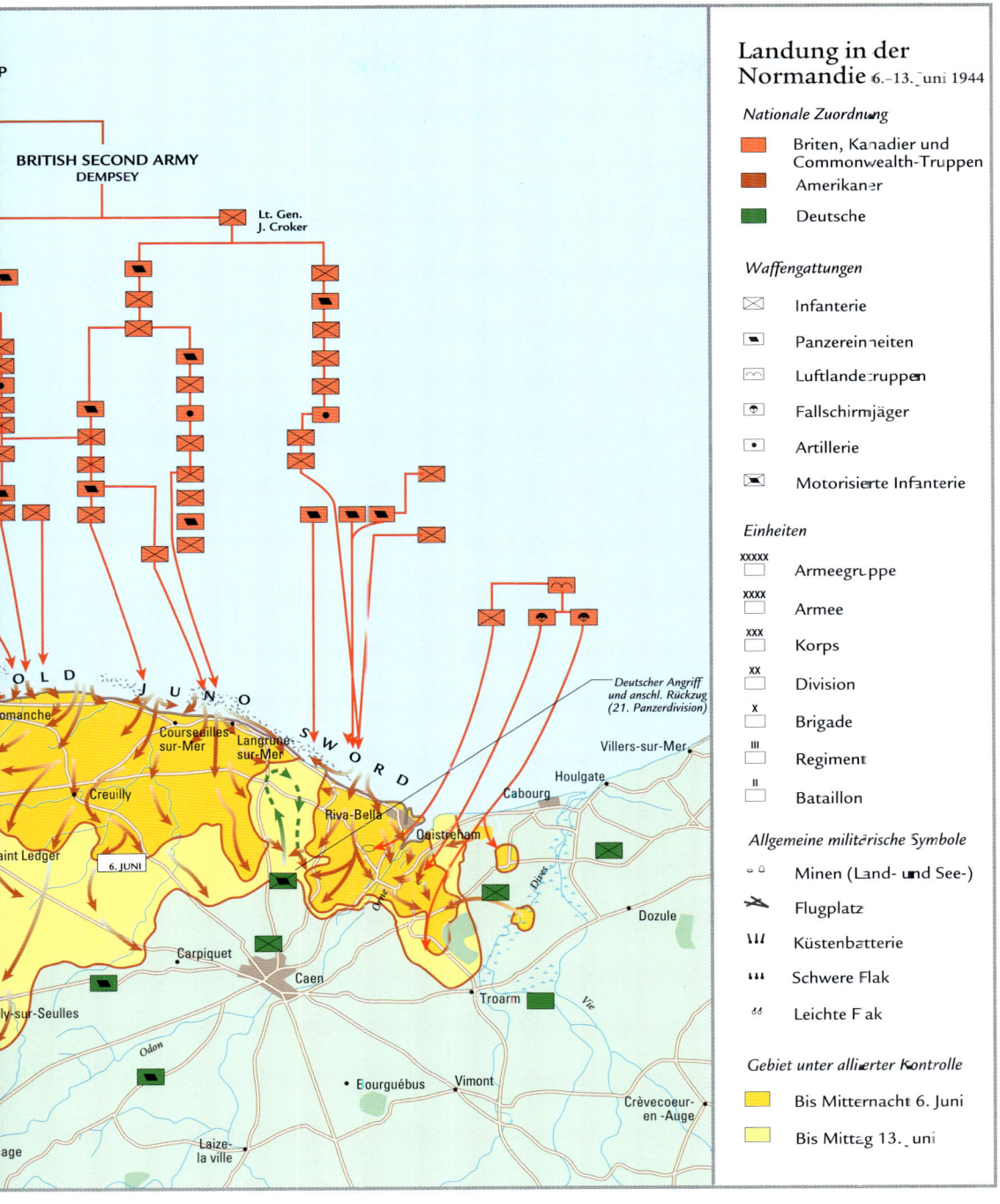

Landung in der Normandie 6.–13. Juni 1944

Nationale Zuordnung

- Briten, Kanadier und Commonwealth-Truppen
- Amerikaner
- Deutsche

Waffengattungen

- ⊠ Infanterie
- ▬ Panzereinheiten
- ⌒ Luftlandetruppen
- Fallschirmjäger
- ⊡ Artillerie
- ◨ Motorisierte Infanterie

Einheiten

- XXXXX Armeegruppe
- XXXX Armee
- XXX Korps
- XX Division
- X Brigade
- III Regiment
- II Bataillon

Allgemeine militärische Symbole

- Minen (Land- und See-)
- Flugplatz
- Küstenbatterie
- Schwere Flak
- Leichte Flak

Gebiet unter alliierter Kontrolle

- Bis Mitternacht 6. Juni
- Bis Mittag 13. Juni

BRITISH SECOND ARMY
DEMPSEY

Lt. Gen. J. Croker

GOLD JUNO SWORD

omanche
Courseulles-sur-Mer
Langrune-sur-Mer
Villers-sur-Mer
Houlgate
Cabourg
Creully
Riva-Bella
Oistreham
aint Ledger
6. JUNI
Dozule
Carpiquet
Caen
Troarm
ly-sur-Seulles
Odon
Bourguébus
Vimont
Crèvecoeur-en-Auge
Laize-la ville
age

Deutscher Angriff und anschl. Rückzug (21. Panzerdivision)

Im Golf von Leyte

Da die japanische Kriegsmarine hohe Verluste erlitt und es den Japanern nicht gelang, die Alliierten von der Insel Leyte zu vertreiben, verloren sie die Philippinen und damit ihre Öl- und andere Rohstoffquellen.

Im Herbst 1944 beschlossen die USA, ihren nächsten Schachzug im Pazifikkrieg zu machen: die Befreiung der Philippinen. Die Bodentruppen des geplanten Angriffs standen unter dem Kommando von General Douglas MacArthur; zur Unterstützung schickte ihm Admiral Chester W. Nimitz die 7. US-Flotte unter Admiral Thomas Kinkaid und die 3. Flotte unter Admiral William »Bull« Halsey sowie Vizeadmiral Marc Mitschers Fast Carrier Task Force.

Den Japanern war wohl bewusst, dass sie beim Verlust der Philippinen von ihren einzigen verbleibenden Quellen an Kriegsmaterialien abgeschnitten wären, und so bereiteten sie sich auf die Vernichtung der US-Invasionsflotte vor. Der Plan von Admiral Toyoda Soemu sah vor, dass Japan fast alle verbliebenen Seestreitkräfte in die Schlacht warf.

> *Dennoch gab Kurita sich nicht geschlagen. Er änderte zwar den Kurs, als ob er den Rückzug antreten wollte, nahm im Schutz der Dunkelheit aber seinen alten Westkurs wieder auf.*

Toyodas Plan

Toyoda teilte seine Flotte in vier Kampfgruppen auf. Vizeadmiral Ozawa Jisiburo sollte sich den Philippinen mit vier Flugzeugträgern und einem Dutzend weiterer Schiffe von Norden nähern und Halseys Flotte als Köder dienen. Zeitgleich sollten zwei mächtige Schlachtschiffgeschwader durch die mittleren Philippinen vordringen, um sich bei den US-Transportschiffen im Golf von Leyte zu sammeln. Die Südgruppe unter Vizeadmiral Nishimura Shoji sollte durch die Straße von Surigao in den südlichen Teil des Golfs fahren. Die mittlere Kampfgruppe unter dem Kommando von Vizeadmiral Kurita Takeo sollte durch die San-Bernardino-Straße die Küste von Samar entlangfahren und die US-Flotte von Nordosten aus angreifen. Kurita hatte fünf Schlachtschiffe, zehn schwere Kreuzer, zwei leichte

Kreuzer und 15 Zerstörer. Zwei seiner Schlachtschiffe – die *Yamato* und die *Musashi* – waren die größten Kriegsschiffe ihrer Zeit. Die Japaner hielten beide für unsinkbar.

Die Schlacht begann am 23. Oktober in der Sibuyan-See, als zwei Aufklärungs-U-Boote der Amerikaner Kuritas Kampfgruppe sichteten. Sie schossen Torpedos ab und versenkten zwei schwere Kreuzer, darunter die *Atago,* Kuritas Flaggschiff; ein dritter Kreuzer wurde schwer beschädigt. Am nächsten Tag schlossen sich US-Flieger von Mitschers Flugzeugträgern der Schlacht an. Die meisten konzentrierten sich auf die *Musashi.* Das Unmögliche geschah: Das riesige Schlachtschiff kenterte und sank gegen 19:35 Uhr.

Dennoch gab Kurita sich nicht geschlagen. Er änderte zwar den Kurs, als ob er den Rückzug antreten wollte, nahm im Schutz der Dunkelheit aber seinen alten Westkurs wieder auf. Da Halsey glaubte, Kurita besiegt zu haben, befahl er seiner Flotte, nach Norden zu fahren und Ozawas Flugzeugträger in Gefechte zu verwickeln. Damit war die San-Bernardino-Straße unbewacht, und Admiral Kinkaid hatte keinerlei Unterstützung.

Das Ende der südlichen Kampfgruppe

Kinkaid focht in der Straße von Surigao seine eigene Schlacht aus. Er wusste, dass Nishimuras Kampfgruppe nahte, und befahl Konteradmiral Jesse Oldendorf, die Japaner abzufangen, bevor sie sich zum Kampf sammeln konnten. Als Nishimura in dieser Nacht durch die Straße von Surigao vorrückte, wurde er von Oldendorfs wartenden PT-Schnellbooten und anschließend von seinen Zerstörern angegriffen. Hinter der Straße erwarteten ihn Oldendorfs Schlachtschiffe und Kreuzer. Der nachfolgende Kampf war etwas einseitig. Oldendorfs Schiffe versenkten zwei japanische Schlachtschiffe und einen schweren Kreuzer; der Rest der Kampfgruppe machte kehrt und floh.

Kurita kehrt zurück

Doch noch war die Schlacht nicht vorüber. Oldendorf erhielt Nachricht, dass Kurita wieder angriff. Er hatte die unbewachte San-Bernardino-Straße durchfahren, zur großen Überraschung von Kinkaids Flugzeugträger-Geleitschwadron unter dem Kommando von Konteradmiral Clifton Sprague. Und das fand sich plötzlich ganz allein zwischen Kurita und den philippinischen Stränden.

Spragues Flugzeugträger waren nicht für schwere Gefechte gedacht. Die Flugzeuge, die sie transportierten, waren nur für Landeinsätze bewaffnet. Doch angesichts der Situation entschloss sich Sprague zu einem Verzögerungsgefecht. Während von den Flugzeugträgern alle verfügbaren Maschinen starteten und zum Rest der 7. Flotte stürmten, griffen die Zerstörer an. Die Flieger taten alles in ihrer Macht Stehende, um den japanischen Angriff zu verzögern.

Trotz aller Bemühungen sah es so aus, als ob Kurita die Oberhand hätte. Doch dann befahl er seinen Schiffen völlig unerwartet, die Kampfhandlungen einzustellen und sich zurückzuziehen. Warum er das tat, ist bis heute unklar; vielleicht befürchtete er, Halsey würde zum Angriff zurückkehren. Doch der attackierte weitab im Norden Ozawas Flugzeugträger. Gegen 8 Uhr griff die erste Welle von Mitschers Flugzeugen an, am Abend waren alle vier Flugzeugträger versenkt oder irreparabel beschädigt.

Dennoch war das Gefecht nicht der Triumph, den Halsey sich erträumt hatte. Gerade als seine Schiffe den Rest von Ozawas Flotte angreifen wollten, musste er abbrechen und Kinkaid im Süden zu Hilfe eilen. Als Halsey schließlich dort eintraf, hatte Kurita bereits den Rückzug angetreten.

Da die japanische Flotte fast vollständig vernichtet und es den Japanern nicht gelungen war, die Alliierten aus dem Golf von Leyte zu vertreiben, verloren sie die Philippinen und damit ihre Öl- und andere Rohstoffquellen.

Die Schlacht im Golf von Leyte und der Kampf um die Philippinen
20. bis 27. Oktober 1944

→ Japanischer Angriff

✈ Japanischer Luftangriff

● Japanischer Flugplatz

→ US-Angriff

✈ US-Luftangriff

✈ Schiff versenkt

① 20. Oktober: *Die 6. US-Armee unter General Krueger sichert den Landekopf an der Ostküste von Leyte.*

② 23. Oktober: *US-U-Boote versenken zwei japanische Kreuzer und beschädigen einen weiteren. Ein U-Boot sinkt nach Grundberührung.*

③ 24. Oktober: *Die 2. Kampfgruppe dringt in die Straße von Surigao ein und wird von einer US-Marineeinheit angegriffen.*

④ 24. Oktober: *Die 1. Kampfgruppe C zieht sich zurück, ohne in die Straße von Surigao eingedrungen zu sein.*

⑤ 24. Oktober: *Die USS Princeton wird von einem japanischen Flugzeug versenkt.*

⑥ 25. Oktober: *Weil er einen Hinterhalt befürchtet, zieht sich Kurita durch die San-Bernardino-Straße zurück.*

⑦ 25. Oktober: *Die Trägergruppe wird in die Schlacht am Kap Engano verwickelt.*

Die Karte zeigt die Bewegungen der Japaner und der Amerikaner während der Schlacht im Golf von Leyte.

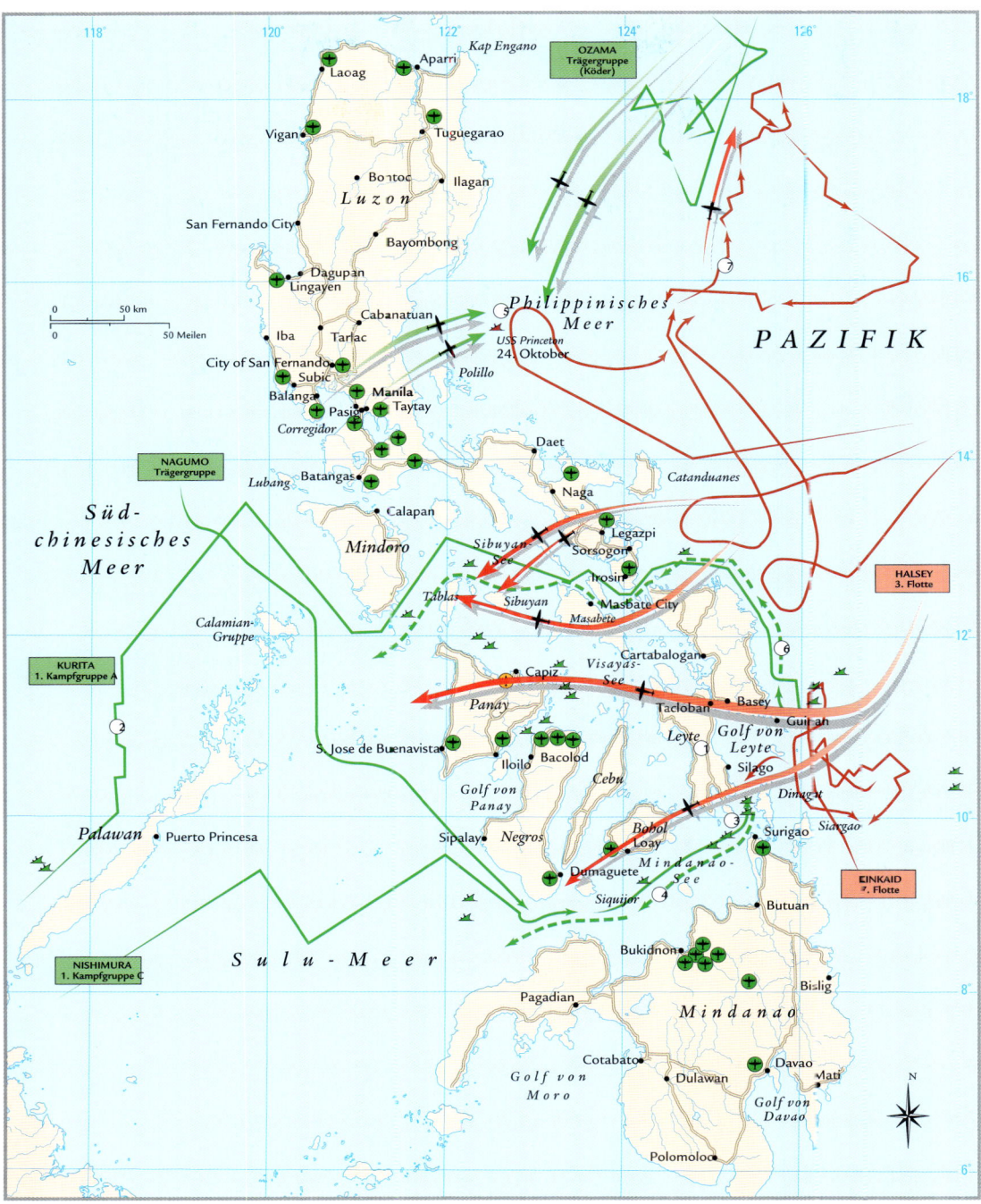

OZAMA
Trägergruppe
(Köder)

Kap Engano

Laoag
Aparri
Vigan
Tuguegarao
Bontoc
Ilagan
Luzon
San Fernando City
Bayombong
Dagupan
Lingayen
Cabanatuan
Philippinisches
Meer
Iba
Tarlac
USS Princeton
24. Oktober
City of San Fernando
Subic
Balanga
Manila
Pasig
Taytay
Corregidor
Polillo
Süd-
chinesisches
Meer
NAGUMO
Trägergruppe
Daet
Naga
Catanduanes
Lubang
Batangas
Calapan
Mindoro
Sibuyan-
See
Legazpi
Sorsogon
Irosin
Tablas
Sibuyan
Masbate City
Masabte
Calamian-
Gruppe
Cartabalogan
Visayas-
See
KURITA
1. Kampfgruppe A
Capiz
Panay
Tacloban
Basey
Guiuan
Leyte
Golf von
Leyte
Silago
S. Jose de Buenavista
Iloilo
Bacolod
Cebu
Dinagat
Palawan
Puerto Princesa
Golf von
Panay
Siargao
Sipalay
Negros
Bohol
Loay
Surigao
NISHIMURA
1. Kampfgruppe C
Dumaguete
Mindanao-
See
Siquijor
Butuan
Sulu - Meer
Bukidnon
Bislig
Pagadian
Mindanao
Golf von
Moro
Cotabato
Dulawan
Davao
Mati
Golf von
Davao
Polomoloc

P A Z I F I K

HALSEY
3. Flotte

KINKAID
7. Flotte

N

Moderne

Seit 1945 hat sich die Art, Krieg zu führen, erheblich verändert. Die Erfindung der Atomwaffen beendete die Ära des totalen Kriegs. Sie wurde von lokal begrenzten Konflikten und Guerillakriegen abgelöst.

Die Landung bei Incheon

Als US-General Douglas MacArthur im Koreakrieg die Landung von UN-Truppen bei Incheon vorschlug, wurde er scharf kritisiert. Dennoch setzte er seinen Vorschlag in die Tat um und zwang seine Gegner weit ins Land zurück.

Als Truppen des kommunistischen Nordkorea im Juni 1950 den 38. Breitengrad überschritten und in Südkorea einmarschierten, ergriffen die Vereinten Nationen (UN) rasch Gegenmaßnahmen. Mit neun zu null Stimmen verurteilte der Sicherheitsrat den aggressiven Akt und entsandte eine Friedenstruppe, die die Südkoreaner in ihrem Unabhängigkeitskampf unterstützen sollte. Russland boykottierte die Treffen des UN-Sicherheitsrats, da seine Mitglieder sich weigerten, dem kommunistischen China die diplomatische Anerkennung zu gewähren – also konnte Russland auch kein Veto gegen die Resolution einlegen.

Bald waren die Südkoreaner in massiven Schwierigkeiten. Auf die Invasion aus dem Norden waren sie in keiner Weise vorbereitet. Die nordkoreanischen Truppen drängten die Südkoreaner rasch bis nach Pusan – heute: Busan – im äußersten Südosten der Koreanischen Halbinsel zurück.

Der Sieg der Kommunisten schien schon festzustehen, doch das wollte General Douglas MacArthur, der Oberbefehlshaber der Friedenstruppe, die größtenteils aus US-amerikanischen Streitkräften bestand, um jeden Preis verhindern. Rasch formten die Truppen, die man von ihren Besatzungsstellungen in Japan abgezogen hatte, einen Verteidigungsring um Pusan; was MacArthur jedoch wirklich vorschwebte, war ein gewagter amphibischer Gegenschlag.

Er hatte vor, UN-Truppen bei Incheon zu landen, einem Hafen an der Westküste unweit von Seoul, der besetzten Hauptstadt Südkoreas. Gelang dies, hätte man

Die Karte zeigt den Gegenschlag der UN-Truppen gegen die Nordkoreaner von September bis November 1950.

Koreakrieg – Gegenschlag der UN-Truppen
15. September bis 25. November 1950

→ UN-Gegenschlag

— Frontverlauf mit Datum

▨ Umgebung von Pusan (Pusan-Perimeter)

China

UdSSR

Yalu

25. November
Chong in

NORD-
KOREA

23. Oktober
Kim Chak

Dandong
Sinuiji

20. Oktober

Amu

14. Oktober

Pjöngjang
20. Okt. erobert

Wonsan

US-Landungsoperationen

Kosong

Japanisches
Meer

Gelbes
Meer

Haeju

1. Oktober

Landung bei
Incheon am 15. Sept.

Incheon

Seoul

Ulchin

Luftunterstützung
von japanischen
Basen

Trägerangriffe
der 7. Flotte

Andong

SÜD-
KOREA

12.–13. Sept.
Ablenkungs-
angriffe

Kunsan

Taegu

Kwangja

Pusan

Mokpo

N

JAPAN

Raketenträger
USS Mansfield
USS De Haven
USS Swenson

0   2 km
0   2 Meilen

N

Green
Beach

North Pt.

Damm

Wolmi-do

Innerer
Hafen

Su Wolmi-do

USS Collett

**1st Marine
Division**

Incheon

Richtung Seoul

Flutbecken

Pt 117

Won Do

**1st Marine
Regiment**

USS Gurke

USS Henderson

HMS Kenya

USS Toledo

USS Rochester

Blue
Beach

Tok Am

Pt 233

Landung bei Incheon
15. September 1950

＼ US-Kriegsschiff   US-Angriff

＼ Britisches Kriegsschiff   Niedrigwasser/Watt

Die Karte zeigt die Landung der US-Truppen bei Incheon im September 1950 und die unterstützenden Seestreitkräfte.

Liste mit allen potenziellen natürlichen und geografischen Problemen – Incheon hatte sie alle.« So konnte man nur über einen langen schmalen Kanal – den »Flying Fish Channel« – in den Hafen gelangen, in dem es außerdem gefährliche Strömungen gab. Incheon hatte keine Strände – zumindest keine gewöhnlichen – und war von leicht zu verteidigenden Felsen umgeben. Auf der Insel Wolmi-do in der Mitte des Hafens hatten die Nordkoreaner ihre Artillerie aufgestellt.

Dennoch preschte MacArthur vor. Anfang September hatte er Washington die Erlaubnis für den Angriff abgerungen. Die Landung sollte am 15. September stattfinden, denn dann herrschte Flut, die die Schiffe zum Passieren des Kanals brauchten. Die Leitung des Angriffs übertrug MacArthur den Marines.

die Nordkoreaner auf den Flanken umgangen, und einem Gegenschlag stünde nichts mehr im Wege. Dies würde auch ihre ohnehin schon knappe Versorgung weiter beeinträchtigen und sie letztlich zum Rückzug zwingen.

Die Landung planen

Die Vorbereitungen für die Landung begannen Ende Juni, dauerten aber bis fast Ende August. Ein Stabsoffizier MacArthurs erinnerte sich später: »Wir machten eine

Die Marines greifen an

Die Invasionstruppe verließ Japan am 5. September. Trotz eines schweren Tropensturms kam sie gut voran und erreichte Incheon pünktlich. Bevor sie in den Kanal einfuhr, suchten UN-Kreuzer und -Zerstörer ihn erst nach Minen ab und bombardierten dann die nordkoreanischen Stellungen auf Wolmi-do. Der nordkoreanische Kommandant versicherte seinen Vorgesetzten, er könne jeglichen nachfolgenden Angriff abwehren.

Der Optimismus war verfrüht. Gegen 6:30 Uhr ging das Battalion Landing Team 3 der 5. Marines am Green Beach an Land. Mittags hatte es die ganze Insel eingenommen und dabei nur 14 Mann verloren. Dann verteidigte es den Damm zum Festland und wartete auf Verstärkung.

Die zweite und dritte Welle landete um 17:30 Uhr am Red und Blue Beach. Die Marines am Red Beach nördlich des Wolmi-do-Damms stießen schnell zu ihren Kameraden, die den Damm verteidigten. Gemeinsam rückten sie dann nach Incheon vor. Gegen Mitternacht hatten sie die Stadt eingenommen. In der Zwischenzeit rückte auch das am Blue Beach im Süden gelandete 1st Marine Regiment vor, um die Stellung der UN-Truppen zu festigen.

Das Oberkommando der nordkoreanischen Armee war von der Landung völlig überrascht worden, doch stießen die UN-Truppen auf ihrem Weg nach Seoul auf immer erbitterteren Widerstand. Dennoch konnte die Stadt am 30. September befreit werden.

Die Folgen der Schlacht

In der Zwischenzeit war es General Walton H. Walkers 8. Armee gelungen, den Würgegriff um Pusan zu lösen und nach Norden vorzurücken, wobei sich die Nordkoreaner bis hinter den 38. Breitengrad zurückzogen. Unbarmherzig trieb MacArthur seine Männer voran und ignorierte Chinas Warnung, in den Krieg einzugreifen, sollten die UN-Truppen bis zum Fluss Yalu vorrücken. Präsident Harry S. Truman kündigte er an, den Krieg bis Weihnachten beendet zu haben.

Doch Ende Oktober überfluteten chinesische Truppen Nordkorea. Sie drängten MacArthurs Männer zurück über die Grenze bis südlich von Seoul. Obwohl MacArthur sich übernommen hatte, war die Landung bei Incheon zweifellos ein brillanter strategischer Erfolg.

DATEN & FAKTEN

Landung bei Incheon

Wann? September 1950

Wo? Incheon, Südkorea

Historischer Kontext: Koreakrieg (1950–1953)

Beteiligte Parteien: Vereinte Nationen, Südkorea, Nordkorea

Befehlshaber und Heerführer: General Douglas MacArthur, Oliver P. Smith, Edward M. Almond, Arthur Dewey Struble (USA); Paik In-Yeop, Shin Hyun-Joon (Südkorea); Choi Yong-Kun, Wol Ki Chan, Kim Il-sung, Wan Yong (Nordkorea)

Ausgang: Deutlicher Sieg für die UN-Truppen

Schlacht von Dien Bien Phu

Als französische Elitefallschirmjäger Viet-Minh-Streitkräfte im Indochinakrieg angriffen, waren sie von ihrem Sieg überzeugt. Doch statt zu siegen, mussten sie nach einer 55-tägigen Belagerung schließlich kapitulieren.

Die Schlacht von Dien Bien Phu war die Idee von General Henri Navarre, der soeben das Oberkommando über die französischen Streitkräfte in Indochina übernommen hatte. Als er im Mai 1953 in der Kolonie ankam, musste er feststellen, dass es keinen langfristigen Plan zum Sieg über General Vo Nguyen Giaps Truppen gab, obwohl die Franzosen bereits seit 1946 gegen die kommunistischen Viet Minh kämpften. Von Anfang an hatten die Franzosen dem Feind die strategische Initiative überlassen.

Mit dieser Situation wollte sich Navarre nicht abfinden. Er einigte sich mit seinem Stab auf sogenannte Igelstellungen, schwer befestigte Lager, die die Nachschublinien der Viet Minh unterbrechen und damit Giap zum Rückzug zwingen sollten. Als

Sie wussten zwar, dass sich fünf von Giaps Divisionen in der Nähe des Tals sammelten, gingen aber immer noch davon aus, dass es ihnen an Truppenstärke, insbesondere an Artillerie mangelte.

Kernpunkt der gesamten Operation wählte man Dien Bien Phu, einen kleinen, von dicht bewaldeten Hügeln umgebenen Ort in einem herzförmigen Tal in der Nähe der Grenze zu Laos. Navarre glaubte, der Ort würde wie ein Magnet auf die Viet Minh wirken und den vietnamesischen Kommandanten dazu verlocken, eine Schlacht zu schlagen, die er nicht gewinnen konnte. Unbarmherzig würden die Viet Minh von der überlegenen französischen Feuerkraft zermalmt, und der Krieg wäre vorüber.

Die Falle wird gestellt

Die Operation begann am 20. November 1953, als französische Fallschirmjäger in einer Welle nach der anderen über dem Ort absprangen. Unter dem Kommando von Colonel Christian de Castries sicherten sie rasch die Absprungzone und zerschlugen den Widerstand der Viet Minh vor Ort. Anschließend errichteten sie eine Kette von acht befestigten Stützpunkten, in deren Zentrum sich eine Landepiste befand. Da es in dem Gebiet keine passierbaren Straßen gab, waren die Fallschirmjäger vollständig auf eine Versorgung aus der Luft angewiesen. In den darauffolgenden Wochen wurde Castries' Streitkraft durch weitere eingeflogene Soldaten, Artillerie und leichte Panzer verstärkt.

Die Stützpunkte Huguette, Claudine, Eliane und Dominique lagen in der Mitte des Tals. Gabrielle, Anne-Marie und Beatrice lagen im Norden, Nordwesten und Nordosten. Isabelle befand sich etwas südlich und sicherte die Behelfslandepiste der Garnison. Offensichtlich waren die Stützpunkte alle nach Castries' Geliebten benannt. Auf dem Papier sahen sie sehr eindrucksvoll aus, doch hatten sie alle eine entscheidende Schwachstelle: Die Franzo-

sen hatten es versäumt, auch die umgebenden Hügel zu befestigen, teils aufgrund von Versorgungsschwierigkeiten, doch hauptsächlich weil sie die Offensivfähigkeiten

Die Karte zeigt die Positionen der vietnamesischen Infanterie in der Schlacht von Dien Bien Phu.

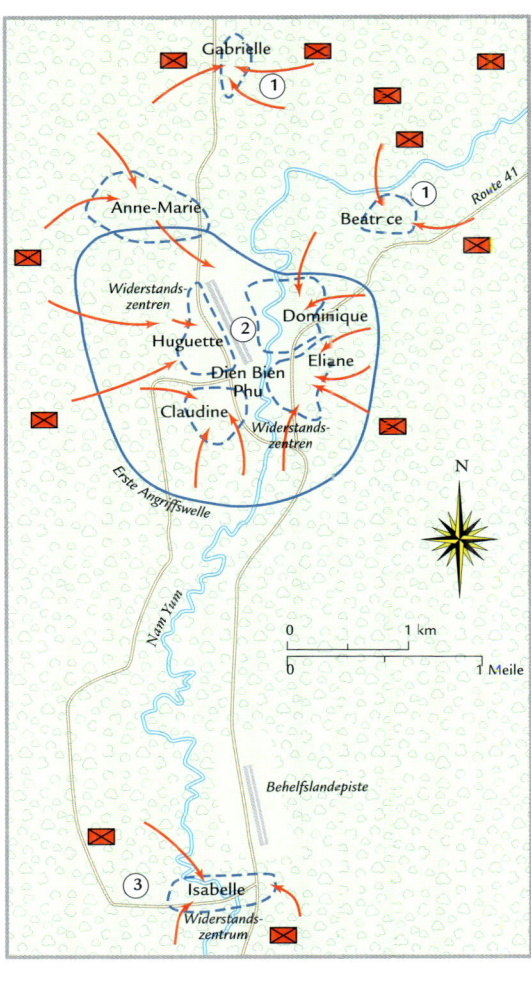

Schlacht von Dien Bien Phu
März bis Mai 1954

◆ Vietnamesische Infanterie

(1) *Die erste Angriffswelle der Viet Minh erobert die vorgelagerten Verteidigungsanlagen des französischen Flugplatzes.*

(2) *Die zweite Welle zwingt die Franzosen zum Rückzug in eng begrenzte Stellungen, die nur aus der Luft versorgt werden können.*

(3) *Bei einem dritten Angriff wird der südliche Vorposten überrannt; kurz darauf kapitulieren die Franzosen.*

Noch heute findet man überall im Land Überreste der Artillerie aus dem Konflikt zwischen den Unabhängigkeitskämpfern der Viet Minh und den Franzosen, die im Indochinakrieg um ihre Kolonien kämpften.

der Viet Minh fatal unterschätzten. Sie wussten zwar, dass sich fünf von Giaps Divisionen in der Nähe des Tals sammelten, gingen aber immer noch davon aus, dass es ihnen an Truppenstärke, insbesondere an Artillerie mangelte. Sie wurden bald eines Besseren belehrt.

Aus der Schlacht wird eine Belagerung

Giap hatte die Achillesferse der Franzosen erkannt und positionierte rund 50 000 Viet Minh samt schwerer Artillerie und Flugab-

wehrkanonen in den umliegenden Hügeln. Er wollte die abgelegeneren Stützpunkte isolieren und zerstören und sich dann in einer Großoffensive um die mittleren Stellungen kümmern. Ende Januar 1954 begann er, die Franzosen zu beschießen; im März war er bereit für seine geplante Großoffensive.

Die erfolgte am 13. März gegen 17 Uhr; zuerst griffen die Viet Minh Beatrice, dann Gabrielle an. Nach erbitterten Kämpfen bei Vollmond fiel Beatrice. Gabrielle hielt ein weniger länger stand, doch sahen sich die Franzosen schließlich gezwungen, den Stützpunkt aufzugeben. Rasch schickte Giap seine Männer nach Nordwesten, um Anne-Marie einzunehmen. Nachdem sich die drei Stützpunkte fest in seiner Hand befanden, kamen seine Mörser in Reichweite der für die Franzosen lebenswichtigen Hauptlandepiste. Sie eröffneten das Feuer, die Piste konnte nicht gehalten werden.

Die Folgen waren katastrophal. Von diesem Augenblick an konnte die belagerte französische Garnison nur noch über Fallschirmjäger verstärkt und versorgt werden – eine Aktion, die Giaps Flugabwehrkanonen höchst gefährlich machten. Auch die Verwundeten mussten in der Garnison bleiben. Als den Franzosen allmählich Munition, Lebensmittel und Medikamente ausgingen, verschlechterte sich die Lage in den übrig gebliebenen Stützpunkten dramatisch.

Die Franzosen kapitulieren

Dennoch leisteten Castries' Truppen beherzt Widerstand. Angriffe auf Dominique, Huguette und Isabelle scheiterten, und Giap musste seinen Plan überdenken. Am 5. April befahl er seinen Ingenieuren, ein kompliziertes Grabensystem zu errichten, das sich den französischen Stellungen Zentimeter um Zentimeter näherte. Zu dieser Zeit hatten sich die Franzosen auf eine neue Verteidigungszone zurückgezogen, deren Durchmesser mittlerweile weniger als 1,5 Kilometer betrug. Dort bereiteten sie sich auf das letzte Gefecht vor.

Am 1. Mai führten die Viet Minh ihren letzten heftigen Angriff. Völlig durchnässt vom Monsun, der ein paar Tage zuvor eingesetzt hatte, und nun doch demoralisiert, kämpfte Castries nicht bis zum letzten Mann. Am 7. Mai trug er der hoffnungslosen Lage Rechnung und ergab sich mit 11 000 Mann. Im Süden kapitulierte Isabelle 24 Stunden später.

DATEN & FAKTEN

Schlacht von Dien Bien Phu

Wann? März–Mai 1954

Wo? Dien Bien Phu, Vietnam

Historischer Kontext: Erster Indochinakrieg (1946–1954)

Beteiligte Parteien: Vietnamesische Viet Minh, Frankreich

Befehlshaber und Heerführer: Christian de Castries, Pierre Langlais (Frankreich); Vo Nguyen Giap (Viet Minh)

Ausgang: Deutlicher Sieg für die Viet Minh

Sechstagekrieg

Als Israel auf die Provokation der Araber reagierte und im Juni 1967 Ägypten, Jordanien und Syrien angriff, brauchten die Israelis nur sechs Tage, um die arabischen Streitkräfte zu zerschlagen und siegreich heimzukehren.

Der Sechstagekrieg mit Ägypten begann im Morgengrauen des 5. Juni 1967, als die israelischen Luftstreitkräfte die der Äygpter in einer Reihe von verheerenden Angriffen auf die Hauptluftwaffenstützpunkte am Boden zerstörten. Dabei gingen über 200 ägyptische Flugzeuge in Flammen auf, die Israelis verloren hingegen nur 19 Maschinen.

Ägypten und Jordanien waren besiegt; nun war noch Syrien übrig. Die Syrer hielten ihre Stellungen auf den Golanhöhen für uneinnehmbar – doch sie irrten sich.

In der Zwischenzeit waren drei Panzereinheiten der Israelis auf die Sinai-Halbinsel und in den Gazastreifen vorgedrungen, wo sich die ägyptischen Streitkräfte seit Wochen gesammelt hatten. Die Ägypter verfügten insgesamt über 100 000 Soldaten, 1000 Panzer und reichlich Artillerie, während die Israelis den Krieg an drei Fronten gleichzeitig kämpften und nur 45 000 Soldaten sowie 700 Panzer zur Verfügung hatten.

Am Boden begann der Angriff der Israelis um 8 Uhr am selben Morgen, als führende Einheiten der Division unter dem Kommando von Israel Tal im Norden auf den ägyptischen Stützpunkt Rafah vorrückten. Sie sollten den Gazastreifen isolieren und anschließend nach Westen durch El Arish marschieren. Tal hoffte auf einen raschen Durchbruch, doch stießen seine Panzer auf zähen Widerstand. Erst als eines seiner Panzerbataillone »ohne Rücksicht auf Verluste« auf Rafah vorrückte und von Westen aus von einer Fallschirmbrigade, die in der Wüste gelandet war, unterstützt wurde, besserte sich die Situation. Tal drängte weiter in Richtung Suez-Kanal; die ägyptischen Streitkräfte, die sich ihm in

Die Karte zeigt die Bewegungen der arabischen und israelischen Streitkräfte während des Sechstagekriegs.

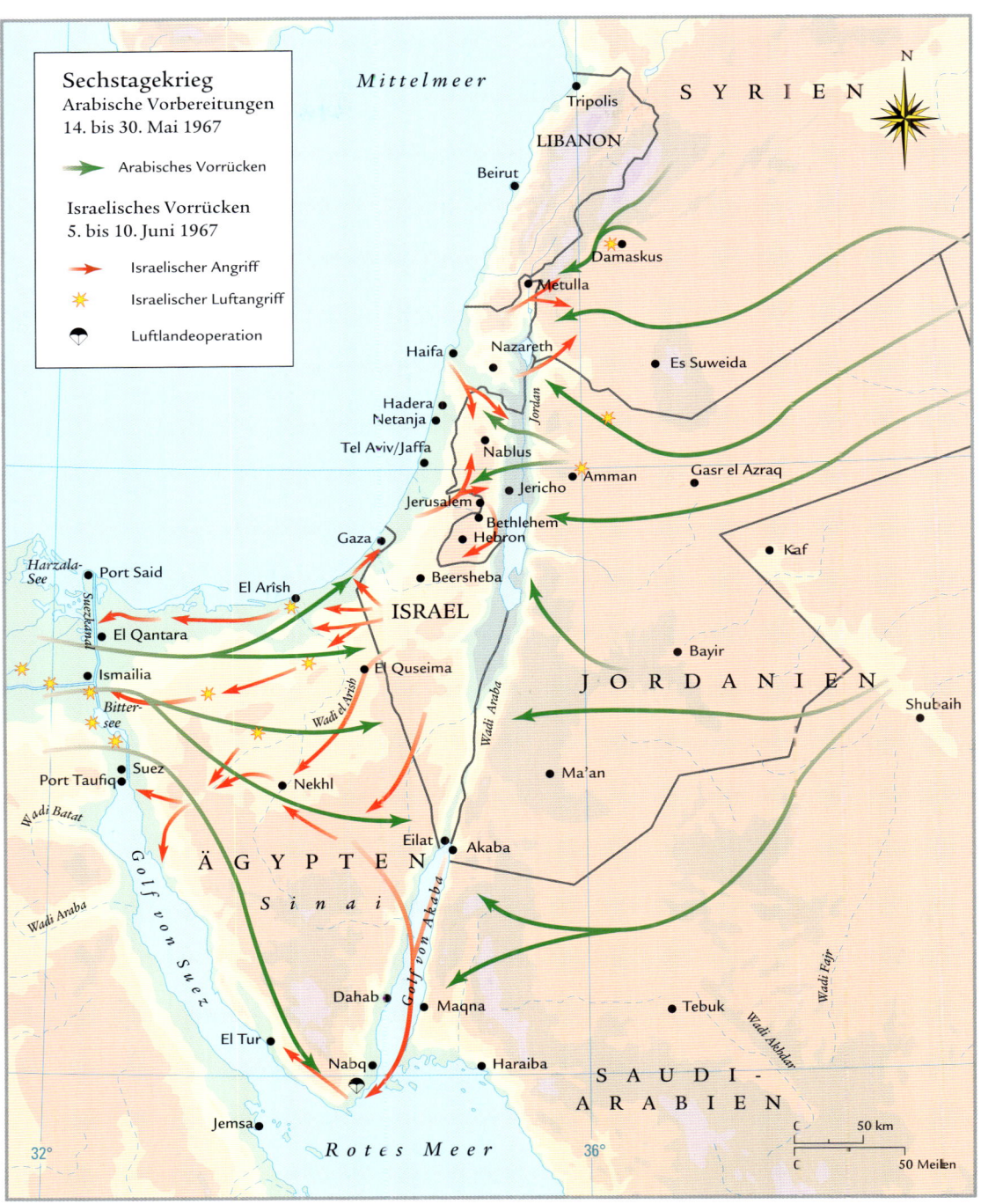

Sechstagekrieg
Arabische Vorbereitungen
14. bis 30. Mai 1967

→ Arabisches Vorrücken

Israelisches Vorrücken
5. bis 10. Juni 1967

→ Israelischer Angriff

✸ Israelischer Luftangriff

⚓ Luftlandeoperation

Mittelmeer

SYRIEN

Tripolis

LIBANON

Beirut

Damaskus

Metulla

Haifa

Nazareth

Es Suweida

Hadera
Netanja

Jordan

Tel Aviv/Jaffa

Nablus

Amman

Gasr el Azraq

Jerusalem

Jericho

Bethlehem

Hebron

Gaza

Kaf

Beersheba

ISRAEL

JORDANIEN

Harzala-
See

Port Said

El Arish

Bayir

Suezkanal

El Qantara

Ismailia

El Quseima

Wadi Araba

Shubaih

Bitter-
see

Wadi el Arish

Port Taufiq

Suez

Nekhl

Ma'an

Wadi Batat

ÄGYPTEN

Eilat

Akaba

Sinai

Golf von Suez

Golf von Akaba

Wadi Araba

Dahab

Maqna

Tebuk

Wadi Fajr

El Tur

Nabq

Haraiba

SAUDI-
ARABIEN

Jemsa

Wadi Akhdar

Rotes Meer

32°

36°

50 km

50 Meilen

Das Zionstor in der südlichen Mauer der Jerusalemer Altstadt zeigt noch immer die Geschossnarben aus dem Sechstagekrieg 1967.

die Israelis weiter vorrückten; sie ließen ihre Ausrüstung zurück und wollten sich am Kanal in Sicherheit bringen. Dort erwarteten sie bereits Joffes Panzer und israelische Kampfjets. Nun machte sich Panik unter den Ägyptern breit. Am 9. Juni wurde eine Feuerpause vereinbart – das war das Ende der Schlacht.

Krieg im Westjordanland

Der Feldzug am Westufer des Jordans begann mit dem Angriff jordanischer Flugzeuge auf israelische Luftwaffenstützpunkte; zeitgleich überquerten Truppen der Arabischen Legion die Demarkationslinie in Jerusalem und griffen die israelischen Enklaven im südlichen Teil der Stadt an. Israels Antwort erfolgte umgehend und war tödlich. Die israelische Luftwaffe erwischte die jordanischen Kampfjets beim Auftanken und zerstörte sie alle, während Einheiten aus Uzi Narkiss' Kommandozentrale auf Nablus und Jerusalem vorrückten. In Jerusalem sollten sie den jüdischen Enklaven helfen und die Anhöhe im Norden der Stadt sichern.

Colonel Uri Ben-Aris 10. Motorisierte Brigade führte den Angriff an; sie bog von der Straße von Tel Aviv nach Jerusalem ab und attackierte jordanische Stellungen bei Ramallah. Um Mitternacht am 5. Juni hatte sie Radar Hill, Abdul Aziz und Beit Iksa eingenommen, die drei Höhen an den

den Weg stellten, wurden zerstört, zerstreut oder gefangen genommen.

In der Mitte hatte Ariel Scharons Division ähnlich großen Erfolg, im Norden gelang es Avraham Joffes Truppen, das östliche Ende des Mitla-Passes in der Nähe des Suez-Kanals zu blockieren. Dies beendete die Hoffnungen der Ägypter auf einen geordneten Rückzug. Am 7. und 8. Juni flohen viele ägyptische Einheiten, während

Ausfallstraßen im Norden und Osten der Stadt. Dann rückte Colonel Mordechai Gurs 55. Fallschirmjäger-Brigade auf Jerusalem selbst vor.

Keine leichte Aufgabe für Gur, hatten die Jordanier doch aufwendige Verteidigungsanlagen um die Altstadt errichtet. Doch als Gurs Truppen am nächsten Tag angriffen, kämpften sie sich Zentimeter um Zentimeter voran und eroberten den Großteil des Viertels Scheich Dscharrah sowie den Ammunition Hill; sie stießen bis zum Rockefeller Museum vor und drangen dann in die Altstadt ein. Gegen 10 Uhr hatten sie die Klagemauer erreicht; kurz danach einigten sich beide Seiten auf einen Waffenstillstand.

Erstürmung der Golanhöhen

Ägypten und Jordanien waren besiegt; nun war noch Syrien übrig. Die Syrer hielten ihre Stellungen auf den Golanhöhen für uneinnehmbar – doch sie irrten sich. Am 9. Juni überquerten israelische Streitkräfte unter dem Kommando von David Elazar nach dreistündigem Bombardement die syrische Grenze. Er führte insgesamt fünf Angriffe, den wichtigsten im Norden, wo ihn die Syrer am wenigsten erwarteten. Unter schweren Verlusten durchbrachen Panzer und Infanterie die syrische Verteidigung. Nachdem Verstärkung in Form einer frischen Panzerbrigade eingetroffen war, bereiteten sich die Israelis auf einen mehrgleisigen Angriff auf die Schlüsselstadt Qunaitra vor.

Verfrüht meldete Radio Damaskus, die Stadt sei gefallen – vielleicht um das Eingreifen der Russen zu provozieren. Die Folge war allerdings nur, dass die syrischen Truppen auf den Golanhöhen panikartig flohen. Gegen Abend war der Sechstagekrieg vorüber, und Israel war es wider Erwarten gelungen, sich gegen drei Staaten gleichzeitig durchzusetzen.

DATEN & FAKTEN

Sechstagekrieg

Wann? 5.–10. Juni 1967

Wo? Naher Osten

Historischer Kontext: Ein Ergebnis der feindseligen Beziehungen zwischen Arabern und Israelis

Beteiligte Parteien: Israel, Ägypten, Jordanien, Syrien

Befehlshaber und Heerführer: Mosche Dajan, Mordechai Gur, Uzi Narkiss, Israel Tal, Jitzchak Rabin, Ariel Scharon, Ezer Weizman, Jeschajahu Gavisch, Mordechai Hod (Israel); Abdel Hakim Amer, Abdul Manim Riad (Ägypten); Zaid ibn Shaker, Asad Ghanma (Jordanien); Nurecdin al-Atassi, Abdul Rahman Arif (Syrien)

Ausgang: Deutlicher Sieg für Israel

Golfkrieg

Als die Iraker 1990 in Kuwait einmarschierten, wurden UN-Koalitionsstreitkräfte zur Befreiung des Landes entsandt. Nie zuvor in der Geschichte war die Luftüberlegenheit so entscheidend für den Ausgang eines Krieges.

Im August 1990 löste Irak eine Kettenreaktion aus, die zum Golfkrieg führen sollte: Die Iraker marschierten in Kuwait, den winzigen Nachbarstaat im Süden, ein. Die genauen Gründe für diese Aktion des irakischen Diktators Saddam Hussein sind noch immer unklar; er selbst behauptete, Kuwait habe irakisches Öl von den Ölfeldern in der Nähe der Landesgrenze »gestohlen«.

Am 2. August rückten 100 000 irakische Soldaten nach Kuwait vor, an ihrer Spitze drei Divisionen der Elitetruppe der Republikanischen Garde. Ihr Ziel: Kuwait-Stadt und die Grenze zu Saudi-Arabien. Obwohl die Kuwaitis vom Aufmarsch der irakischen Truppen gewusst hatten, war ihr Widerstand minimal. In nur viereinhalb Stunden erreichte die Republikanische Garde den Rand der Hauptstadt, in der irakische Fallschirmjägereinheiten bereits am Werke waren. Innerhalb eines Tages hatten die Iraker das ganze Land unter Kontrolle. Saddam verkündete, Kuwait sei nun ein Teil Iraks, und wartete ab, wie die Weltöffentlichkeit darauf reagieren würde.

Helikopter vernichteten die irakischen Radaranlagen und Flugplätze. Die Bomber und Tomahawk-Marschflugkörper hinterließen eine Schneise der Verwüstung.

Die Koalition wird gebildet

US-Präsident George Bush war entschlossen, sich Irak in den Weg zu stellen. Als König Fahd ihn um Hilfe zum Schutz Saudi-Arabiens vor irakischen Truppen bat, reagierte er sofort und stationierte US-Eliteboden- und -lufteinheiten in Saudi-Arabien; zudem entsandte er die 6. US-Flotte zur weiteren Unterstützung in den Golf. Das Kommando erteilte er General H. Norman Schwarzkopf – »Stormin' Norman«. Der Einsatz ging unter dem Decknamen »Operation Desert Shield« in die Geschichte ein.

Doch waren die Vereinigten Staaten nicht die Einzigen, die Saudi-Arabien zu Hilfe eilten. Die Vereinten Nationen (UN) verurteilten den aggressiven Akt Iraks und stellten rasch multinationale Koalitionsstreitkräfte aus Großbritannien, Frankreich, Italien, Belgien, den Niederlanden, Kanada, Ägypten, Syrien, Bahrain, Oman und Katar zusammen. Im Ganzen umfassten die Truppen der UN-Koalitionsstreitkräfte mehr als 500 000 Soldaten.

Operation Wüstensturm

Der eigentliche Golfkrieg begann am 16. Januar 1991, am Tag nachdem das Ultimatum, das die UN Saddam zum Rückzug aus Kuwait gestellt hatten, abgelaufen war.

Zunächst starteten die Koalitionsstreitkräfte eine Luftoffensive auf irakische Stellungen in Kuwait, die langen Nachschublinien zu den Stützpunkten zu Hause und Schlüsselziele in Irak selbst. Noch nie zuvor hatte es einen solchen Großangriff gegeben. Helikopter vernichteten die irakischen Radaranlagen, und auch die Flugplätze wurden dem Erdboden gleichgemacht. Die Bomber und Tomahawk-Marschflugkörper hinterließen eine Schneise der Verwüstung. Auch Bagdad wurde nicht verschont, ein Anschlag auf Saddam persönlich scheiterte jedoch.

Die Operation Wüstensturm begann mit einer massiven Luftoffensive, die in der zweiten Phase von Bodenangriffen abgelöst wurde.

Ohne die Luftabwehr hatten die Iraker keine wirkliche Chance auf Verteidigung mehr. Der eine Luftangriff, den sie gegen eine saudi-arabische Ölraffinerie führen konnten, scheiterte kläglich; es gelang ihnen nur, einige Scud-Raketen auf Saudi-Arabien und Israel abzufeuern. Daraufhin ging Saddam dazu über, Geiseln als menschliche Schutzschilde bei den Angriffszielen der Koalitionsstreitkräfte zu verwenden.

Über den irakischen Stellungen in Kuwait und über Südirak warf die Koalition Aerosol-, Splitter- und Panzerbrechen-de Bomben ab und beschoss Irak mit Raketensperrfeuer. Als Schwarzkopf zum Bodenangriff überging, waren Saddams Truppen kaum mehr kampffähig; die Mehrheit war völlig demoralisiert. Schwarzkopf wollte die irakischen Frontstreitkräfte festnageln, während seine hoch mobilen Panzer den Gegner auf der Flanke umgehen und einkesseln sollten. Damit wäre der irakische Nachschub gekappt und ein geordneter Rückzug der Iraker nicht mehr möglich.

Der Bodenangriff begann am 24. Februar. Angeführt wurde er von den US Marines, die bis nach Zentralkuwait vordrangen. Die arabischen Mitglieder der Koalition bewegten sich die Küste hinauf, während das XVIII. US-Luftlandekorps und die französische 6. Panzerdivision von links heranstürmten, gefolgt vom VII. US-Korps, der 24. US-Infanteriedivision und der britischen 1. Panzerdivision.

Der »Highway of Death«

Allmählich machte sich Panik auf irakischer Seite breit. Viele Iraker ergaben sich, andere versuchten, auf der einzigen noch offenen Straße zu fliehen – dem Highway von Kuwait-Stadt zum Al-Jahra-Pass. Bald war die Straße von Hunderten irakischer Jeeps mit Beute verstopft – und die Bomber griffen an. Tausende Iraker kamen ums Leben oder wurden verwundet.

DATEN & FAKTEN

Golfkrieg

Wann? 1990/91

Wo? Irak, Kuwait, Israel, Saudi-Arabien

Beteiligte Parteien: Irak, UN-Koalitionsstreitkräfte, Kuwait, Saudi-Arabien, Israel (nicht kriegführend)

Die wichtigsten Befehlshaber: Norman Schwarzkopf, John A. Warden III., Colin Powell, Charles Horner, Calvin Waller, Frederick Franks (USA); Ali Hassan al-Majid, Salah Aboud Mahmoud (Irak)

Ausgang: Deutlicher Sieg für die UN

Folge: Der Sieg der Vereinten Nationen veränderte das Machtgefüge in der Region und schwächte den Irak entscheidend.

Als Schwarzkopf auch diesen letzten Fluchtweg abschnitt, beendete Präsident Bush den Krieg und befahl die Einstellung aller offensiven militärischen Operationen. Dadurch konnten die übrig gebliebenen irakischen Streitkräfte nach Hause zurückkehren. Saddam hatte »die Mutter aller Schlachten« verloren; dennoch sollte der Westen wieder von ihm hören. Dort kritisierte man scharf, Saddam nicht aus dem Weg geschafft zu haben, als sich 1991 die Gelegenheit dazu geboten hatte.

Die Karte zeigt die Bewegungen der irakischen und der UN-Koalitionsstreitkräfte während des Golfkriegs.

Golfkrieg
1991

- Alliierte Truppen
- Irakische Truppen
- Alliierte Bewegung
- Zerstörter irakischer Flugplatz
- Zerstörte Brücke
- Frontverlauf mit Zeitangabe
- Irakischer Rückzug

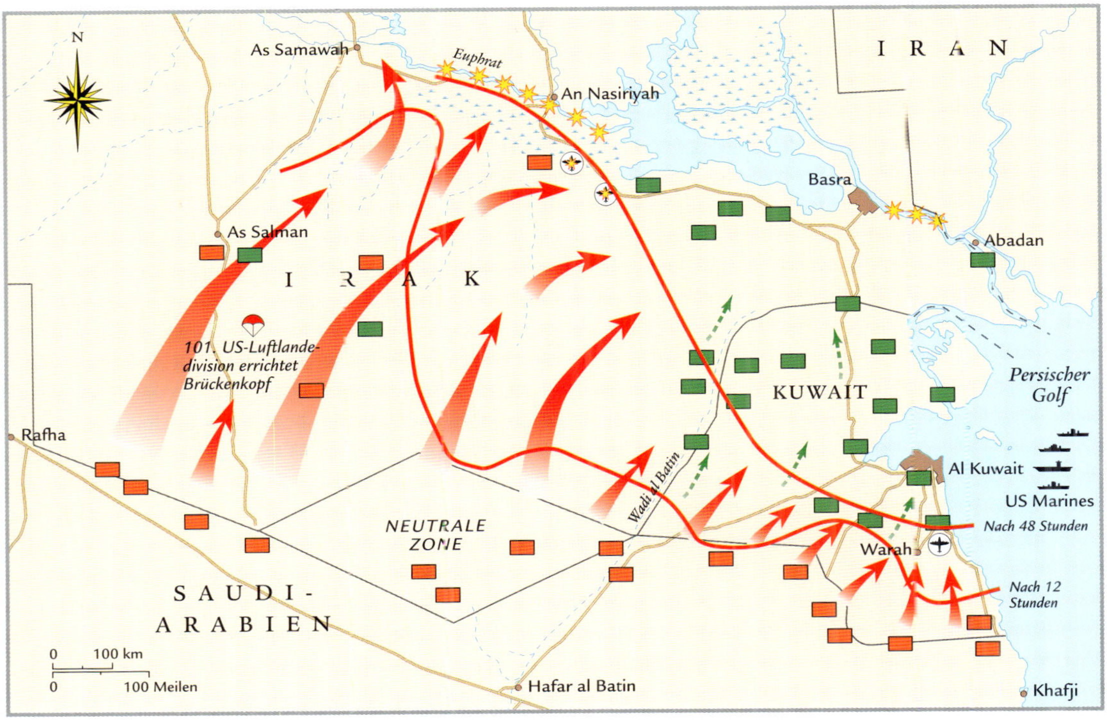

As Samawah

Euphrat

An Nasiriyah

Basra

I R A N

As Salman

I R A K

101. US-Luftlandedivision errichtet Brückenkopf

Abadan

Rafha

KUWAIT

Persischer Golf

NEUTRALE ZONE

Al Kuwait

US Marines
Nach 48 Stunden

Wadi al Batin

Warah

Nach 12 Stunden

S A U D I - A R A B I E N

0   100 km
0   100 Meilen

Hafar al Batin

Khafji

Die Schlacht um Bagdad

Als die von den USA angeführten Koalitionsstreitkräfte 2003 erneut in einen Krieg mit Irak eintraten, brauchten sie weniger als 40 Tage, um den irakischen Widerstand zu zerschlagen, Bagdad einzunehmen und Saddam Hussein zu stürzen.

D ie »Operation Iraqi Freedom« – die Invasion der Koalitionsstreitkräfte in Irak – begann am 19. März 2003. Um die Operation durchführen zu können, behauptete US-Präsident George W. Bush fälschlicherweise, Saddam Husseins Regime missachte die Sanktionen der UN, sponsere terroristische Gruppierungen und entwickle nukleare, biologische und chemische Massenvernichtungswaffen.

Die Weltöffentlichkeit war – anders als beim Golfkrieg – gegen eine militärische Intervention; dennoch beschloss die US- gemeinsam mit der britischen Regierung zu handeln, notfalls auch ohne Autorisierung des UN-Sicherheitsrats. Am 17. März stellte Bush Saddam ein Ultimatum: Binnen 48 Stunden sollten er und seine Söhne Irak verlassen, sonst drohe Krieg.

Am 17. März stellte Bush Saddam ein Ultimatum: Binnen 48 Stunden sollten er und seine Söhne Irak verlassen, sonst drohte Krieg.

Vorbereitung auf den Angriff

US-General Tommy Franks hatte das Oberkommando über die Koalitionsstreitkräfte, die sich in Gebieten in der Nähe der kuwaitisch-irakischen Grenze sammelten. Dem General standen über 260 000 kampfbereite Soldaten zur Verfügung, davon 214 000 Amerikaner und 45 000 Briten. Der Rest bestand aus einigen kleineren Kontingenten verschiedener anderer Länder.

Im Vergleich dazu waren die irakischen Streitkräfte schlecht ausgerüstet und schlecht ausgebildet. Zahlenmäßig waren sie den Koalitionsstreitkräften allerdings überlegen. Die Koalition rechnete mit mehr als 400 000 irakischen Soldaten, die Mehrheit davon Wehrpflichtige. Darüber hinaus hatte Irak 44 000 Saddam-Fedajin – eine paramilitärische, gut ausgerüstete Miliz – und 650 000 Soldaten in Reserve.

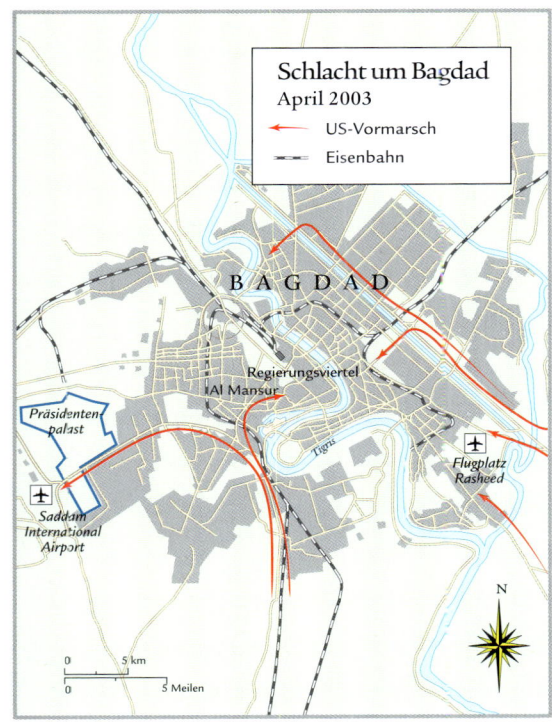

Die Karte zeigt das Vorrücken der US-Truppen auf Bagdad; sie nahmen die Stadt schließlich ein.

Die Iraker glaubten, Franks würde dieselbe Strategie wie im Golfkrieg verfolgen; dieser hatte jedoch das Gegenteil vor: eine kurze, aber heftige Luftoffensive, nach der seine Bodentruppen sofort angreifen sollten. Einige von ihnen sollten Schlüsselpositionen im südlichen Irak sichern, die anderen sollten unter Umgehung dicht besiedelter Gebiete – dort würden die Saddam-Fedajin am stärksten sein – rasch nach Nordwesten durch die Täler von Euphrat und Tigris direkt auf Bagdad

vorrücken. Die Einnahme der irakischen Hauptstadt, so Franks, würde unweigerlich zum Sturz von Saddams Regime führen.

Die Koalition rückt vor

Am frühen Morgen des 20. März griffen die Luftstreitkräfte der Koalition an. US-Tarnkappenbomber warfen sogenannte Smart Bombs auf einen Bunkerkomplex im Herzen Bagdads ab; damit hofften sie, Saddam zu töten, der sich ihren Informationen nach dort mit seinem Stab traf. Die Hoffnung erfüllte sich nicht, doch trafen die Koalitionsflugzeuge und Tomahawk-Marschflugkörper andere Regierungsgebäude, militärische Einrichtungen und Kommandozentralen in der Stadt. Kurz darauf überquerten die Bodentruppen der Koalition die irakische Grenze.

Der Angriff lief gut. Am Abend hatten britische Truppen im Süden des Landes den Hafen von Umm Qasr gestürmt und gesichert sowie die Halbinsel Al Faw besetzt. Die 7. Panzerbrigade rückte auf Basra, die zweitgrößte Stadt Iraks, vor. Die britische Streitkraft kam am nächsten Tag am Rand der Stadt an.

In der Zwischenzeit hatte die 1. US-Marineinfanteriedivision die Ölfelder von Rumaila gesichert und wandte sich nun gen An Nasiriya. Dort trafen die Amerikaner erstmals auf Widerstand. Die 2. US-Marine-Expeditionsbrigade, die die Stadt und

Saddam Hussein bei seiner Gerichtsverhandlung; er wurde zum Tode verurteilt und vom neuen irakischen Regime hingerichtet.

Am 4. April griffen sie an. Es gelang den Amerikanern, den Saddam International Airport unter Kontrolle zu bringen und dann zwei »Thunder Runs« auf die Hauptstadt zu führen – den ersten zum Ausspähen; beim zweiten, am 7. April, drangen sie ins Herz des Verwaltungsviertels vor. Zeitgleich zogen weitere amerikanische Streitkräfte einen engen Ring um die Stadt. Am 9. April fiel Bagdad.

Von Saddam fehlte jede Spur. Er und die anderen irakischen Anführer waren geflohen. Saddams Heimatstadt Tikrit fiel am 14. April; die im Norden gelegenen

ihre strategisch so überaus wichtigen Brücken über den Euphrat sichern sollte, musste der 507. Versorgungskompanie zu Hilfe eilen, die in einen Hinterhalt der Saddam-Fedajin geraten war. Die Kämpfe hielten bis Ende März an. Im Süden kämpften die Briten immer noch um Basra; sie nahmen die Stadt erst am 6. April ein.

Die Schlacht um Bagdad

Als die US-Streitkräfte auf Bagdad vorrückten, stießen sie auf Widerstand von vier Divisionen der Republikanischen Garde, die zur Verteidigung der Stadt abgestellt worden waren. Durch die schweren Kämpfe, Nachschubprobleme und einen heftigen Sandsturm kam die Koalition nur mühsam voran. Doch schließlich standen die Amerikaner 96 Kilometer vor Bagdad.

DATEN & FAKTEN

Schlacht um Bagdad

Wann? März–Mai 2003

Wo? Irak

Beteiligte Parteien: Irak; von den USA angeführte Koalitionsstreitkräfte

Anführer: Saddam Hussein (Irak); George W. Bush (USA)

Ausgang: Deutlicher Sieg für die Koalition

Folgen: Nach dem Krieg besetzte die Koalition Irak viele Jahre lang und musste sich immer wieder mit Guerillatruppen auseinandersetzen.

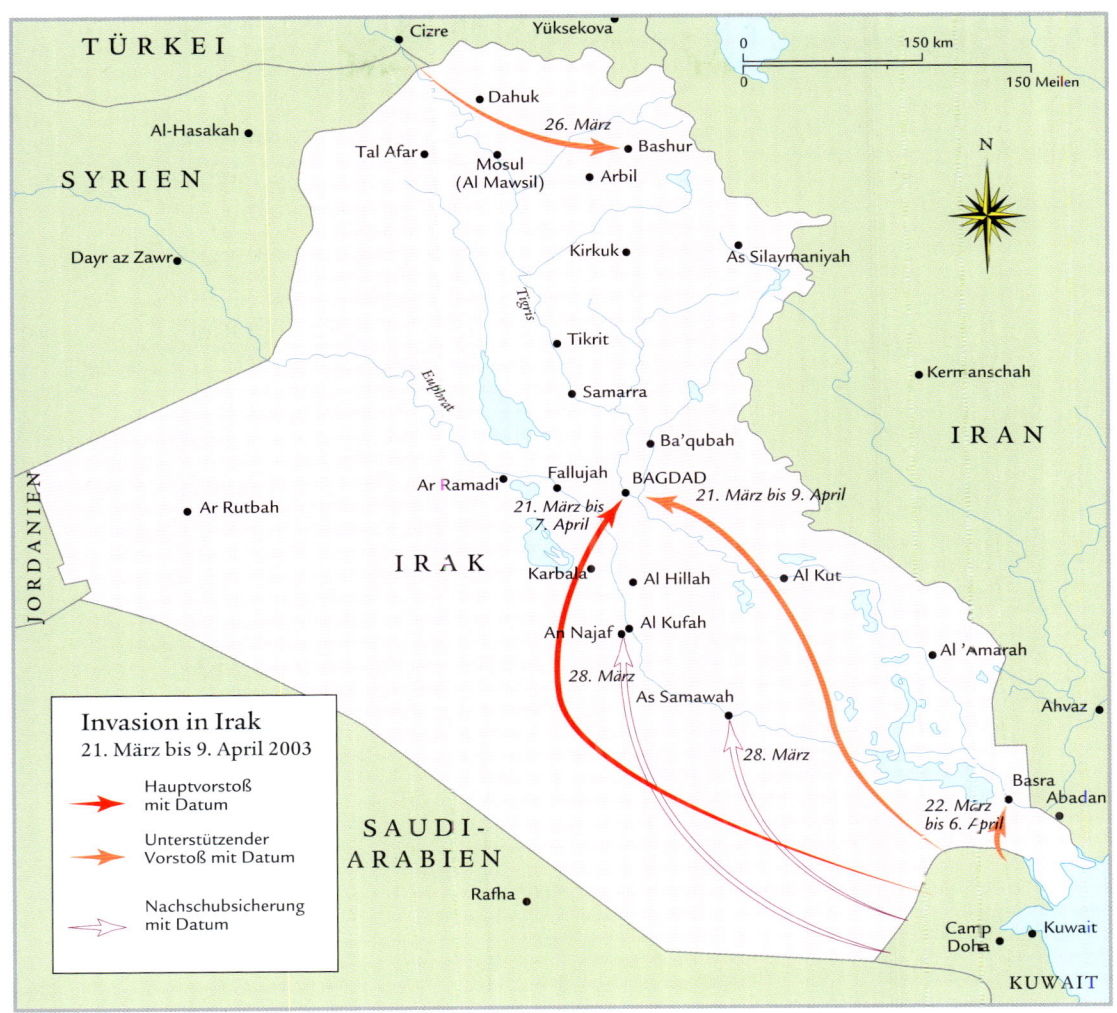

Die Karte zeigt die Invasion der von den USA angeführten Koalitionsstreitkräfte in Irak. Saddam wurde gestürzt, Bagdad fiel.

Städte Kirkuk und Mosul waren schon von kurdischen Freiheitskämpfern und US-Spezialeinheiten befreit worden. Am 1. Mai erklärte Präsident Bush den Krieg vom Flugdeck des Flugzeugträgers USS *Abraham Lincoln* aus für beendet. Die Frage, die nun beantwortet werden musste, lautete, wie man den Frieden in der Region am besten würde erhalten können.

Register

Bildnachweis

Wir danken den folgenden Agenturen für die freundliche Abdruckgenehmigung ihrer Bilder in diesem Buch:

AFP
180

Corbis
139, 143, 148

Getty Images
218

Shutterstock
18, 21, 22, 26, 32, 36, 41, 45, 50, 54, 58, 61, 66, 72, 76, 78, 80, 84, 88, 92, 96, 99, 104, 109, 114, 118, 122, 131, 132, 134, 137, 144, 155, 156, 160, 163, 167, 206, 210, 213